明清人物與著述

何冠彪著

臺灣商務印書館發行

謹以此書
紀念冠駒弟逝世十五周年

目　錄

著述篇

自　序

　　本書是我的第二部學術論文集，內容是明清兩代的人物與著述。由於本書的範圍相當廣泛，而我又擬訂選收過去十五年內的作品，所以可供挑選的文章不少。然而，篇幅所限，加上敝帚自珍的心理作祟，取捨文章時不免躊躇。最後決定沿用第一次結集時的＂在論說上有新議＂與＂在資料上有發現＂兩項準則，進行篩選。選出的文章，有幾篇尚未發表；至於已經發表的，在付梓前都作過或多或少的修訂，務求它們能夠表達自己現在的觀點。希望這樣的安排，可以給予熟知拙著的師友一點新意。

　　本書的出版，不但紀錄了我在過往十五年的研究興趣，而且反映出我的撰述路向。對我來說，著作是一項很大的壓力。尤其在＂年鑑學派＂與＂新史學＂思想被奉為治史圭臬的今日，這種感覺更是沈重。由於兩者的理論都要求治史者從宏觀的角度及跨學科的路向從事研究，在它們的影響下，平實的分析被指為守舊，細微的考證被譏為餖飣。可是，我在八十年代中的作品，過半屬於考據文字；時至今天，也未曾跨越歷史的領域。這是否積習已久，不能自新呢？

　　章學誠説："高明者多獨斷之學，沈潛者尚考索之功。"（《文史通義・答客問中》）誠然，人的學術取向，其實根源於稟賦。一九八七年八八年間，我本著取經的心態，在哈佛大學從事學術研究，對於西方的史學理論略有所聞；在旁聽"Uses of History for Analysis and Management" 一科時，亦多次就歷史的功用，考慮日後治史的途徑。但是，當我沈醉在哈佛燕京圖書館及美國國會圖書館內長期無人問津的清人詩文集時，我感悟到每個學者的使命原有不同。如果他希望在有涯之生中有所建樹，必須因應自己的才能，把握自己的機會。否則趨奇尚新，輕言突破，即使撰成專著，取得時譽，恐怕也難逃劉知幾所謂 "無為強著一書，受嗤千載"（《史通・書志》）之譏。因此，我相信自己的取向，不過如章學誠説的 "日畫而月夜，暑夏而寒冬" 而已，豈是 "自封而立畛域"（《文史通義・答客問中》）呢！

　　其次，我的撰述取向，亦與我的遭遇有關。儘管我在十多年前已經開始研究明清之際士人的出處問題，明白進退之道，但是為了報效於人，不能以古人為鑑，感到十分內疚。後來雖然決定引去，無奈亡鈇者凡事深文羅織，而觀影聽風者又強充解人，令人心煩意亂。在這種心情下，名物考索便成為寄托的淵藪。直至最近兩、三年，潛心明遺民的思想，恪守前賢 "適於時"（唐甄《潛書・獨樂》）的教誨，處鈍守拙，物緣漸疏。心情因之而平復，考證的文章亦隨之而少作。

　　年過四十，閱歷日深，無奈對人心詐偽，始終不能

釋懷。因而對父母之恩、手足之情、夫妻之愛、骨肉之
親，以及良師素友的關懷，倍感珍貴。遺憾的是，幼弟
冠駒在一九七九年因病去世，無法共聚天倫。冠駒患病
的時間不短，病發的時候相當痛苦。他的逝世，對他來
說未嘗不是解脫；但對於我們，則是無法彌補的損失。
我之所以在今年結集文章成書，並祇選收在冠駒逝世以
後寫成的作品，就是紀念他逝世十五周年。我非常感謝
周佳榮先生把本書推薦給香港教育圖書公司出版，使我
能夠達成心願。

　　　　　序於一九九四年冠駒忌辰（十一月二十五日）

人物篇

王禕二題

（一）是 "王褘" 還是 "王禕" ？*

　　《明史·忠義傳》載有王禕的傳記：① 黃雲眉
（1899－1977）《明史考證》有考辨王禕的事迹②；但是
戴維思（A. R. Davis, 1924－1985）在《明代名人傳·王
禕傳》中卻説：

　　　　"（禕）有 時 誤 寫 作 褘（sometime inco-
　　　　rrectly written I）。" ③

戴維思認為禕字當從 "衣" 旁，和《明史》與黃雲眉的寫
法不同，但卻沒有提出他的根據。

---

* 本題初稿承陳遠止兄指正，謹此致謝。
① 　張廷玉（1672-1755）等：《明史》（北京：中華書局，1974年），卷
　　289，〈列傳〉177，〈忠義〉1，頁7414-7415。
② 　黃雲眉：《明史考證》第七冊（北京：中華書局，1985年），頁2290-
　　2291。參註⑩。
③ 　A. R. Davis, "Wang Wei," in L. Carrington Goodrich and Chaoying
　　Fang (eds.), *Dictionary of Ming Biography, 1368-1644* (New York:
　　Columbia University Press, 1976), vol. 2, p. 1444.

　　《説文解字》有褘字，沒有禕字。《説文解字》説：
"褘，蔽紤也。"④《廣韻・五支》説："禕，美也、珍
也。"⑤古書裏褘、禕兩字多相混淆。例如張衡（78 -
139）〈東京賦〉説："漢帝之德，侯其禕而。"⑥薛綜注
《文選》謂："禕，美也。"⑦兩字相混的原因，可能是音
近和形似。

　　《廣韻・八微》："褘，許歸切。"⑧擬音是
〔ȋwəi〕：同書〈五支〉："禕，於離切。"⑨擬音是
〔ȋe〕。"微"、"支"二部入"止"攝，韻文中可以通
押；可見褘、禕在隋唐間讀音很相近；加上兩字字形近
似，相混的情形更易發生。阮元（1764 - 1849）〈《爾雅
注疏》校勘記〉説："宋人書 衤、礻 偏旁，往往無別。"⑩
這是古人形近易譌的毛病。因為褘、禕音近和形似，所
以陸德明（約550 - 630）《經典釋文》也把兩字混淆了，
他在《爾雅釋音》中説："禕，音衣〔ȋe〕。"⑪陸氏尚如
此，其他人可想而知。

---

④　許慎（約58-約147）：《説文解字》（同治十二年【1873】陳昌治刻本
　　影印本，香港：中華書局，1972年），卷8上，葉19下（總頁170）。
⑤　《校正宋本廣韻》（台北：藝文印書館，1976年），葉21上（總頁49）。
⑥　見蕭統（501-531）：《文選》（同治八年【1869】潯陽萬氏據鄱陽胡氏
　　重校刊本影印本，台北：正中書局，1971年）卷3，〈京都〉中，葉29
　　下（總頁46）。
⑦　同上。
⑧　《校正宋本廣韻》，葉28上（總頁63）。
⑨　同註⑤。
⑩　阮元：〈《爾雅注疏》卷二校勘記〉（附見《爾雅注疏》〔《十三經注疏》
　　本〕，台北：藝文印書館，1979年），葉1上（總頁30）。
⑪　見《爾雅注疏》，卷2，葉3上（總頁21）。

褘、禕兩字音近的情況，由於語言發展的關係，到了元明時代有了變化。因為"微"部字由〔iwəi〕→〔uei〕，變化不大，但"支"部字由〔ǐc〕→〔i〕，和"微"部字相去便遠了。⑫到現代，褘唸〔wéi〕，禕唸〔yī〕，分別更為明顯。所以，在明代，褘、禕在應用上理當可以分得較以前清楚；作為人名，在口頭稱喚上，應該不會相混。但因為兩字字形實在很接近，古人在傳寫和刻本上又沒有特別加以注意，所以就今日所得的材料來看，如果不小心查考，譌誤仍是難免的。

究竟是"王褘"〔wéi〕還是"王禕"〔yī〕呢？

黃溍（1277-1357）曾為王褘的祖父王炎澤（1253-1332）撰墓誌銘，銘中說：

> "子男二人，長良玉，……次良珉，……孫男
>
> 四人，裕、褘、補、初。"⑬

上引四男孫的名字都寫"示"旁，但很明顯，正如阮元所說，這是當時人刻板時"衤"、"礻"不分的結果。因為除褘字外，餘三字本當從"衣"旁，寫成"示"旁便不是正字了。從古人命名的習慣來說，這應是"褘"而不是"禕"了。方孝孺（1357-1402）也曾為王褘的父親王良玉（1290-1364）寫行狀，文中提到良玉"三

---

⑫　參王力（1901-1986）：《漢語史稿》（北京：科學出版社，1958年），頁159-163。

⑬　黃溍：〈南稜先生墓誌銘〉，載於氏著《金華黃先生文集》（《四部叢刊》本），卷33，葉12上下。

子，裕、褘、補"⑭，都寫從"衣"旁，更可證明上面的
推論不誤。宋濂（1310－1381）〈送王子充字序〉提到王
褘的名字曾經改易三次：

> "褘名凡三易，初名偉，次名渾，後復更今
> 名。皆從韋者，以其聲之近也。"⑮

"以其聲之近也"者，《廣韻》中褘和渾同是"微"部
字，偉是"尾"部字，讀音基本相同，所不同者，祇是
音調上的分別。到了明代，三字在語音的發展上並無分
歧，都同唸〔wéi〕，可知是褘不是褘〔yī〕了。

宋濂接着解釋褘是古代的蔽膝，用來披在衣裳之
外，覆蓋著衣裳前面。它的大小是上闊一尺，下闊多一
倍（二尺），長度又多一倍（三尺）。頸（領）的尺寸
對上闊來說是減一半（五寸），繫肩的甲帶對頸來說又
減去五分之三（二寸）。⑯這種衣飾在江淮稱為褘或韍，

---

⑭ 方孝孺：〈常山教諭王府君行狀〉，載於氏著：《遜志齋集》（《四部
叢刊》本），卷21，葉13下。

⑮ 宋濂：《宋文憲公全集》（《四部備要》本），卷44，葉8下。下文所
引此序分見葉8下－9上，不另為注明。按：所謂"褘名凡三易"，
即是說王褘最初名褘，後來改換了三次名，第一次作偉，第二次作
渾，第三改回褘。理由是王氏兄弟排"礻"偏旁，所以王褘最初不可
能名偉，否則他的兄弟也不會因他改名而一起改用"礻"偏旁的名。
又宋濂謂"其名偉暨渾，時鄉先達內翰柳公（貫，1270－1342）、文
學吳公（萊，1297－1340）嘗為之說"，可是在現傳的柳、吳文集
中，都沒有解說王褘改名偉和渾的文章。

⑯ 宋濂的原文是："其制則上廣一尺，下倍之，長又倍之。頸視上廣劣其
半，肩之革帶視頸又去五之三。"這段文字不好理解，其中'長又倍
之'一句，很容易使人誤會是長四尺。按：宋濂這段說話，當據《禮
記·玉藻》篇："韠，下廣二尺，上廣一尺，長三尺，其頸五寸，肩
革帶博二寸。"（《禮記注疏》〔《十三經注疏》本〕，卷8，葉7

上，〔總頁561〕）。《說文解字》有褘和韠二字，前者："褘，蔽厀也。"（卷8上，葉19下〔總頁170〕）後者："韠，紱也，所以蔽前。"（卷5下，葉15下〔總頁113〕）褘和韠其實一物。張舜徽《說文解字約注》說："段玉裁（1735－1815）曰：蔽厀非韠也。許釋韠、市皆云：「所以蔽前。」鄭注《禮》同。韠以蔽前，而非專蔽厀也。《方言》云：「蔽厀，江淮之間謂之褘，或謂之袚，魏、宋、南楚之間謂之大巾，自關東西謂之蔽厀，齊魯之郊謂之袡。」許不云褘者韠也，則知許不謂一物也。《釋名》云：「褘，所以蔽厀前也。婦人蔽厀亦如之。」亦不以為一物，而已與許異。' 徐灝（1810－1879）曰：'合《方言》、《釋名》與許說參之，其義一而已矣。韠即蔽厀之合聲。蔽前猶蔽厀也，段強分之，非是。' 舜徽按：徐說是也。……蔽厀與蔽前本為一事，故褘與韠為用無殊。蓋褘之言圍也，謂圍蔽在前也。圍在前，則厀亦在所蔽矣。今湖湘間稱為圍裙，繫於腰以蔽前，蓋即褘之遺制。"（中州書畫社，1983年，卷15，頁62）《三禮圖》有"紱"圖（河南聶氏集注，通志堂藏板本，卷8，葉8下）如右，似不合《禮記》對褘的描述，《禮記・孔疏》對褘的形制，有詳細的申說："按：《雜記》云：'韠，會去五寸。' 《鄭注雜記》云：'會，謂上領縫也。領之所用，蓋與紕同。' 如鄭此言，即上夫五寸是領也，以爵韋為領，故云領之所用與紕同。下云：'所去五寸，純以素。' 故《鄭注雜記》云：'純、紕所不至者五寸。' 然則上去五寸是領也，下去五寸是純也。……其會之下，純之上，兩邊皆紕以爵韋，表裏各二寸。故《雜記》云：'韠長三尺，下廣二尺，上廣一尺，會去上五寸，紕以爵韋六寸，不至下五寸。……"（《禮記注疏》，卷30，〈玉藻〉，葉8上〔總頁561〕）現據之擬繪褘圖如右。

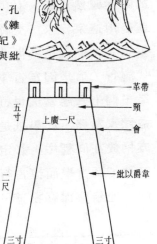

在關西東稱為蔽膝，在魏、宋、南楚稱為大巾，在齊魯
城外稱為袡襦，在西南蜀漢稱為曲領、襦䪍或襜焉，在
陳楚稱為衻。⑰它的意義是古時獵獸和捕魚而食，因此穿
著它們的皮，但人們衹知道用來遮蔽前後而已。到了後
王，才改用布帛，由於不忘它的本源，所以仍保留著遮
蔽前面的習慣。⑱現在王褘閒居在烏傷溪上，每日尋取經
史子集，吸取它們的精髓和辭采，所以文藻華贍，堪稱
"能一時之至文"。現在他以"褘"為名，"子充"為
字，是否就是希望保存古道，返回"無文之文"呢？
"無文之文"，就是"文"的原始罷。由此推而及之，
酒醴雖然美好，必須想到水酒的好處；精幼的草蓆和竹
蓆雖然舒適，必須想到粗糙的蒲蓆和稻蓆的可貴；繡飾
的圖案雖然漂亮，必須想到素車的可以乘坐。從前先王
就是用這宗旨來"交神明而防民行"，希望人們能復古
重質。王褘就是遵循此道。但是古代的體制不適合在現
代施行，這是因為古今時勢有所不同的緣故。因此，作
為一個士人應當與世推移，因應時宜而作出變通，以滋
益國家為務，如果衹是"泥古之質詆今文"，就好像把
方枘放在圓鑿中，必定不能脗合。但這不是說王褘，因
為他"屬古學而惇古行"，他的用心也不必與今相違悖
的。他希望保存古道，是復古而重質，而"成己成物之

---

⑰　宋濂的說法及根據《方言》，參上註。
⑱　宋濂的說法乃根據《大戴禮記・公符》（《四部叢刊》本，卷13，葉 1
　　上下）。

道"，都能由此而推及。這樣，他就不愧於改名為禕而字子充了。至於婦人的禕叫褕翟，即是香襗；⑲又所謂"王后之服禕衣，謂畫袍"句中的"禕"實是翬，即是翬雉，⑳都不是王禕命名之義。

　　從宋濂的闡述來說，王禕的"禕"字是從"衣"旁，唸為〔wéi〕，是無可置疑的。但是，正如上文所說，褘、禕兩字，字形實在近似，所以很容易相混，而即使是有關王禕本人的資料，也往往混淆不清，例如《明實錄》、㉑明刊的王禕文集，㉒及明人所寫的王禕傳記，㉓大都把禕字寫作褘。而最令人慨歎的是，不但有人把王禕寫作王褘，而且竟有人指王禕為錯誤，王褘才是正確。例如浙江杭州本《四庫全書總目》著錄王禕的著作五種，即《大事記續編》、《重修革象新書》、《青巖叢錄》、

---

⑲　宋濂的說法乃根據《爾雅・釋宮》和《孔疏》，見《爾雅注疏》，卷5，葉12上下（總頁77）。

⑳　宋濂的說法乃根據《說文解字》（同註⑤）、《周禮・天宮・內司服》和《孔疏》（《周禮注疏》〔《十三經注疏》本〕，卷8，葉7上-8上〔總頁125〕）。

㉑　《明太祖實錄》（《明實錄》本〔台北：中央研究院歷史語言研究所，1962-68〕），卷71，"洪武五年正月癸丑"條，葉1下-2上（總頁1314-1316）。

㉒　如台北中央圖書館藏有明刊的《王忠文公文集》四種，下列三種便刻作王褘：（一）嘉靖元年（1522）金華府原刊萬曆七年（1579）修補本，（二）萬曆甲辰（三十二年，1604）溫陵張維樞編刊本，（三）崇禎己卯（十二年，1639）閩漳魏呈潤刊本。至於刻作王禕的一種，見註㉗。按：本文徵引上述文集的資料，承台灣大學中國文學研究所鄭吉雄先生為翻查，謹此致謝。

㉓　詳本文第二題〈王禕的生卒年〉。

《華川厄辭》、《王忠文公文集》，把作者的姓名正確地寫
作王褘。但是北京中華書局影印此書，編製〈《四庫全書
總目》書名及著者姓名索引〉，竟有“王褘”和“土褘”
兩目。編者在前目列出上述諸書見錄的頁碼，而在後目
注上“褘之誤”三字。[24]真不但是習非而成是，而且是誤
是而為非了。

（二）王褘的生卒年

　　王褘雖然因出使雲南而遇害，但明代的官書並沒有
記下準確的日期，例如《明太祖實錄・洪武五年正月癸
丑》條記載王褘奉命出使後，便兼述他後來在雲南遇
害。[25]幸而，王褘的兒子紳（1360 - 1400）的《滇南慟哭
記》，補充了這方面的空白。紳在洪武二十八年（1395）
十二月出發到雲南尋找父親的骸骨，後來把行程記錄下
來，即是上述的〈滇南慟哭記〉，其中對王褘出使的經過
和遇害的情況，也有詳細的記述，節錄如下：

　　　　“先公以洪武五年（1372）正月奉使雲
　　　南，……六月抵其境，六年遇害，……遇害時為臘
　　　月二十四日（1374年2月5日）未申時，蓋燹（燹）

---

[24]　〈《四庫全書總目》書名及著者姓名索引・著者姓名索引〉，附見永瑢
　　　（1744 - 1790）等：《四庫全書總目》（北京：中華書局，1965
　　　年），下冊，（底起）頁160。
[25]　同註[21]。

人以此日為節日，故不忘也。"㉖

不過，王紳沒有提及父親的生年或死時有多大年紀。到了鄭濟（1393年著稱）撰寫〈故翰林待制華川王公行狀〉，才有這樣的說法：

> "公之生也，為元至正壬戌十一月十七日。……遂被害，時六年癸丑臘月二十四日也，享年五十有二。"㉗

上述的卒年與王紳的說法一致，但生年顯然有問題，因為至正朝根本沒有壬戌年，如果據他說王褘"享年五十有二"上推，所謂"至正壬戌"當是"至治壬戌"的誤寫；換言之，褘在至治二年十一月十七日（1322年12月25日）出生。其次，焦竑（1541–1620）《國朝獻徵錄》㉘和崇禎己卯閩漳魏呈潤刊的《王忠文公文集》㉙。所戴鄭濟的行狀，都把生日寫作"元至正壬戌十二月十七日（1323年1月24日）"。

在筆者所閱明人的資料中，祇有鄭濟的行狀有王褘

㉖ 王紳：〈滇南慟哭記〉，見氏著《繼志齋集》（《續金華叢書》本，永康胡氏夢選廎刊），卷下，葉4上下。

㉗ 載於王褘：《王忠文公文集》（正統〔1436–1449〕鄱陽劉傑編刊本），〈附錄〉（葉數缺）。參註㉒。

㉘ 焦竑：《國朝獻徵錄》（萬曆四十四年〔1616〕錢塘徐象橒刊本影印本，台北：台灣學生書局，1965年，卷20，〈翰林院〉1，〈待制〉，葉84上（冊2，總頁833）。按：篇題作〈翰林待制華川王公褘行狀〉，內文褘作褘。

㉙ 見該書，〈附錄〉，葉1下。按：篇題作〈翰林待制華川王公行狀〉，內文褘作褘，參註㉒。

生年的紀錄，至於卒年則屢見不鮮，而且沒有異說。㉚最
先弄錯王禕卒年的似乎是談遷（1594－1658）。遷在《國榷》
中把王禕遇害列入洪武五年十二月條中，㉛可能是受到
《明太祖實錄》的錯導。此後如《明史稿》㉜和《明史》㉝都
說禕死於"（洪武五年）十二月二十四日，年五十有
二"；而錢大昕（1728－1804）《疑年錄》便說禕"生元
至治元年辛酉（1321），卒明洪武五月壬子"。㉞當然，
這不是說所有清人的記載都不對，如查繼佐（1601－
1676）《罪惟錄》、㉟傅維鱗（？－1667）《明書》、㊱陳鶴

㉚ 如鄒緝：〈翰林待制王公墓表〉（載於徐紘：《皇明名臣琬琰錄》〔嘉靖
　 三十年（1551）武進王氏刊本〕，〈前集〉，卷10，葉9下）；袁袠：
　 《皇明獻實》（台北中央圖書館藏鈔本微型膠卷，卷4，〈王禕〕〔葉數
　 缺〕）；鄭曉（1499－1566）：《吾學編》（香港大學圖書館藏隆慶
　 〔1567－1572〕海鹽鄭氏刊本，卷2，〈皇明名臣記‧學士王忠文公〉，
　 葉7下）；廖道南：《殿閣詞林記》（《四庫全書珍本》9集本〔台北：
　 台灣商務印書館，1979年〕，卷6，〈贈學士諡文節王禕〉，葉47上
　 下）；過庭訓（1570－1625著稱）：《本朝分省人物考》（天啟二年
　 〔1622〕刊本，卷52，〈浙江金華府〉1，〈王禕〉，葉12上－13下）；都
　 是例子。按：除鄒緝墓表外，其餘各篇禕作禕。
㉛ 談遷：《國榷》（北京：古籍出版社，1958年），卷5，冊1，頁476－
　 477。按：談遷在這則記載的開端說："是月，元梁王把匝剌瓦爾密
　 （？－1382）殺我翰林待制義烏王禕于雲南。"（頁476）
㉜ 王鴻緒：《明史稿》（《橫雲山人集》本，雍正元年〔1723〕至四年
　 〔1726〕敬慎堂刊），〈列傳〉165，〈忠義〉1，〈王禕〉，葉7下。
㉝ 同註①，另參註㊵。
㉞ 錢大昕：《疑年錄》（光緒二十四年〔1898〕刊本），卷3，葉1上。
㉟ 查繼佐：《罪惟錄》（《四部叢刊》本），〈傳〉，卷12上，〈致命諸臣傳
　 上‧王禕〉，葉15下。
㊱ 傅維鱗：《明書》（《國學基本叢書》本，上海：商務印書館，1937
　 年），卷101，〈列傳〉2，〈忠節傳〉1，〈王禕〉，冊8，頁2020。

（1796年進士）《明紀》、㉝夏燮（1799－1875）《明通鑑》㉘

等，就有正確的記載。

　　至近人所記王褘的生卒年，大多不加考究。就卒年
來說，洪武五年和六年的說法都有人采用，因此在上推
生年時便相應地有至治元年和二年的記載。其次，由於
王褘的卒日在陰曆年底，因此在折算公曆時，必須推後
一年，可惜論者大都忽略。至於褘的生日，因為有十一
月十七日和十二月十七日兩說，如果采後說，在折算公
曆時也須推後一年。基於上述原因，所以目前有關王褘
生卒的記載，多不正確。現就手頭資料，表列如下：

　　表中第 1、3、10 項直接或間接誤據錢大昕說；第
2、4、5、6、7、8、9 項直接或間接採用明人的記載，可
惜在折算公曆時忽略了需否推後一年的問題；第 6 項雖
近事實，但戴維思沒有發現王褘的生日有不同說法，仍
未算完美。由於現在無法證明那一說可靠，必須把王褘
的生年（日）寫為"1322年（12月25日）或1323年（1 月
24日）"，才能免受非議罷。

㉝　陳鶴：《明紀》（同治十年〔1871〕江蘇書局刊本），卷 3，〈太祖紀〉
　　3，葉34下－35上。按：內文褘作禕。

㉘　夏燮：《明通鑑》（北京：中華書局，1959年），卷 5，〈紀〉5，冊 1，
　　頁311－312。按：內文褘作禕。

著作名稱	生平	卒年
(1)梁廷燦《歷代名人生卒年表》㊴	1321(至治元辛酉)	1372(洪武五壬子)
(2)姜亮夫《歷代人物年里碑傳綜表》*㊵	1322(至治二年)	1373(洪武六年)
(3)牟復禮〈詩人高啟〉㊶	1321	1372
(4)中央圖書館《明人傳記資料索引》㊷	1322	1373
(5)麥仲貴《宋元理學家著述生卒年表》*㊸	1322	
(6)戴維思〈王褘〉㊹	1323年 1 月24日	1374年 2 月 5 日
(7)麥仲貴《明清儒學家著述生卒年表》*㊺		1373
(8)杜聯喆《明人自傳文鈔》*㊻	1322	1373
(9)《辭海》編輯委員會《辭海》*㊼	1322	1373
(10)吳海林、李延沛《中國歷史人物生卒年表》*㊽	1321(至治元年辛酉)	1372(洪武五年壬子)

*誤寫王褘作王禕

㉟ 梁廷燦:《歷代名人生卒年表》(序民國十六年〔1927〕影印本,香港:香港中美圖書公司,1969年),頁104。

㊵ 姜亮夫:《歷代人物年里碑傳綜表》(北京:中華書局,1959年),頁396。按:黃雲眉《明史考證》說《明史‧王褘傳》記王褘遇害"時十二月二十四日"一句應為"時六年十二月二十四日"之誤(同註②)。就史實而言,黃說固是,但從《明史》的行文來看,該傳作者是上接五年事而加以記述的,作者的本意似乎就是說王褘在五年十二月二十四日去世,所以姜亮夫在《歷代人物年里碑傳綜表》"王褘"條的"備考"中,指"《明史》卷二百八十九作五年卒"。

㊶ F. W. Mote, *The Poet Kao Ch'i (1336-1374)* (Princeton: Princeton University Press, 1962), p.148. 按:牟復禮後來在一篇評論·John W. Dardess 的 *Confucianism and Autocracy: Professional Elites in the Founding of the Ming Dynasty* (Berkeley, Los Angeles, and London: University of California Press, 1983) 的書評中,則改孫蕡的生卒年為"1323-74",這可能是受到戴維思〈王褘傳〉(同註③)的影響(見 *Harvard Journal of Asiatic Studies*, 46.1〔June, 1986〕. 304)。

㊷ 國立中央圖書館:《明人傳記資料索引》上冊(台北:國立中央圖書館,1965年),頁65。

㊸ 麥仲貴:《宋元理學家著述生卒年表》(香港:新亞研究所,1968),頁405。

㊹ 同註③。

㊺ 麥仲貴:《明清儒學家著述生卒年表》(台北:台灣學生書局,1977年),上冊,頁6。

㊻ 杜聯喆:《明人自傳文鈔》(台北:藝文印書館,1977年),頁49。

㊼ 《辭海》編輯委員會:《辭海》(上海:上海辭書出版社,1979年),中冊,頁2733。

㊽ 吳海林,李延沛:《中國歷史人物生卒年表》(哈爾濱:黑龍江人民出版社,1981年),頁251。

孫蕡二題

（一）孫蕡生卒考辨

關於孫蕡的卒年，明人有兩個說法：（一）洪武二十二年（1389）。如黃佐（1490－1566）《廣州人物傳‧孫蕡》載：

> "二十二年，以事謫戍遼東，怡然就道，酌酒賦詩，無異平日。時都帥梅思祖（？－1382）節鎮三韓，素聞蕡名，迎置家塾。是年，竟以黨禍見殺，……年五十有六。"①

又如《（萬曆）順德縣志‧孫蕡傳》、②闕名〈孫仲衍

---

① 黃佐：《廣州人物傳》（見伍崇曜〔1810－1863〕輯：《嶺南遺書》，道光辛卯〔十一年，1831〕八月南海伍氏校刊本），卷12，葉2上；又見其《廣東通志》（嘉靖三十七年〔1558〕刊本），卷59，〈列傳〉16，〈人物〉6，〈孫蕡〉，葉16上。

② 葉初春（1580年進士）、葉春及（1552年舉人）等：《順德縣志》（萬曆十三年〔1585〕刊本），卷7，葉4下－5上。又見焦竑（1541－1620）：《國朝獻徵錄》（萬曆錢塘徐象橒刊本影印本，台

傳〉、③過庭訓（1570－1625著稱）《本朝分省人物考‧孫蕡傳》、④尹守衡（？－約1635）《明史竊‧孫蕡傳》⑤同倡此說。根據此說，孫蕡生於元元統二年（1334），卒於明洪武二十二年，享年五十六歲。

　　（二）洪武二十六年（1393）。如董穀（1516年舉人）《碧里雜存‧孫蕡》條謂蕡"為藍玉（？－1393）題畫坐誅"。⑥鄭曉（1499－1566）《吾學編‧異姓諸候傳‧藍玉》載洪武二十六年，誅藍玉，並且"殺……詩人王行（1331－1395）、孫蕡"。⑦後來，焦竑（1541－1620）把《碧里雜存‧孫蕡》全則抄入《玉堂叢語》中，改篇題為〈傷逝〉。⑧鄧球（1535年進士）《皇明泳化類編‧別集‧孫蕡詩禍》亦載：

　　　　"太祖（朱元璋，1328－1398，1368－1398在

北：台灣學生書局，1965年），卷22，〈翰林院〉3，葉55上－56上（冊2，頁928）。按：此傳又載於孫蕡：《孫西菴集》（道光十年〔1830〕刊本，卷首，葉6上-7下），並無篇名，傳末注"葉春及撰別傳"。下文所引諸書所說的葉傳，即指此傳。

③　見《國朝獻徵錄》，卷115，〈藝苑〉，葉4上－9下（冊8，頁5062－5064）。

④　過庭訓：《本朝分省人物考》（天啟二年〔1622〕刻本），卷110，〈廣東廣州府〉，葉13上。

⑤　尹守衡：《明史竊》（光緒丙戌〔十二年，1886〕刊本），卷97，〈列傳〉75，葉3上。

⑥　董穀：《碧里雜存》（《叢書集成初編》本，上海：商務印書館，1937年），卷上，頁13。

⑦　鄭曉：《鄭端簡公吾學編》（隆慶海鹽鄭氏刊本），〈異姓諸候傳〉，卷上，葉11下。

⑧　焦竑：《玉堂叢語》（北京：中華書局，1981年），卷7，頁258。

位）誅藍玉，搜其家，凡有片紙隻字相遺者，皆得罪。賁嘗為玉題一畫，遂被逮，……誅。……"⑨上述諸書都沒有確指孫賁在甚麼時候被殺，但藍玉既在洪武二十六年二月伏誅，所以後來的史家便把孫賁的死附記在藍玉被誅後。如談遷（1594－1658）在《國榷》"洪武二十六年二月乙酉（初十）"條載：

> "凡諸功臣文武大吏以至偏裨將卒，坐黨論死者，可二萬人。知名之士若南海孫賁、長洲王行，皆在誅中。賁嘗為玉題畫，非其罪也。"⑩

又如夏燮（1800－1875）《明通鑑》"洪武二十六年二月己丑（十四日）"條：

> "順德孫賁，……坐累戍遼東。及玉敗，大治其黨，以賁嘗為玉題畫，遂論死。"⑪

并附"考異"說："事見《明史・文苑傳》，今據書于玉誅之次"。⑫

上述兩說的卒年雖然不同，但無論主張那一說的記載，都指出孫賁是因為黨禍而死的，所以另有一種含糊的說法，如何喬遠（1558－1632）《名山藏・文苑記・孫賁》說：

---

⑨　鄧球：《皇明泳化類編》（隆慶間刊鈔補本影刊本，台北：國風出版社，1965年），卷133，葉33下－34上（冊8，頁554－555）。

⑩　談遷：《國榷》（北京：古籍出版社，1958年），卷10，冊1，頁739。

⑪　夏燮：《明通鑑》（北京：中華書局，1959年），卷10，〈紀〉10，冊2，頁507－508。

⑫　同上，頁508。

　　"……以事謫戍邊東，竟以黨禍見殺。"⑬

入清以後，雖然有人指出第一說不可信（詳下文），但如沈德潛（1673－1769）《明詩別裁集・孫蕡》，仍說蕡在"洪武中，……坐黨禍死"，⑭而不說明與誰人有關。

　　關於孫蕡的卒年的問題，錢謙益（1582－1664）在《列朝詩集小傳・孫典籍蕡》中曾作辨析。他在引錄上述黃佐《廣州人物傳》和《明興雜記》"高皇帝誅藍玉，籍其家，有隻字往來，皆得罪。蕡與玉題一畫，故殺之。……"後說：

> "按：鄭曉〈藍玉傳〉云：'殺詩人孫蕡、王
> 行。'而梅思祖守雲南，未嘗鎮邊東，況思祖以十
> 五年十月卒於邊東，安得以二十二年延蕡家塾？黃
> 方伯老于詞垣，通曉典故，不知何以舛誤如
> 此。"⑮

此後有關孫蕡的記載，如朱彝尊（1629－1709）〈孫蕡傳〉、⑯《明外史・孫蕡傳》、⑰《明史稿・孫蕡傳》、⑱

---

⑬　何喬遠：《名山藏》（崇禎十三年〔1640〕刊本），卷85，〈文苑記〉，葉 5 下。

⑭　沈德潛：《明詩別裁集》（乾隆四年〔1739〕刊本影印本，北京：中華書局，1975年），卷 2，葉16上（頁21）。

⑮　錢謙益：《列朝詩集小傳》（上海：上海古籍出版社，1983年），〈甲集〉，上冊，頁146。

⑯　朱彝尊：《曝書亭集》（《四部叢刊》本），卷63，葉 5 下。

⑰　參看蔣廷錫（1669－1732）等：《古今圖書集成》（光緒甲申〔十年，1884〕重刊本），〈明倫彙編・氏族典〉，卷149，〈孫姓部列傳〉5，〈孫蕡〉，葉 2 上；又〈理學彙編・文學典〉，卷92，〈文學名家列傳〉80，〈孫蕡〉，葉19下。

⑱　王鴻緒（1645－1723）：《明史稿》（《橫雲山人集》本，敬慎堂刊），〈列傳〉161，〈文苑〉1，葉19上。

《明史‧孫蕡傳》、⑲《四庫全書總目‧西菴集提要》⑳
等，都不采黃佐的說法，而稱孫蕡坐藍玉黨禍而死，亦
即舍棄前述第一說而采取第二說。不過，清人仍有沿襲
第一說的，如傅維鱗（？－1667）《明書‧孫蕡傳》，㉑便
是一例。

後來又有綜合第一、二說的記載出現，如《（道光）
廣東通志‧孫蕡傳》載：

> "十五年，起為蘇州經歷（原注：《明
> 史》）。……復以事累戍遼東（原注：《明史》），
> 怡然就道，酌酒賦詩，無異平日（原注：黃志）。
> 已，大治藍玉黨，蕡嘗為玉題畫，遂論死（原注：
> 《明史》），……天下冤之，年五十有六（原注：黃
> 志）。"㉒

---

⑲ 張廷玉（1672－1755）等：《明史》（北京：中華書局，1974年），卷
285，〈列傳〉173，〈文苑〉1，頁7332。

⑳ 永瑢（1744－1790）等：《四庫全書總目》（北京：中華書局，1965
年），卷169，〈集部〉22，〈別集類〉22，下冊，頁1473，又見《孫西菴
集》，卷首，〈欽定四庫全書提要〉，葉1上：又《西菴集》（《四庫全
書珍本》6集本，台北：台灣商務印書館，1976年），〈提要〉，葉1
上下。

㉑ 傅維鱗：《明書》（《叢書集成初編》本，上海：商務印書館，1936
年），卷146，〈列傳〉10，〈文學〉2，冊26，頁2887。

㉒ 阮元（1764－1849）等：《廣東通志》（同治甲子〔三年，1864〕重刊
本），卷271，〈列傳〉4，〈廣州〉4，葉21上。按：文中所說 "黃志"，
即註①所引《廣東通志》。

又如《（咸豐）順德縣志‧孫蕡傳》雖未標明根據，其實也是綜合兩說而成。㉓

　　錢謙益以後，辨析孫蕡生卒年的亦不乏人。如梁泉（？－1772）於乾隆二十五年（1760）為重梓《西菴集》而作序，序中引蕡先人所撰家譜，略述蕡的生卒如下：

　　　　"先生（孫蕡）……以元順帝（妥懽帖睦爾，1320－1370，1333－1368在位）至元戊寅（十年，1350）生於平步。……謫戍遼東，竟罹禍，卒年五十六。"㉔

據此，雖可坐實前述第二說，但梁氏未辨第一說之非。嘉慶九年（1804），羅學鵬刊行《廣東文獻初集》，內收《南園前五先生詩集》，其中《孫典籍西菴集》前有〈列傳〉一篇，係采洪武二十二年卒說。傳後附不署名按語一

㉓　郭汝誠（1841年進士）等：《順德縣志‧孫蕡傳》說："（洪武）二十三年（按：應作二十二年），又以事被逮，遣戍遼東，怡然就道，飲酒賦詩不異平時。二十六年，涼國公藍玉謀為變。按驗得實，磔之，坐黨論者蔓衍過於胡惟庸。蕡嘗為玉題畫，遂論死，……年五十六，聞者冤之。"（咸豐癸丑〔三年，1853〕刻本，卷22，〈列傳〉2，〈明〉1，葉25上）

㉔　《孫西菴集》，卷首，〈原序〉，葉15下－16上。按：梁泉所述撰譜人與孫蕡的關係如下："熹涌孫龍，少學於予。其先始祖宋慶元（1195－1200）間入廣東，二世質菴公卜熹涌居焉。四世雲屏公之第四子玉瑩公遷平步，而平步之祖熹涌彰。彰於家譜云：'先生（孫蕡），玉瑩公之孫也。……'"（同上，葉15下）換言之，孫彰為孫蕡的曾祖。除非孫彰真的非常長壽，否則梁氏所述的關係有誤。

則，略辨二十二年卒說的錯誤。㉕可惜祇係拾錢謙益牙
慧，并無新說，而且也沒有提到洪武二十六年去世之
說。此後到道光十年（1830），梁廷枏（1796－1861）
重刻《孫西菴集》，才在序文中提出比錢謙益較詳細的論
辨，引錄如下：

> "《明興雜紀》、《泳化類編》皆云坐為藍玉題
> 畫得罪被誅。……惟葉傳（按：即前引《〔萬曆〕
> 順德縣志·孫蕡傳》，詳註②）稱二十二年謫戍遼
> 東都帥梅思祖節鎮三韓，素聞蕡，迎居家塾，是年
> 竟罹黨禍。考《明史》思祖傳，思祖籍河南夏邑，
> 止洪武五年（1372）一巡遼東城，未嘗移家居此。
> 至十五年署雲南布政司事，是年卒。葉傳乃云迎居
> 家塾在二十二年，已屬兩誤。且《明史》但稱三十
> 三年（按：應作二十三年）坐胡惟庸（？－1380）
> 黨，滅思祖家，不云波及朋舊。而二十六年九月詔
> 書有藍賊為亂謀泄，族誅者萬五千人語，則株實緣
> 是獄。先弼亭從翁（梁泉）撰傳，據《孫氏家
> 譜》，稱先生卒年五十六，距生至元戊寅（四年，

㉕ 羅學鵬：《廣東文獻初集》（同治二年〔1863〕春暉堂藏板本），卷
9，葉 2 上－3下。按：〈列傳〉後的按語是這樣的："順德縣舊志載洪
武二十二年謫戍遼東，梅思祖節制三韓，素聞蕡名，迎居家塾，竟罹
黨禍。考梅思祖係夏邑人，洪武五年巡遼東城池，未居遼東也。至十
五年署雲南布政，是年卒，何得有二十二年迎居家塾事，舊志誤。"
（同上，葉 3 上下）文中所謂 "順德志"，不知指甚麼板本，但上
述〈列傳〉，卻不是註②及㉓所引《順德縣志·孫蕡傳》。

1338），實卒於洪武二十六年，與玉被誅之年正
合，其緣坐藍黨益無可疑。"㉖

按：梁說甚是，但仍有可以補充的地方。現先引錄《明
史‧梅思祖傳》有關部份，然後再加以説明：

"……（洪武）五年征甘肅，還，命巡視山、
陝、遼東城池。……十五年復與傅友德（？-
1394）平雲南，置貴州都司，以思祖署都指揮使，
尋署雲南布政司事。……是年卒，賜葬鍾山之陰。
子義，遼東都指揮使。二十三年追坐思祖胡惟庸
黨，滅其家。"㉗

這篇傳記固然脫胎自《明史列傳‧梅思祖傳》㉘和《明史
稿‧梅思祖傳》，㉙但追溯史料的來源，當是朱睦㮮的
〈汝南侯梅思祖傳〉㉚和鄭曉的《吾學編‧異姓諸候傳‧梅

㉖　《孫西菴集》，卷首，〈序〉，葉26上下。按：梁廷枏所説梁泉寫的別
　　傳，筆者未見。《孫西菴集》卷首載有孫蕡四篇（即《明史》本傳、
　　《（道光）廣東通志》傳〔書中誤作"《明史‧文苑傳》、《廣東通志》
　　傳"〕、葉春及與朱彝尊撰傳），卻不載梁泉撰傳。關於梁泉生平，
　　參梁廷枏所撰家傳，見李桓（1827-1891）：《國朝耆獻類徵初編》
　　（湘陰李氏板本），卷437，〈文藝〉15，〈梁泉〉，葉28上-31下；又
　　參張維屏（1780-1859）：《國朝詩人徵略初編》（序道光二十二年
　　〔1842〕本），卷40，〈梁泉〉，葉15上。
㉗　《明史》，卷131，〈列傳〉19，頁3848。
㉘　題徐乾學（1631-1694）撰：《明史列傳》（舊鈔本影印本，台北：台
　　灣學生書局，1970年），卷8，冊1，頁296。
㉙　《明史稿》，〈列傳〉15，葉10上-11上。
㉚　見《國朝獻徵錄》，卷8，〈侯〉2，葉27上-28上（冊1，頁273-
　　274）。

思祖》。㉛根據上述諸傳，擔任遼東都指揮使的是梅思祖的兒子義，而不是思祖本人。因此，黃佐和葉春及可能誤據傳聞，把梅義當作梅思祖，而且忽略了思祖在洪武十五年已去世。其次，雖然《吾學編》和《明史》等著述記載洪武二十三年追坐梅思祖為胡惟庸黨時，祇稱"滅其家"，沒有提到有牽連舊朋，但史傳記事不一定詳盡，所以不能作為沒有牽連舊朋的證據。還有，黃、葉二人的另一項錯誤是洪武二十二年並沒有發生甚麼禍黨。儘管我們可以猜想二十二年可能是二十三年的訛誤，到底黃、葉兩傳祇說"是歲以黨禍見法"。他們的記載既然這樣含糊不清，我們實不必深文羅織，解釋他們所指的是孫蕡在洪武二十三年受到梅思祖株連而被殺，也有足夠理由不相信他們的說法。何況據《孫氏家譜》所載，孫蕡生於至元四年，卒年五十六，則與前述第二說洪武二十六年被誅的記載脗合。因此，黃、葉的傳記就更不足取信了。

梁廷枏以後，《（咸豐）順德縣志·孫蕡傳》的作者也曾在傳末附辨孫蕡事蹟，其實剽竊梁說，並無新見。㉜至於近日有關孫蕡生卒的記載，紕誤甚多。如姜亮夫《歷代人物年里碑傳綜表》說生於元統二年，卒於洪武二十二年，即為前文第一說。但"備考"中所注則為"朱彝尊

㉛　《鄭端簡公吾學編》，卷上，葉41上下。
㉜　同㉓。

撰傳、《明史》卷二百八十五＂，㉝實係自相矛盾而不自
知。台灣中央圖書館編《明人傳記資料索引》，在孫蕡傳
略中不載生卒，傳末則説＂以嘗為藍玉題書，論死＂；
傳後提供孫氏資料四則，即《國朝獻徵錄》所載《順德縣
志》傳（即前文所引《（萬曆）順德縣志・孫蕡傳》）、
＂無名氏撰傳＂（即前文所引闕名〈孫仲衍傳〉）、及
《名山藏》、《明史》中的〈孫蕡傳〉，㉞但誠如上文指出，
《（萬曆）順德縣志・孫蕡傳》和闕名傳係倡第一説，《名
山藏》記載不詳，《明史》則主第二説，因此該書編者沒
有指出同異，亦未盡是。至巴宙（W. Pachow）為《明代
名人傳》（*Dictionary of Ming Biography, 1368 - 1644*）
撰〈孫蕡傳〉，在蕡姓名後注生卒為＂1335　90＂或
＂1338 - 93＂。但傳中祇記載蕡在1393坐藍玉案死，不提
前一生卒説的根據。該書編者在傳中孫蕡死事後加插
＂編者按語＂（Editors' note）一則，顯係補救這篇傳記
的疏略，現引錄如下：

> ＂大多數資料（most sources）似乎顯示孫蕡
> 的死刑是在1390年執行，而他被判處死刑大概因為
> 被捲入梅思祖案中。但如果我們接受他因為和藍玉
> 的友誼而被殺的説法，他的卒年必是1393年。由於

㉝　姜亮夫：《歷代人物年里碑傳綜表》（北京：中華書局，1959年），頁
　　400。

㉞　國立中央圖書館編：《明人傳記資料索引》（上）（台北：國立中央圖
　　書館，1965年），頁443。

他死時五十六歲，他的生年就是1338年了。"㉟

按：這則"編者按語"頗有問題，必須加以糾正。首先，跟上述報導相反，多數有關孫蕡的資料指他坐藍玉案而死，即卒於1393年。其次，即使前述第一說所引諸書，也沒有顯示孫蕡的死刑在1390年執行；它們所說孫蕡的卒年是1389，而且未直接指出他的死跟梅思祖案有關。至於梁廷枏說黃、葉二人指蕡坐梅案死，不過是他的想法，而這個想法實忽略了黃、葉二人本指蕡在1389年卒，不是1390年。因此，就算《明代名人傳》編者曾經參考過梁廷枏的序文而又認同他的說法，但他們提出"大多數資料"有同樣指示的說法仍是不對的。還要指出，巴宙寫孫蕡傳祇參閱《明史》、《四庫全書總目》、《（道光）廣東通志》和《古今圖書集成》，㊱而上述四書根本沒有提到孫蕡在1389年卒或在1390年坐梅思祖案卒的說法。

至於國內近十幾年有關孫蕡生卒的記載，也未能令人滿意。如吳海林、李延沛合編《中國歷史人物生卒年表》及《中國歷史大辭典·史學史卷》說孫蕡生於1334年，卒於1389年，㊲顯係誤沿姜亮夫之說。又官大梁〈孫

㉟　L. Carrington Goodrich and Chaoying Fang（eds.），*Dictionary of Ming Biography, 1368 - 1644*（New York : Columia University Press, 1976），vol. 2, p. 1216.

㊱　同上，頁1216 - 1217。

㊲　吳海林、李延沛：《中國歷史人物生卒年表》（哈爾濱：黑龍江人民出版社，1981年），頁253；《中國歷史大辭典·史學史卷》編纂委員會：《中國歷史大辭典·史學史卷》（上海：上海辭書出版社，1983年），頁192。

蕡的卒年〉及〈孫蕡的卒年辯正〉二文，亦甚簡略。如引
《中國歷史人物生卒年表》所載蕡卒於1389年，卻說“不
知何據”。而他用來提倡“孫蕡的卒年是公元1393年，
而不是公元1389年”的根據，僅為《明史·孫蕡傳》、〈藍
玉傳〉（按：〈藍玉傳〉沒有孫蕡的記載，官氏祇用以證明
1389年“藍玉之獄未興”）、《明通鑑》“洪武二十六年
二月”條、焦竑《玉堂叢語·傷逝》和“沈德潛《明詩別
裁集》卷二：孫蕡‘坐黨禍死’”。[38]但是沈德潛根本沒
有說明坐甚麼黨禍（詳上文），故用它來否定卒於1389
年說的其中一個證據，實為不合。其次，官氏仍未能確
定孫蕡的生年。

（二）孫蕡死事析疑

有關孫蕡的死，除了上節所述的卒年問題之外，尚
有兩個傳說必須辨明：第一是臨刑賦詩事，第二是朱元
璋殺監斬者事。這兩個傳說屢見於明、清兩代的著述
中，現引錄董穀《碧里雜存·孫蕡》為例，以便討論：
　　“孫蕡……坐為藍玉題畫誅，臨刑，口占曰：
　　‘鼉鼓三聲急，西山日又斜，黃泉無客舍，今夜宿
　　誰家？’死後，太祖聞知此詩，曰：‘有如此好

---

[38] 官大梁：〈孫蕡的卒年〉，《學術研究》，1982年 3 期（1982年月分
缺），頁64；〈孫蕡的卒年辯正〉，《中國史研究》，1987年 3 期（1987
年8月），頁38。

詩，不覆奏，何也？'併誅監斬者。"㊴

按：上述所謂孫蕡的臨刑詩，雖被孫蕡的門人黎貞收入《西菴集》，㊵但它並不是孫蕡所作，而是五代時江為的臨刑詩。

據北宋（960－1127）陶岳《五代史補·江為臨刑賦詩》記載：

"江為，建州人。工於詩，乾祐（948－950）中，福州王氏國亂，有故人任福州官屬，恐禍及一旦，亡去。將奔江南，乃間道謁為。經數日，為且與草投江南表。其人未出境，遭邊吏所擒，仍於囊中得所撰表章，於是收為，與奔者俱械而送。為臨刑詞色不撓，且曰：'嵇康（224－263）之將死也，顧日影而彈琴，吾今琴則不暇彈，賦一篇可矣。'乃索筆為詩曰：'銜鼓侵人急，西傾日欲斜，黃泉無旅店，今夜宿誰家？'聞者莫不傷之。"㊶

江為的臨刑詩，已收入明人胡震亨（1569－1644或1645）編的《唐音統籤》中。㊷康熙時，彭定求（1645－1719）等編《全唐詩》，以《唐音統籤》作底本，自然也

㊴　同註⑥。

㊵　《西菴集》，卷7，葉44上。

㊶　陶岳：《五代史補》（載於胡思敬〔輯〕：《宋人小史三種》〔《豫章叢書》本〕，南昌：《豫章叢書》編刻局，1915年），卷5，葉11下。

㊷　胡震亨：《唐音統籤·戊籤》（康熙二十四年〔1685〕刊本），卷767，葉3下。

收錄了這首詩。㊸《五代史補》中並無江為詩的詩題，後
書則稱為〈臨刑詩〉；又 "銜鼓" 二字，後書作 "街
鼓" 。㊹

　　雖然上述〈臨刑口占〉或〈臨刑詩〉不是孫蕡的作
品，但明人多不察覺其非，如前引《碧里雜存・孫蕡》，
即為一例。有關孫蕡臨刑賦詩和朱元璋殺監斬者事，又
見鄧球《皇明泳化類編・別集・孫蕡詩禍》，但所錄詩首
句作 "鼉皷三聲畢" ，第三句作 "黃泉無宿店" 。㊺焦竑
《玉堂叢語》又抄襲《碧里雜存・孫蕡》全則，只改篇題
為《傷逝》。㊻此外，錢謙益《列朝詩集小傳・甲集・孫
典籍蕡》引《明興雜記》，載錄臨刑賦詩事，其中臨刑詩
文字與《碧里雜存》同。㊼乾隆四十四年（1779），四庫
館臣校錄《西菴集》，在〈臨刑口占〉後附《明興雜記》一
則，並說：

　　　　"今頌此詩，蕡可謂一死生，而高皇帝亦憐才
　　矣。" ㊽

可見四庫館臣尚未知此詩不是孫蕡所作。直到十一年

―――――――――――――――――――

㊸　彭定求等：《全唐詩》（北京：中華書局，1960年），卷741，冊11，
　　頁8448。
㊹　同上。按：梁廷枬等謂《全唐詩》所錄江為〈臨刑詩〉首句作 "銜
　　鼓" ，誤。詳註㊼及㊾。
㊺　同註⑨。
㊻　同註⑧。
㊼　同註⑮。
㊽　《西菴集》，卷7，葉44下。按：據書前所附提要，文末題 "乾隆四十
　　四年正月" （〈提要〉，葉2上）。

後，趙翼（1727－1814）才披露有關錯誤，他在《陔餘叢考‧孫蕡詩》中引錄《碧里雜存》和《五代史補》說：

> "此詩乃五代時江為所作，……今乃移之仲衍（按：仲衍乃孫蕡別字），何耶？豈仲衍被刑時，誦此詩以寓哀，聞者不知，遂以為仲衍自作，而董穀因記之耶？……《明史》於蕡傳，但云臨刑賦詩，長驅而逝，而不載其詩句，較為不露，然曰臨刑賦詩，似亦以詩為蕡自作也。"⑭

此外，趙翼在《甌北詩話‧詩人佳句》中又收錄江為的臨刑詩，題為〈臨刑口占〉，但首句中"衙鼓"作"鼉鼓"，與《五代史補》微有出入。⑮

然而，上引江為的臨刑詩是否原作，仍有疑問。因為在日本方面，大津皇子（663－686）在朱鳥元年（即武則天〔624－705，690－705在位〕垂拱元年，686）因謀反而被賜死。他寫的〈臨終〉絕句，與江為詩的取材和用意，極之相似。引錄如下：

> "金烏臨西舍，鼓聲催短命。泉路無賓主，此夕誰家向？"⑯

---

⑭ 趙翼：《陔餘叢考》（上海：商務印書館，1957年），卷24，頁496－497。按：趙氏〈《陔餘叢考》小引〉題乾隆五十五年（1790）（同上‧〈小引〉，頁5）。

⑮ 趙翼：《甌北詩話》（北京：人民文學出版社，1981年），卷1，頁172。

⑯ 見《懷風藻》（杉本行夫註譯本，東京：弘文堂書房，昭和十八年〔1943〕再版），頁23。按：《懷風藻》序題"天平勝寶三年"（頁2），即唐玄宗（李隆基，685－762，712－756在位）天寶十年（751）。

由於大津皇子詩遠較江為詩早出，所以論者懷疑前者
"還有更早的中國的來源"。[52]

　　為甚麼上述臨刑詩會被誤傳為孫蕡的作品呢？自從
趙翼提出"豈仲衍被刑時，誦此詩以寓哀，聞者不知，
遂以為仲衍自作"的說法後，後來學者的意見都不出其
範疇。不過，對於誰人是誤傳者，則有不同的推測。例
如，道光（1821－1850）年間，梁廷枏刊刻《孫西菴
集》，便在序中忖測說：

　　　"疑先生（孫蕡）就刑時偶爾憶誦，黎氏
　　　（貞）不考，遂誤收焉。"[53]

於是梁廷枏刪去〈臨刑口占〉一詩，以免訛傳。到了咸豐
（1851－1861）年間，郭汝誠（1841年進士）等修《順德
縣志》，便抄襲梁說入該志〈孫蕡傳〉中。[54]

　　還要指出，上述臨刑詩後來又誤傳為戴名世
（1653－1713）及葉德輝（1864－1927）的臨刑詩作，
不過詩文頗有不同。[55]此外，又有說是金人瑞（1608－
1661）臨刑的口占，又或指係徐渭（1521－1593）所作。[56]

---

[52]　柳存仁：〈讀《黃節詩集》〉，《國際南社學會叢刊》，5 期（1994年12
　　　月），頁58註32。

[53]　《孫西菴集》，卷首，葉20下。梁氏在序中說《五代史補》及《全唐詩》
　　　所載江詩首句為"衙鼓侵人急"，誤（詳註㊸）。又序中祇提及《甌
　　　北詩話》，未引錄《陔餘叢考》。

[54]　《（咸豐）順德縣志》，卷22，〈列傳〉2，〈明〉1，葉25上。按：郭氏等
　　　又誤據梁氏，指《全唐詩》中首句作"衙鼓侵人急"。

　　至於朱元璋後悔殺孫蕢一事，恐怕也是出於附會，
因為它跟王鏊（1450－1524）《震澤紀聞》所載王朴被殺
的情況，頗為相似。茲逐錄如下，以便讀者比較：

> "王權，陝西人也，改名朴。洪武中為御史，
> 數與上爭曲直，上怒命斬之。反接至市，尋赦之。
> 反接還見之，上曰：'汝其改乎？'朴曰：'陛下
> 以臣為御史，豈可戮辱至此？且以臣為有罪，安用
> 生之？無罪，又安得戮之？臣今日願速死。'上復
> 命反接至市，過史館，大呼曰：'學士劉三吾
> （1312－1399？）聽之，某月日皇帝殺無罪御史王
> 朴。'朴臨死作詩云云。行刑者復命，上惻然，問
> 朴死云何。以詩聞。上曰：'彼有片言，亦當以
> 聞，況詩耶？'行刑者數人俱坐死。蓋上惜其才，
> 卻折其氣，實無意殺之也。"⑤⑦

明代野史筆記附會失實之處甚多，從上述有關孫蕢死事
的記載，可見一斑。

---

⑤⑤　有關戴名世賦詩說，見"中共安徽省宣傳部辦公室"：《安徽歷史上科
　　學技術創造發明家小傳》（合肥：安徽人民出版社，1959年），頁17。
　　按：此書所載詩文如下："戰鼓冬冬響，西山日已斜，黃泉無客店，今
　　夜宿誰家？"其出處則不詳。至於葉德輝賦詩說，見大佛：〈近人筆記
　　中幾筆糊塗賬〉。文中所錄葉詩說："慢擂三通鼓，西望夕陽斜，黃泉
　　無客店，今夜宿誰家？"原文刊於《立報》，1935年10月31日；現據周
　　作人（1885－1968）：〈孫蕢絕命詩〉引，載於氏著：《苦竹雜記》（《良友
　　文學叢書》第23種，上海：良友圖書印刷公司，1936年），頁38。
⑤⑥　見大佛：〈近人筆記中幾筆糊塗賬〉，同上註。
⑤⑦　王鏊：《震澤紀聞》，載於（明）李栻：《歷代小史》（上海涵芬樓影明
　　刊本影印本，台北：台灣商務印書館，1969年），卷84，葉3下。

晚明理學家三考

（一）陶望齡、奭齡兄弟生卒考

　　陶望齡、奭齡兄弟雖在晚明以講學著名，[①]但時人對他們的生卒並沒有留下詳細的記載，就算近日出版的生卒年表和明人傳記專著，大多數也不能確指。

　　先說陶望齡。姜亮夫《歷代人物年里碑傳綜表》[②]及吳海林、李延沛《中國歷史人物生卒年表》[③]都沒有陶氏的紀錄。台灣中央圖書館編的《明人傳記資料索引》說陶氏生於嘉靖四十一年（1562），但不詳卒於那一年。[④]然

---

① 　張廷玉（1672－1755）等：《明史》（北京：中華書局，1974年），卷216，〈列傳〉104，〈唐文獻附陶望齡〉，頁5713。
② 　姜亮夫：《歷代人物年里碑傳綜表》（北京：中華書局，1959年）。
③ 　吳海林、李延沛：《中國歷史人物生卒年表》（哈爾濱：黑龍江人民出版社，1981年）。
④ 　國立中央圖書館：《明人傳記資料索引》（上）（台北：國立中央圖書館，1965年），頁563。

而，書中附載的五則陶氏傳記資料，⑤均不提及他的生年，所以不知上說的根據。富路特（L. Carrington Goodrich）主編的《明代名人傳》（*Dictionary of Ming Biography 1368 - 1644*）未為陶氏立傳，但是陶氏的姓名，見於鄭一僧（C. N. Tay）的〈袁宏道傳〉中，陶名後注生年為1562年，⑥大抵抄錄自《明人傳記資料索引》。

---

⑤ 這五則資料是周汝登（1547 - 1629）《東越證學錄‧送太使石簣陶公北上序》、李廷機（1583年進士）《李文節集‧陶君制義序》、題徐乾學（1631 - 1694）《明史列傳》本傳、《明史》本傳及黃宗羲（1610 - 1695）《明儒學案‧泰州學案（五）‧文簡公陶石簣先生望齡》（同上，頁564）。按：《明人傳記資料索引》選錄資料標準，見該書〈編輯例言〉第二則（頁數缺），據所列取捨原則，該書所錄《東越證學錄》中陶氏傳記資料，實漏去〈祭石匱陶太史文〉（萬曆三十三年〔1605〕影刊本，台北：文海出版社，1970年，卷14，葉40上 - 41下）。有關周汝登的生卒問題，詳下注。

⑥ L. Carrington Goodrich and Chaoying Fang （房兆楹）(eds.)，*Dictionary of Ming Biography 1368 - 1644*（New York：Columbia University Press, 1976），vol.2, p.1636. 陶氏姓名，又見錄於該書所載房兆楹及秦家懿（Julia Ching）合寫的〈周汝登傳〉（vol. 1, p.272）。按：周汝登的生卒，房、秦作 "1547 - 1629（原注：？）"，顯示他們不能確定。《明人傳記資料索引》（上）在周汝登名後不繫生卒（頁316）；吳、李《中國歷史人物生卒年表》缺錄周汝登；姜亮夫《歷代人物年里碑傳綜表》謂周氏生於嘉靖二十六年（1547），卒於崇禎二年（1629），年八十三歲。但在 "備考" 注謂："《嵊縣志》又謂卒年七十三"（頁464）。麥仲貴：《明清儒學家著述生卒年表》據姜書作 "1547 - 1629"（台北：台灣學生書局，1977年，頁164及263）。周氏的卒年，據劉宗周（1578 - 1645）〈祭周海門先生文〉，確為崇禎二年（見〔清〕董瑒〔編〕：《劉子全書》〔道光四年（1824）刊本〕，卷23，〈文編〉10，葉38下）。因此，周氏的生卒問題，祇在生年而已。

　　陶望齡的生卒年歲，亦不是沒有人考究。如麥仲貴
《明清儒學家著述生卒年表》據陶氏《歇菴集》中〈亡兄
德望傳〉和〈亡兄虞仲傳〉兩文，推斷生於嘉靖四十一
年；又據談遷（1594－1658）《國榷》所載，說陶卒於萬
曆三十七年（1609）二月。⑦按：〈亡兄德望傳〉說：

　　　　“德望以嘉靖庚戌（二十九年，1550）八月六
　　　日生，歲支一周而生予。”⑧

所謂“歲支一周”，即十二年，亦即嘉靖四十一年
（1562）。又〈亡兄虞仲傳〉載：

　　　　“嘉靖庚申（三十九年，1560），大人（即陶
　　　父承學〔1518－1598〕）以按察副使治兵九江
　　　府。……後二年，孿生二男子，長曰望齡，次曰高
　　　齡。”⑨

所謂“後二年”，即嘉靖四十一年，與上傳脗合，且為
陶氏自述，可信不疑。

　　至於卒時年月，不可盡信《國榷》。如過庭訓
（1570－1625 著稱）《本朝分省人物考·陶望齡》說：

　　　　“戊申（萬曆三十六年，1608），母病不起，
　　　甫百日亦遘危疾而卒。”⑩

_____

⑦　《明清儒學家著述生卒年表》，下冊，頁921－922。按：陶氏二文，
　　下注將會徵引。談遷說見《國榷》（北京：古籍出版社，1958年），
　　卷81，冊5，頁5002。
⑧　陶望齡：《歇菴集》（萬曆三十九年〔1611〕聚奎樓刊本），卷12，葉68下。
⑨　同上，葉71上下。
⑩　過庭訓：《本朝分省人物考》（天啟二年〔1622〕刊本），卷51，〈浙
　　江〉10，葉85下。

《（康熙）會稽縣志・人物志・理學・陶望齡》也說：

> "戊申，母病，憂勞成疾，相繼而卒。"⑪

上述二書，即與《國榷》不合，但此說亦不足信，因為陶
望齡門人余懋孳在"萬曆辛亥（三十九年，1611）上巳
日"寫的〈《歇菴集》序〉，記述陶氏逝世的情形如下：

> "己酉（萬曆三十七年）春月，學使者瞻文成
> （王守仁，1472－1529）祠，欲揭宗旨，屬剞劂師
> 纂次，而師惠然刪定，方及龍谿（王畿，1498－
> 1583）一卷，適以讀禮閣筆，哀毀太過，數月而
> 遽藏舟，即書成未及序也。"⑫

據此，陶母在萬曆三十七年春天去世，而望齡在數月後
（即該年夏天）才卒。

余懋孳既是陶望齡的門人，寫序的時間離老師謝世
不過兩年，因此他的記載較過庭訓和談遷等的為可信。

---

⑪ （清）董欽德：《（康熙）會稽縣志》（1936年紹興縣修志委員會校
　　刊本），卷24，葉2下。

⑫ 《歇菴集・余（懋孳）序》，葉2下。按：王守仁卒於嘉靖七年十一
　　月二十九日（見《王文成公全書》〔《四部叢刊》本〕，卷34，〈年
　　譜〉3，葉71下－72上。按：此條條目作"七年十一月乙卯"，實為
　　"七年十一月丁卯"之誤，乙卯為十七日，丁卯為二十九日。此條先
　　敍述二十五日及二十八日事，然後又有"瞑目而逝，二十九日辰時
　　也"之語，可以證明。其他板本亦有同誤，如《四部備要》本的
　　《陽明全書》〔卷34，〈年譜〉3，葉31下－32上〕、《萬有文庫》本
　　的《王文成公全書》〔上海：商務印書館，1933年，卷34，〈附錄〉
　　3，〈年譜〉3，冊13，頁39〕，便是二例），即公元1529年1月9日，
　　但一般工具書都不留意及此，只因他卒於嘉靖七年而誤作1528年。以
　　本文注釋所引書為例，如註②（頁438）、註③（頁274）及註④（頁
　　28）諸書，其誤正同。

又據陶氏友人袁中道（1570－1624）《遊居柿錄》中萬曆三十七年七月紀事，有下引消息：

> "得陶石簣先生訃音，感歎泣下者久之。此當今一顏子耳。心和骨勁，學道真切，我之發舟，大半為先生來。庶幾以學問相參證，而詎意隕折。傷哉！傷哉！"⑬

據此，陶望齡的死期，當在七月初之前，可惜《明實錄》沒有陶氏逝世的直接記載，無法確定它的月日。⑭

至於陶奭齡的生卒，有關工具書所載資料更見貧

---

⑬　袁中道：《遊居柿錄》（《中國文學珍本叢書》本，上海：上海雜誌公司，1935年，按：是書封面題《袁小修日記》），卷3，第171則，頁57。按：這則日記不著時間，但第169則指明是"七月初一日"事（頁56）；第176則又有"至此月杪"一語（頁58），可見第171則為七月事。

⑭　《明實錄・神宗實錄》不載陶望齡的死訊。至於他獲諡一事，見《熹宗實錄》，卷5，"天啟元年（1621）正月丁亥（十五日）"及"壬辰（二十日）"兩條（《明實錄》〔國立北京圖書館紅格鈔本微型膠卷影印本〕，台北：中央研究院歷史語言研究所，1966年，冊124，頁244及250－251）。按：《（康熙）會稽縣志・人物志・理學・陶望齡》謂陶氏"諡曰文簡，而（其父）承學之諡恭惠也，適在一詔中，亦稱盛事"（卷24，葉2下）。干濤《（道光）會稽縣志稾》沿襲不改（1936年紹興縣修志委員會校刊本，卷17，〈人物・理學・陶望齡〉，葉21下）。又李亨特等修《紹興府志》據俞卿等修康熙五十八年（1719）《紹興府志》，附陶氏父子同在一詔予諡事於〈陶望齡傳〉後（乾隆五十七年〔1792〕刊本，卷52，〈人物志〉12，〈理學〉，葉20上）。然此說恐非是。《熹宗實錄》缺陶承學賜諡事，上述"天啟元年正月丁未"、"壬辰"二條亦未提到望齡得到甚麼諡號。據《國榷》，卷84，"天啟元年正月丙子（初四日）"條，陶承學獲諡恭惠，乃在該日（冊5，頁5184）。因此，《熹宗實錄》雖無丙子日條，《國榷》又不言陶望齡予諡的日期，但綜合二書的記載，承學得諡在先，望齡得諡在後，所以不會是父子同在一詔獲諡。

乏。如《明人傳記資料索引》、《明代名人傳》、《明清儒學家著述生卒年表》、《中國歷史人物生卒年表》均不見載，甚至連田繼綜編的《八十九種明代傳記綜合引得》，也沒有陶奭齡的名字；[15]祇有姜亮夫《歷代人物年里碑傳綜表》說他卒於崇禎十三年（1640），並在"備考"注謂："《明史》卷二百十六附《唐文獻傳》，目無名"。[16]但《明史‧唐文獻傳》實未提陶奭齡的卒年；[17]又同傳附〈陶望齡傳〉提到奭齡的地方僅有"與弟奭齡皆以講學名"九字，[18]所以姜說實不詳出處。而說來卻可笑，奭齡竟見錄於杜連喆、房兆楹合編的《三十三種清代傳記綜合引得》。按：杜、房謂陶傳見於江藩（1761－1831）《宋學淵源記‧附記》，[19]並不正確。江藩實未為陶奭齡立傳，他不過在〈附記‧王朝式傳〉引述劉宗周致王朝式（1603－1640）書中"私淑諸人，于吾鄉得陶先生"等語後，指出劉氏"所稱陶先生，陶奭齡也"而已。[20]由此可見，陶奭齡的生卒年歲，實有考訂的必要。

陶奭齡著有《小柴桑喃喃錄》和《今是堂集》，前者

⑮ 田繼綜：《八十九種明代傳記綜合引得》（北平：哈佛燕京學社，1935年）。

⑯ 《歷代人物年里碑傳綜表》，頁537。

⑰ 《明史》，卷216，〈列傳〉104，頁5711－5712。

⑱ 同上，頁5713。

⑲ 杜連喆、房兆楹：《三十三種清代傳記綜合引得》（北平：哈佛燕京學社，1932年），頁334。

⑳ 江藩：《國朝宋學淵源記》（附見於氏著：《國朝漢學師承記》，北京：中華書局，1983年），〈附記〉，頁182。 按：江藩記載王朝式的事蹟頗有錯誤，詳第二則。

並無他的生卒資料，後者筆者無緣得見。㉑但陶氏的生卒
年歲，仍有蛛絲馬跡可尋。按：陶望齡《歇菴集》載有
〈登第後寄君奭弟書五首〉，㉒君奭為奭齡別字。㉓從望齡
在第一首中勉勵弟弟的説話，可以推算出奭齡的生年。
現徵引原文如下，以便説明：

> "吾庚辰歲（萬曆八年，1580）從太倉劉師受
> 其繩削，及於痛哭。是冬游京師，諸名公便儞相
> 許，正吾弟之年也。勉之！勉之！恢拓之才而加以
> 沈厚，蔑不濟矣。都下束帶縮綬而馳者，多有十
> 八、九少年，勿復以昔日童心自處，不勝惓惓。" ㉔

望齡生於嘉靖四十一年，萬曆八年他即十九歲。他在萬
曆十七年（1589）考得一甲三名進士，㉕上信即為該年之
作。其次，他在萬曆八年時跟奭齡在萬曆十七年時的年

㉑　陶奭齡：《小柴桑喃喃錄》（崇禎〔1628-1644〕間吳寧李為芝校刊
　　本）。《（康熙）會稽縣志·人物志·理學·陶奭齡》（卷24，葉3
　　上）及《（道光）會稽縣志槁·人物·理學·陶奭齡》（卷17，葉22
　　下）說陶氏著有《遷改格喃喃錄》，當是《小柴桑喃喃錄》異稱。
　　按："今是堂"與"小柴桑"均因陶淵明（365或372或376-427）而
　　命名。劉宗周〈陶石梁《今是堂文集》序〉說："今是堂者，先生取淵
　　明〈歸去來辭〉以名讀書之所也。蓋先生自托遠裔，時時聞其風而悦
　　之，晚更號柴桑老人。"（《劉子全書》，卷21，〈文編〉8，葉35上）
　　據題下注，序文作於"壬午（崇禎十五年，1642）二月"（同上，葉34
　　下），文中謂陶氏已卒。
㉒　《歇菴集》，卷16，葉21上—26下。
㉓　《（康熙）會稽縣志》，卷24，〈陶奭齡傳〉，葉2下。
㉔　《歇菴集》，卷16，葉21下-22上。
㉕　同註①：又《本朝分省人物考》，卷51，〈浙江〉10，〈陶望齡〉，葉84
　　下。

紀相等，換言之，奭齡在萬曆十七年亦是十九歲，與信
末"十八、九少年"等語脗合。以此相算，奭齡生於隆
慶五年（1571），少望齡九歲。

至於奭齡的卒年，劉宗周、劉汋（1612－1644）父子留
下不少線索。按：當陶奭齡去世，劉宗周為他寫祭文，
載於《劉子全書》，題為〈祭陶石梁先生文〉，題下注"崇禎
庚辰（十三年）正月初十日"。㉖劉汋為父親編寫年譜，
在"崇禎十三年庚辰先生六十三歲"條，有下引記載：

> "春正月，奠陶石梁先生。石梁先生卒，先生
> 率門下士哭之，私諡曰文覺，操文以祭。"㉗

然而，上述記載不可以作為陶氏死期的確實證據，因為
祭奠儀式未必在奭齡去世後立即舉行。但據《劉子全書》
另一篇題下注"庚辰二月"的〈重修古小學記〉，陶氏確
死於古小學重修工程完成後，而該項工程確在崇禎十三
年正月完成。〈重修古小學記〉說：

> "古小學……歷隆（慶）、萬（曆）以
> 來，……學舍盡圮，……楹且為風雨所剝落。……
> 厥終次第建各堂廡如舊制，距今歲庚辰，通計前後
> 十七載而告成。……役既竣，宗周方以記文屬友人
> 石梁陶子，而陶子候已修文地下。"㉘

㉖ 《劉子全書》，卷23，〈文編〉10，葉43下。按：石梁為陶奭齡別號，同
註㉓。

㉗ 劉汋：《（劉宗周）年譜》，見《劉子全書》，卷40，〈附錄〉2，〈年譜〉
下，葉7上。

㉘ 《劉子全書》，卷21，〈文編〉8，葉82上下。

文末附錄劉汋等〈請立石呈〉一文，末題"崇禎十三年正月□日"。這篇呈文通知官府古小學修建工程完竣，懇請為新舍立石奠界。㉙綜合劉氏父子的記載，陶奭齡實不能早於崇禎十三年正月初去世。

綜上所述，陶奭齡生於隆慶五年，卒於崇禎十三年正月，享年七十歲。

（二）王朝式的生平與史料

王朝式，字金如，山陰人，㉚晚明理學家。十多歲跟隨劉宗周學習，努力不懈，有不凡的抱負。後來又從沈國模（1575－1656）學，㉛宗周便有所顧忌，退而"處以朋友之間"。不過宗周和朝式仍然"往還無間"，每次見面必定"以學問相切劘"，絕不會說到"流俗"的話。據宗周記載，他們兩人"至於患難則相恤，德義則相勸，過失則相規"。宗周本"以為求友於天下而不可

㉙　同上註，葉83下－84上。

㉚　邵廷采（1648－1711）：〈姚江書院傳・王朝式〉，載於氏著：《思復堂文集》（《紹興先正遺書》4 集本，光緒十九〔1893〕至二十年〔1894〕刊），卷 1，葉58上。

㉛　邵廷采說王朝式"從沈求如先生（國模）學，亦學於念臺劉子（宗周）"（同上），實不明朝式從學的次序。據劉宗周〈祭王生金如〉說："始金如甫弱冠而及吾門，矻矻負志不凡，比聞已得所師承，余姑逡巡謝之，而處以朋友之間。"（卷23，葉44下）可見朝式是先從劉宗周學的。儘管宗周說他們後來"處以朋友之間"，但在董瑒編的〈蕺山弟子籍〉中，王朝式的姓名仍列在內（《劉子全書・弟子籍》，葉 1上）。

得＂，不料在晚年認識朝式，感到欣慰，而朝式亦＂私
心甚喜＂，把宗周＂托為同志者幾二十年＂。他們到後
期＂相信益堅，相切劘益摯＂。如當宗周提及仕進，朝
式批評為＂無用＂；宗周提到學術，朝式說＂無聞＂；
又當朝式見到宗周＂支離老病有年＂，便指為＂尚無進
步＂。旁人看到朝式的態度，懷疑他對宗周有＂退
心＂。但宗周＂必改容以謝＂朝式，而且＂自鞭自策不
恕＂，認為自己得益於朝式的地方不少。㉜

宗周在證人社講學，朝式等為侍講。宗周＂主誠
意＂，而朝式＂篤守致知＂。㉝在一次講會中，朝式＂偶
舉立誠之說＂和＂省察克治之說＂，㉞指＂學不從致良知
入門，有誠非所誠之弊＂。㉟宗周對朝式的看法，本來感
到高興，相信朝式從此會更有進步。可是，證人社的同
人則持有不同的意見，甚至不歡而散，連宗周想為朝式
說一句好話的機會也沒有。㊱從此，證人社的社員便＂多
異同＂。㊲

證人社的社址在紹興古小學，㊳崇禎十二年
（1639），沈國模返回家鄉餘姚，和另外幾個社員管宗

㉜　劉宗周：〈祭王生金如〉，同上，葉44下－45上。
㉝　同註㉚。
㉞　同註㉜。
㉟　同註㉚。
㊱　同註㉜。
㊲　同註㉚。
㊳　詳《（劉宗周）年譜》，見《劉子全書》，卷40，〈附錄〉2，〈年譜〉下，
　　葉45上－46下。

聖（1578 - 1641）、史孝咸（1582 - 1659）、孝復
（？ - 1644）兄弟在"雙雁里半霖沈氏肇營義學"，㊴稱
為半霖義學，它就是姚江書院的前身。㊵

　　儘管半霖義學從證人社分脫出來，劉宗周和義學中
人仍舊往還論學。㊶同時，義學中人的思想亦不一致，
在當時從遊的六、七十人中，深契國模"以求仁當下直
證良知為宗"的宗旨的，衹有王朝式和張廷賓（1595 -
1682）而已。㊷因此，後人把沈國模的思想概況整個半霖
義學的學風，是不正確的。㊸

㊴　參看邵廷采：〈姚江書院記〉，《思復堂文集》，卷4，葉12上；又〈姚
　　江書院傳〉中沈、管、二史傳，同上，卷1，葉54上 - 57上。

㊵　關於姚江書院的歷史，參看邵廷采〈姚江書院記〉和〈姚江書院後記〉
　　二文（《思復堂文集》，卷4，葉12下 - 15下）；及拙文：〈清代浙東
　　學派問題平議〉，見拙著：《明末清初學術思想研究》（台北：台灣學生
　　書局，1991年），頁333 - 403。按：有關姚江書院的歷史文獻，李亨
　　特等編《紹興府志‧經籍志（一）‧史‧地理類》載有《姚江書院徵
　　略》和《姚江書院志略》兩目，分別題"國朝俞長民輯"和"國朝邵廷
　　采撰"（乾隆五十七年〔1792〕刊本，卷77，葉47下。又按：俞長民
　　是沈國模的弟子，詳邵廷采〈姚江書院傳‧俞長民〉〔《思復堂文集》，
　　卷1，葉59下〕）。至於兩書的作者，《思復堂文集》載有〈刻姚江書
　　院志略端由〉，提到"俞先生學要徵略"，當指前書，但後書則是廷采
　　"借同人請無休董隱君（瑒）"作，廷采衹提供資料而已（卷10，葉
　　48下 - 49上）。據報導，近年餘姚鄉賢研究資料中心覓得後書的增訂
　　本，但該書似未題作者為誰，故研究者對該書作者仍有爭論。參看錢
　　茂偉：〈《姚江書院志略》的編刊與史料價值〉，《清史研究》，1995年
　　2期（1995年6月），頁76 - 79。

㊶　參看拙文：〈清代浙東學派問題平議〉，同上，頁359 - 361。

㊷　邵廷采：〈半霖史顯臣先生傳〉，《思復堂文集》，卷3，葉22上。

㊸　同註㊶。

　　王朝式在崇禎十三年（1640）去世，年三十八歲。㊹
劉宗周寫了一篇祭文，表示哀悼，並對朝式的學行作出
評價。宗周說他從朝式身上看到一種“非流輩所敢望其
萬一”的“超世之識、過人之才、隨處傾倒之肝膽”。
他相信朝式就是“古所稱豪傑之士”，如果上天給他較
長的壽命，他“必有用於世”，即使“遺大投艱”，亦能
“無事不辦”。又指朝式“有天下之識而不必印之於古，
有天下之才而不必韜之以靜，有天下之真肝膽而不必出
之以養”。㊺宗周對朝式的評語，時人認為是定論。㊻

　　有關王朝式的生平和思想，除上述祭文可以參考
外，《劉子全書》中還有三篇答王朝式的信，㊼提供不少
資料。邵廷采寫的〈姚江書院傳·王朝式〉更是清人撰寫
王朝式傳記的依歸。如彭紹升（1740－1796）〈儒行
述〉、㊽《（乾隆）紹興府志》、㊾《（嘉慶）山陰縣志》㊿

㊹　邵廷采：〈姚江書院傳·王朝式〉，《思復堂文集》卷 1，葉58下 。按：
　　劉宗周〈祭王生金如〉題下注 “庚辰（崇禎十三年）九月朔日（初
　　一 ）” （同註㉛ ）。

㊺　劉宗周〈祭王生金如〉，同上，葉45上。

㊻　同註㊹。

㊼　即〈答王生金如〉、〈答金如二〉、〈答王金如三〉（《劉子全書》，卷19，
　　葉15上下及29上－33下 ）。

㊽　彭紹升：《二林居集》（香港大學馮平山圖書藏本，出版年地缺 ），卷
　　19，〈述〉1，葉 2 上－3上。按：彭紹升所注資料出處有《思復堂文集》
　　（葉 3 上 ）。

㊾　《紹興府志》，卷53，〈人物志（十三 ）·儒林·王朝式〉，葉50上下。
　　按：傳末注 “邵念魯〈姚江書院傳〉”，念魯即廷采別號。

㊿　徐元梅（1789年進士 ）等：《山陰縣志》（嘉慶八年〔1803〕刊本 ），
　　卷14，〈人民志（第二之六 ）·鄉賢（二 ）·王朝式〉，葉91下。按：
　　傳末所列資料出處有《思復堂文集》和《紹興府志》。

所述王朝式的事蹟，都來自邵傳，彭紹升更是逐字逐句抄錄。至於江藩《國朝宋學淵源記·王朝式》雖在文字上和邵傳如出一轍，但肯定不是摘錄自邵傳，而可能間接抄自彭紹升的〈儒行述〉。因為邵廷采注明朝式在"（崇禎）十三年卒，年三十八"；[51]彭紹升祇說"卒年三十八"，[52]沒有記載是那一年的事；而江藩則說朝式"卒年三十八，朝式卒之年月無可考，大約在順治（1644－1661）初"。[53] 由此可見江藩沒有參考過邵傳，所以才有上面的錯誤。按：據劉宗周的祭文題下注年，該文在"庚辰（崇禎十三年）九月朔日（初一）"作。[54]由此推測，朝式大概在崇禎十三年八月去世。

（三）誰人最先以"沈潛"、"高明" 觀念判劃朱熹和陸九淵？

余英時在〈清代學術思想史重要觀念通釋〉一文中"博與約"條說：

"章氏（學誠，1738－1801）正式以'沈潛' 與'高明'判劃朱（熹，1130－1200）、陸（九淵，1139－1193），其說雖似創闢，而其實則別有所本。清初費密（1625－1701）是最先提出這一

---

[51]　同註44。
[52]　同註48。
[53]　《國朝宋學淵源記·附記》，頁182。
[54]　同註44。

分別的人。有人問‘程顥（1032－1085）、程頤（1033－1107）、朱熹、陸九淵、王守仁言學異同之辨’，費氏說：‘（引文略）。’故費氏最後以程、朱屬‘沈潛’一型，陸、王則屬‘高明’一型。章學誠曾有〈書《貫道堂文集》後〉一文（原注：《文史通義・外篇二》），專評費密的兒子費錫璜（1664－？）的著作，證明他熟知費氏父子的學術，章氏‘高明’、‘沈潛’之說啟自費密，是毫無可疑的。”(55)

按：費密在《弘道書・聖人取人定法論》中辨析二程、朱、陸、王“言學異同”時，采用了“沈潛”與“高明”兩個觀念。他認為“高明、沈潛不可偏廢”，“高明而學焉，則以高明入於道；沈潛而學焉，則以沈潛入於道”。他雖然說到“後世學者性本沈潛，子夏氏（前507－？）之儒”，“性本高明，子張氏（前503－？）之儒”(56) 始終沒有指明“程、朱屬‘沈潛’一型，陸、王則屬‘高明’一型”。就算費密暗示了這種判劃，他也不是最先提出的人。其次，章學誠的說法也似乎不是受到費密的啟發。

就筆者所見，明末清初最先以“沈潛”與“高明”

---

(55) 余英時：〈清代學術思想史重要觀念通釋〉，《史學評論》，5輯（1983年1月），頁69－70。

(56) 費密：《弘道書》（見唐鴻學〔輯〕：《費氏遺書三種》，大關唐氏怡蘭堂校刊本），卷上，葉50上－51上。

判別朱、陸的人是黃道周（1585－1646）。 黃氏在理學
思想方面基本上傾向朱學，但也調和朱、陸。他在〈朱陸
刊疑〉一文中，分析朱、陸異同的由來及兩家學說的主要
分歧後，指出朱氏的"格致"和陸氏的"良知"雖然都
有"遐疊"，但"皆不遠於聖門之學"，因而歸結學者
治學：

> "必如高明柔克，沈潛剛克，兩克之功，隨人
> 變化。用子靜以救晦翁，用晦翁以劑子靜，使子靜
> 不失於高明，晦翁不滯於沈潛，雖思（子思，前
> 483－前402）、 孟（軻，約前372－前289）·復
> 生，何間之有？"[57]

孫奇逢（1585－1675）在康熙五年（1666）編成《理學宗
傳》，[58] 書中〈陸子〉傳後附錄諸文中，有"何羲兆問于
黃石齋"一首，[59]實即〈朱陸刊疑〉一文。因此費密可以
有兩條途徑知道黃道周的說法。

　《費氏遺書三種》中，沒有提及黃道周，但費密於康
熙十二年（1673）正月遵父遺教，往河南衛輝縣蘇門山
拜謁孫奇逢。此時孫氏已屆九十高齡，"艱於聽"，於
是費密"以手代口"，與孫氏討論朱、陸異同，漢、唐

---

[57]　黃道周：《黃漳甫集》，（己丑〔道光九年，1829〕冬十月陳壽祺
　　　〔1771－1834〕序刊本），卷30，葉30下。
[58]　孫奇逢：〈《理學宗傳》敍〉，見氏著：《理學宗傳》（光緒庚辰〔六年，
　　　1880〕浙江書局刊本），〈敍〉，葉 3 下。
[59]　同上書，卷 7，葉25上－26上。

注疏及歷代禮制等問題，孫氏以"手書"四函作答。一
個月後，費密拜別孫氏，孫氏以"吾道其南"四字相
贈。⑩及孫氏卒，費密為撰傳記。⑪因此，即使費密沒有
讀過〈朱陸刊誤〉原文，以他與孫氏的關係來推測，他也
可能透過《理學宗傳》而知悉黃道周的說法，並且采用它
來解釋程、朱、陸、王"言學異同"的原因。但他不像
黃氏明確說出誰人屬"沈潛"一型，誰人則屬"高明"
一型。

　　至於章學誠之說是否受到費密的啟發，劉智鵬有下
列看法：

　　　　"余氏的說法雖看似有理，但卻非事實。余氏
　　　最大的漏洞是忽略了費錫璜《貫道堂文集》不能完
　　　全涵蓋費密思想的可能性。事實上，'高明'、
　　　'沈潛'的觀念並未見載於《貫道堂文集》中；因
　　　此，除非章學誠曾親見《弘道書》，否則絕無可能
　　　透過《貫道堂文集》來認識費密有關'高明'、
　　　'沈潛'的觀念。而遍查章氏的著作，亦不見有讀
　　　《弘道書》的記載，則章氏'高明'、'沈潛'的
　　　說法便應該不是繼承自費密而來了。此外，章氏謂
　　　費密'講陸、王（原注略）之學'（原注：〈書貫

---

⑩　費天修：《費燕峰先生年譜》（北京圖書館藏民國十四年（1925）孫馨
　　抄本），卷2，葉1下-4上。

⑪　傳見孫奇逢：《夏峰集》（道光乙巳〔二十五年，1845〕仲秋大梁書院
　　重刊本），〈傳〉，葉10下-12下。

道堂文集後〉，……），這就更是絕大的誤會。其
實兼反程（原注略）、朱、陸、王才是費密學說的
真貌（原注略）；章氏此說顯然是未曾‘熟知’費
密的學術。因此，余英時‘章氏“高明”、“沈
潛”之說啟自費密’的論斷也就不能不令人覺得
‘可疑’了。”⑥

劉說甚可取。按：費錫璜《貫道堂文集》中有〈費中文先
生家傳〉一文，謂“大父（費經虞，1599－1671）嘗讀
衛輝孫徵君奇逢著書，心服其學之純，遺命往事。孝服
既闋，乃走數千里，至衛輝蘇門山，受孫徵君（奇逢）
之學，……徵君蓋王氏（守仁）五傳也”。⑥章學誠在
〈書《貫道堂文集》後〉中指“密以陽明五世為師，自命陽
明第六傳也”，⑥便是據上傳而附會。如果章學誠讀過
《弘道書》或曾與費錫璜討論費密的學術，必不會以為痛
斥王學的費密“講陸、王之學”，更不至指“密自命陽
明第六傳”。由此可見，章學誠對費密的認識不深，而
他對費密的了解及誤解，都來自《貫道堂文集》。既然
《貫道堂文集》介紹費密的地方不多，章學誠便不可能根
據該集而“熟知”費密的學術了。

---

⑥　劉智鵬：〈費密思想述評〉（香港大學哲學碩士論文，1987年），頁
　　265－266。
⑥　費錫璜：《貫道堂文集》（北京圖書館藏刊本，出版年地缺），卷2，
　　葉35上。
⑥　章學誠：《文史通義》（北京：中華書局，1961年），〈外篇〉2，頁
　　258。

　　除〈書《貫道堂文集》後〉外，章學誠在〈乙卯劄記〉
中又提及孫奇逢為"清初三大儒"之一。⑥但同樣沒有討
論孫氏思想或《理學宗傳》一書。此外，章氏也沒有提到
黃道周的學術。因此，我們不能知道章氏的說法是否淵
源自黃氏。

---

⑥　章學誠：《章氏遺書》，（吳興劉氏嘉業堂刊本），〈外編〉，卷 2，葉
　　33上下。按：關於孫奇逢為"清初三大儒"之一的問題，參看本書
　　〈黃宗羲、顧炎武、王夫之合稱清初三大儒考〉一文。

黃宗羲、顧炎武、王夫之合稱清初三大儒考

——兼說清初四大儒及五大儒的成員

（一）

錢穆（1895－1990）〈晚明諸儒之學風與學術〉説：

> "晚明三大儒：清初指孫夏峰（奇逢，1585－
> 1675）、李二曲（顒，1627－1705）、黃梨洲（宗
> 羲，1610－1695）三人，因此三人皆講陽明（王守
> 仁，1472－1529）之學。清末時人改以顧亭林（炎
> 武，1613－1682）、王船山（夫之，1619－1692）、
> 黃梨洲為晚明三大儒，因此三人在學術上曾有極大
> 貢獻。"①

---

① 錢穆（講）、王兆麟（記）：〈晚明諸儒之學風與學術（續）—"明清思想" 第四講〉，《新亞生活雙周刊》，2 卷 13 期（1959年12月28日），頁 1。

張岱年《中國哲學史史料學》亦説：

> "清初時最有名望的三個大儒是：孫奇逢、黃
> 宗羲、李顒，到了清末，人們講清初三大儒，就改
> 成了黃宗羲、顧炎武、王夫之。"②

可惜，兩位先生都沒有注明出處；其次，就筆者所考，
在清末時，仍有學者稱孫奇逢、李顒和黃宗羲為清初三
大儒的。

（二）

全祖望（1705－1755）〈二曲先生窆石文〉説：

> "當是時，北方則孫先生夏峰，南方則黃先生梨
> 洲，西方則先生（李顒），時論以為三大儒。"③

這似乎是現時所見孫、黃、李合稱三大儒最早的文獻。
至於顧炎武和王夫之，全氏雖為前者撰〈亭林先生神道
表〉，④但沒有為後者立傳；而且在《鮚埼亭集》中，祇
提過"衡山王而農"一次，説他是"繼莊（劉獻廷，
1648－1695）平生講學之友"而已。⑤

全氏的説法，得到後人的采用。如黃宗羲的七世孫

---

② 張岱年：《中國哲學史史料學》（北京：生活、讀書、新知三聯書店，
　　1982年），頁180。另參註㊴。

③ 全祖望：《鮚埼亭集》（《四部叢刊》本），卷12，葉13下。

④ 同上，葉 1 下－7下。

⑤ 同上，卷28，〈劉繼莊傳〉，葉15下－16上。

黃炳垕（1815－1893）撰《黃梨洲先生年譜》，便說：

> "國初所稱三大儒者，北則容城孫夏峰先生，
> 西則盩厔李二曲先生，東南則我遺獻文考公（黃宗
> 義）也。維時三峰鼎立，宇內景從，無所軒輊於其
> 間。"⑥

又如朱一新（1846－1894）《無邪堂答問》亦說：

> "大率國初多承王學，三大儒（原注：夏峰、
> 梨洲、二曲）皆宗姚江（王守仁）。"⑦

《黃梨洲先生年譜》序跋均題同治癸酉（十二年，
1873），⑧《無邪堂答問》跋於光緒十八年（1892），⑨可
見孫、黃、李為三大儒的說法在清末尚未銷聲匿跡。此
外，繆荃孫（1844－1919）在光緒六年（1880）奏請重
修《國史儒林傳》，⑩其後撰有〈國史儒林傳敍錄〉二卷，
雖不提"清初三大儒"這稱號，但論及李顒時仍謂：

---

⑥　黃炳垕：《黃梨洲先生年譜》（載於黃宗羲：《梨洲遺著彙刊》〔上海：
　　時中書局，1915年〕，〈首卷〉），〈敍〉，葉19上。按：是書誤植作者為
　　"黃垕炳"。

⑦　朱一新：《無邪堂答問》（光緒二十一年〔1895〕廣雅書局刊本），卷
　　1，葉5下。

⑧　《黃梨洲先生年譜·敍》，葉20上；及卷下，葉42上。按：黃譜中有記
　　同治十二年之後的事，因此來新夏"疑同治十二年自刻本當為同治
　　（1862－1874）至光緒（1875－1908）間刊本"（氏著：《近三百年人
　　物年譜知見錄》〔上海：上海人民出版社，1983年〕，頁19）。

⑨　《無邪堂答問》，卷5，葉38上。

⑩　繆荃孫：《國史儒林傳敍錄·儒林傳下卷目錄》（載於鄧實〔1879－？〕
　　等〔輯〕：《古學彙刊》第1集〔上海：國粹學報社，1912年〕，冊
　　6），葉11下。

　　"盩厔李顒，……以理學倡導關中，與孫奇
　逢、黃宗羲相鼎足。"⑪
顯然是受到全祖望〈二曲先生窆石文〉的影響。

（三）

　　追溯顧炎武、黃宗羲及王夫之之所以被推崇為清初
三大儒，似乎可以從江藩（1761－1831）《國朝漢學師承
記》說起。江書雖從閻若璩（1636－1704）、胡渭
（1633－1714）開始敍述，⑫但在最後一卷，則專記黃宗
羲、顧炎武二人；又在卷末附識，借"客"的說話，指
出黃、顧實為清學的開山之祖，引錄如下：
　　　"有明一代，囿於性理，汩於制義，無一人知
　　讀古經注疏者。自梨洲起而振其頹波，亭林繼之，
　　於是承學之士知習古經義矣。所以閻百詩（若
　　璩）、胡朏明（渭）推挹南雷（黃宗羲）、崑山
　　（顧炎武）。"⑬
阮元（1764－1849）為《國朝漢學師承記》作序，⑭而他
"撰《國史儒林傳稿》，第一次顧亭林居首，第二次黃梨

---

⑪　同上註，〈國史儒林傳上卷・序錄〉，冊5，葉2下。
⑫　江藩：《國朝漢學師承記》（北京：中華書局，1983年），卷1，頁
　　6－15。
⑬　同上，卷8，頁132－133。
⑭　同上，〈阮序〉，頁1－2。

洲居首"。⑮無疑，顧、黃二人在此時已並列為清代學術
宗師。

　　王夫之在此時雖未能同享清代儒宗的美譽，但阮元
在一則《國史儒林傳》的凡例中，同時提到王夫之及黃宗
羲。這則凡例說：

　　　　"今查湖南王夫之，前明舉人，在桂王（朱由
　　　榔，1623 - 1662）時曾為行人司；浙江黃宗羲，前
　　　明布衣，魯王（朱以海，1618 - 1662）時曾授左僉
　　　都御史。明亡入我朝，皆未仕，著書以老。所著之
　　　書，皆蒙收入四庫，列為國朝之書，《四庫全書提
　　　要》內多褒其書，以為精核。今列於《儒林傳》
　　　中。"⑯

本來，王夫之在清初時相當隱晦，⑰所以連飽飫明末清初
文獻的全祖望也沒有留意到他。現在，阮元把王夫之與
黃宗羲相提並論，無形中賦予王夫之極高的學術地位。
日後，王夫之的八世從孫王之春撰《船山公年譜》，除在
書前附載《國史儒林傳》的〈王夫之傳〉外，並附錄上引
凡例於傳後，⑱可能就是借此來推崇王夫之。鄧顯鶴

---

⑮　伍崇曜（1810 - 1863）跋《國朝漢學師承記》語，同上，〈伍跋〉，頁
　　148。

⑯　見〈《國史儒林傳》阮文達公擬辦凡例九條〉，附見《國史儒林傳敍錄》
　　（同註⑩，冊 6），葉 1 下。

⑰　關於王夫之其人其學由隱晦而至彰顯的情況，參看許冠三：〈船山學術
　　思想生命年譜〉，《中國哲學》，5 輯（1981年 1 月），頁551 - 588。

⑱　王之春：《船山公年譜》（光緒癸巳〔十九年，1893〕秋日刊本），〈前
　　編・傳〉，葉 1 下 - 2上。

（1777－1851）先前把王夫之與顧炎武、黃宗羲、孫奇
逢、李顒加以比較，未嘗沒有這個意圖。

　　道光二十二年（1842），鄧顯鶴撰〈船山著述目
錄〉，文中說：

> "當是時，海內儒碩，北有容城（孫奇逢），
> 西有盩厔（李顒），東南則崑山、餘姚（黃宗
> 羲），而亭林先生為之魁，先生（王夫之）刻苦似
> 二曲，貞晦過夏峰，多聞博學、志節皎然，不愧
> 顧、黃兩先生。"⑲

其後在光緒十一年（1885），彭玉麟（1816－1890）奏
請改建船山書院，亦將五人相較，徵引如下：

> "夫之當時，海內碩儒，北有孫奇逢，西有李
> 中孚，東南則黃宗羲、顧炎武，雖皆肥遯自甘，力
> 辭徵辟；然薦紳多從之游，著述亦行於世，名稱稍
> 彰。獨夫之匿跡韜聲，不欲身顯而文著，故世尠知
> 之者。"⑳

既然王夫之隱晦於時，現在把他與并世顯儒同列，顯然
是要擡舉他的地位。

　　其次，鄧顯鶴選擇顧、黃、李、孫跟王夫之比較，

---

⑲　鄧顯鶴：〈船山著述目錄〉，載《船山公年譜・後編・目錄》，葉 4 下。
　　按：鄧氏目錄末題 "道光元黓攝提格之歲"（同上，葉 5 下），即道
　　光二十二年壬寅。
⑳　彭玉麟：〈改建船山書院片〉，見氏著：《彭剛直公奏稿》（光緒十七年
　　〔1891〕吳下刻本），卷 6，葉38下。按：此文題下注 "光緒十一年三
　　月十五日"（同上，葉37上）。

相信不是出於偶然，而是經過刻意的安排；而使到五人可以湊合的媒介，似乎就是黃宗羲。自清初以來，黃宗羲與孫奇逢、李顒既稱三大儒；從清中葉起，黃宗羲又與顧炎武同被推為清代學術的開山；而另一方面，黃宗羲又與王夫之在阮元的《國史儒林傳》凡例中並列；因此，鄧顯鶴可能匯集這三個組合為一，藉此而表揚王夫之。至於彭玉麟的奏文，則明顯有沿襲鄧說的痕迹。

（四）

顧炎武、黃宗羲及王夫之合稱清初三大儒的主要原因，當推三人在光緒末年同時從祀文廟。光緒二年（1876），郭嵩燾（1818－1891）奏請王夫之從祀文廟，經禮部議駁。當時郭嵩燾奉使出駐英國，再次上疏請存故事，以待論定。[21]光緒十年（1884），陳寶琛（1848－1935）請以黃宗羲、顧炎武從祀文廟，得旨：禮部議奏。[22]由於意見分歧，清廷在光緒十二年（1886）下令黃

---

[21]　參看朱克敬（？－1887）：《暝庵雜識》（與《暝庵二識》合刊本，長沙：岳麓書社，1983年），卷 2，頁38。 並參看郭廷以等：《郭嵩燾先生年譜》（《中央研究院近代史研究所專刊》29，台北：中央研究院近代史研究所，1971年），"光緒二年八月初二日"條，下冊，頁533－534；"光緒三年十二月初八日"條，同上，頁717－718。

[22]　參看朱壽朋：《光緒朝東華錄》（北京：中華書局，1958年），"光緒十年五月壬午"條，冊 2， 總頁1714－1715。按：陳寶琛〈請以黃宗羲、顧炎武從祀文廟摺〉，收入氏著：《陳文忠公奏議》（民國二十九年〔1940〕庚辰北平文楷齋刊本），題下注"光緒十年三月二十四日"（卷下，葉26上）。

宗羲、顧炎武"毋庸從祀文廟"。㉓雖然三人從祀文廟的
奏請受到否決,但是繆荃孫在此期間擬成的《國史儒林
傳》目錄,已把黃宗羲、顧炎武、王夫之冠於篇首了。㉔
此舉無疑給予他們同為儒宗的地位。其次,從祀文廟的
事件並沒有結束。光緒三十三年(1907)正月,"御史
趙啟霖奏請將國初大儒王夫之、黃宗羲、顧炎武從祀文
廟",再一次揭開了朝議的論爭。最後在光緒三十四年
(1908)九月,朝廷降旨,"顧炎武、王夫之、黃宗羲
均著從祀文廟"。㉕顧、王、黃於是得到了官方認可的清
初三大儒的地位。

　　在朝臣商議顧、黃、王從祀文廟的過程中,三大儒

㉓　《光緒朝東華錄》"光緒十二年二月己卯"條,冊 2,總頁2067－
　　2068;又見世續等:《德宗景皇帝實錄》(《清實錄》〔第55冊〕本,北
　　京:中華書局,1987年),卷224,同上條,頁26。

㉔　《國史儒林傳敍錄‧儒林傳下卷目錄》,葉 1 上。

㉕　《光緒朝東華錄》,"光緒三十四年九月癸未"條,冊 5,總頁5975－
　　5976;又見《德宗景皇帝實錄》(《清實錄》〔第59冊〕本),卷596,
　　"光緒三十四年九月甲申"條,頁873。按:清廷予三儒從祀文廟的日
　　期,《光緒朝東華錄》與《德宗景皇帝實錄》相差一日,《清史稿‧德宗
　　本紀》作光緒三十四年癸未朔(北京:中華書局,1977年,卷24,〈本
　　紀〈24,頁964),與《光緒朝東華錄》合。然而,《清史稿‧黃宗羲
　　傳》及〈顧炎武傳〉,均稱二人在"宣統元年(1909),從祀文廟"
　　(同上,卷480,〈列傳〉267,〈儒林〉一,頁13106;卷481,〈列傳〉
　　268,〈儒林〉2,頁13169)。汪宗衍(1908－1993)《清史稿考異》雖
　　指出〈顧炎武傳〉紀年有誤(澳門:文會書舍,1985年,上冊,頁
　　155);然漏檢〈黃宗羲傳〉亦有同誤。又按:陳登原《國史舊聞》第 3
　　分冊載有〈梨洲從祀〉一條(北京:中華書局,1980年),雖未能全
　　面考述三儒從祀始末,亦有參考價值。

的學說在民間也產生了極大的影響力。梁啟超（1873 -
1929）憶述當時的情形說：

> "清初幾位大師─實即殘明遺老─黃梨洲、顧
> 亭林、朱舜水（之瑜，1600 - 1682）、王船山……
> 之流，他們許多話，在過去二百年間，大家熟視無
> 睹，到這時忽然像電氣一般把許多青年的心絃震得
> 直跳。"㉖

同時，三大儒又為學者相提並論。如劉師培（1884 -
1919）在光緒三十年（1904）撰〈近儒學案序〉，便說：

> "昔在明季，士大夫抱艱貞大節，不事二姓，
> 以講學為己任，……餘姚黃梨洲先生又集王學之大
> 成，明儒緒論，賴以不墜。當此之時，南方大儒，
> 接踵興起。亭林以閩學為依歸，薑齋（王夫之）奉
> 關學為標準，一洗王學空疏之習。"㉗

章炳麟（1869 - 1936）於光緒三十二年九月廿九日
（1906年11月15日）在《民報》第九號發表〈衡三老〉一
文，所謂"三老"，乃指王夫之、顧炎武及黃宗羲。雖
然，章氏用"民族大義"作為準則，評定黃宗羲比不上

㉖　梁啟超：《中國近三百年學術史》（《飲冰室專集》之75，《飲冰室合
　　集》本，上海：中華書局，1936年，冊33），頁28 - 29。按：引文中
　　刪折號為原文，梁氏祇舉出四人而已。

㉗　劉師培：《左盦外集》（《劉申叔先生遺書》本，民國廿三年〔1934〕寧
　　武南氏校印、廿五年〔1936〕印成），卷17，葉 1 上。按：此文撰年
　　據〈《左盦外集》目錄〉題下注年（同上，〈目錄〉，葉10下）。

王、顧二人，㉘亦已反映 "三老" 在時人心目中，享有同等位置。如次年（光緒三十三年，1907）皮錫瑞（1850－1908）刊行《經學歷史》，便指在明末清初之際， "王夫之、顧炎武、黃宗羲皆負絕人之姿，為舉世不為之學" 。㉙又指 "王、顧、黃三大儒" ， "開國初漢、宋兼采之派" 。㉚

此外，清廷議論三儒入祀文廟一事，亦受到在野人士注視，如章炳麟在《民報》第二十二號（1908年7月10日）〈時評〉寫了〈王夫之從祀與楊度參機要〉一則評論，透露：

> "滿洲政府以顧炎武、王夫之、黃宗羲為漢土學者所宗，奉其主，納之兩廡，……三老之入兩廡，駁議囂然。" ㉛

又如黃節（1873－1935）在同年的《國粹學報》第三十四期〈社說〉中，發表〈明儒王船山、黃梨洲、顧亭林從祀孔廟論〉，指 "三先生為明臣" ，不應 "從祀兩廡，而位

㉘　章炳麟：〈衡三老〉，載於湯志鈞（編）：《章太炎政論選集》（北京：中華書局，1977年），上冊，頁325。按：此文原刊資料見同頁 "說明" 。

㉙　皮錫瑞：《經學歷史》（北京：中華書局，1959年），頁299。按：《經學歷史》於光緒三十三年由湖南思賢書局刊行，參看皮名振：《皮鹿門年譜》（長沙：商務印書館，1939年）， "光緒三十三年丁未公五十八歲" 條，頁108。

㉚　同上。頁300。

㉛　同上。見《章太炎政論選集》，上冊，頁426。按：正文所述章文原刊資料，見頁428的 "說明" 。

置於國朝儒者之次"。㉜不過,黃節對三大儒並稱,並不
如章炳麟提出異議。

　由此可見,到了光緒中葉,無論在朝或在野,多稱
顧炎武、黃宗羲、王夫之為明末或清初三大儒;原先黃
宗羲、孫奇逢及李顒為清初三大儒的說法,漸不為人留
意。無怪錢穆說:

> "下迄清季,群稱晚明三大儒曰亭林、梨洲、
> 船山。"㉝

（五）

　除三大儒外,清末又有四大儒、五大儒的名稱。所
謂四大儒,乃指顧炎武、黃宗羲、王夫之及顏元
（1635－1704）。光緒二十八年（1902）,章炳麟寫信給
梁啟超,附有〈中國通史目錄〉,其中在"二十七別錄"
中,有"顧黃王顏別錄"一目。㉞光緒三十一年
（1905）,劉師培在《國粹學報》第四期發表〈詠明末四
大儒〉詩四首,分詠顧炎武、黃宗羲的節行,王夫之的忠

㉜　見《國粹學報》,第 3 年第 2 冊（丁未〔光緒三十三年〕）,該文,葉 2
　　下。
㉝　錢穆:〈陸桴亭學述〉,《故宮圖書季刊》,1 卷 1 期（1970年 7 月）,
　　頁 1。
㉞　章炳麟:〈致梁啟超書〉,見《章太炎政論選集》,上冊,頁169。 按:
　　此書原題〈章太炎來簡〉,載《新民叢報》第13號〈飲冰室師友論學箋〉
　　欄,光緒二十八年七月初一日（1902年8月4日）刊行（詳同頁"說
　　明"）。

義和史論,以及顏元的學術。㉟光緒三十二年(1906),
鄧實先後在《國粹學報》第十五、十六、十七、二十五期
發表〈明末四先生學說〉,但此文實未完成,鄧實所發表
的祇是"顧亭林先生學說"而已。幸而鄧文有序,從而
知道所謂"明末四先生"亦指顧、黃、王、顏。㊱光緒三
十三年,劉師培撰〈清儒得失論〉,說:

> "當明清之交,顧、黃、王、顏各抱治平之
> 略,修身踐行,詞無迂遠,民生利病,瞭若指掌,
> 求道德之統紀,識治亂之條貫,雖各尊所聞要,皆
> 有以自植。"㊲

同年,劉師培又有〈非六子論〉一文,謂"近世巨儒,首
推顧、黃、王、顏、江(永,1681-1762)、戴(震,
1724-1777)"。㊳由於江永、戴震不是明清之際的人
物,可是劉師培對顧、黃、王、顏為"明末四大儒"的
說法,始終一致;不似其後梁啟超的意見,前後轉移。㊴

㉟ 見《國粹學報》,第 1 年第 5 冊(乙巳〔光緒三十一年〕),〈文篇〉,
　葉 8 下。

㊱ 鄧文見《國粹學報》,第 2 年第 1 冊(丙午〔光緒三十二年〕),序在
　第15期,葉 1 上-2 上。

㊲ 見《左盦外集》,卷 9,葉 1 下-2 上。按:此文撰年據〈《左盦外集》
　目錄〉題下注年(同上,〈目錄〉,葉 6 下)。

㊳ 申叔:〈非六子論〉,原刊《天義》第 8、9、10卷合冊,1907年10月30
　日發行,現據《中國哲學》,1 輯(1979年),頁444。

㊴ 一九二〇年,梁啟超著《清代學術概論》,謂:"吾於清初大師,最尊
　顧、黃、王、顏。"(北京:中華書局,1954年,頁13;按:此書撰年
　見梁啟超〈自序〉及〈第二自序〉,同上,頁 3 至 5)。一九二三年,
　梁氏著〈清代政治之影響於學術者〉一文,則說:"這時期的代表人

　　至於五大儒的成員，則有幾種說法，而且有一說在
清亡後才出現，前文說過，鄧顯鶴和彭玉麟將顧炎武、
黃宗羲、王夫之、孫奇逢及李顒並列為清初大儒，但他
們沒有提出名稱來統攝五人。光緒二十八年（1902），
章炳麟的《訄書重訂本》成書，內有〈別錄乙（原注：許
二魏湯李）〉一文，章氏在文末慨歎：

　　　　　　"自明季五君之喪，（原注：謂孫奇逢、王夫
　　　　　之、黃宗羲、顏元、李顒也。）道學亦亡矣。"[40]
所謂"明季五君"，與鄧、彭所標舉者不完全脗合。一
九二三年，梁啟超發表〈清初五大師學術梗概〉一文，指
的人物卻是黃宗羲、顧炎武、王夫之、朱之瑜及顏元，[41]
又與上述二說稍有出入。

　　物，最偉大者，是：黃梨洲、……顧亭林、……王船山、……、朱舜
　　水。"（載於《晨報》社〔編〕：《晨報五週紀念增刊號》（北京：《晨
　　報》社，民國十三年〔1924〕1月5日訂正三版〔原刊於民國12年12月
　　1日〕），頁10。此外，在一九二四年成書的《中國近代三百年學術
　　史》（見〈《飲冰室專集》目錄〉題下注年，載於《飲冰室合集》冊17，
　　頁66；另參李國俊：《梁啟超著作繫年》〔上海：復旦大學出版社，
　　1986年〕，頁226）列舉"清初大師"的例子時，亦提黃、顧、朱、王
　　四人而已（參註㉖正文）。由此可見，張岱年只說梁啟超推崇黃、
　　顧、王、顏四人（同註②），恐怕未夠全面。

[40]　章炳麟：《訄書重訂本》（《章太炎全集》〔三〕本，上海：上海人民出
　　版社，1984年），頁346。按：《訄書重訂本》成書於光緒二十八年，
　　見湯志鈞：〈章太炎著作繫年〉，載章念馳（編）：《章太炎生平與思想
　　研究文選》（杭州：浙江人民出版社，1986年），頁377。又按：張岱
　　年《中國哲學史史料學》謂"章太炎講清初五大儒：孫奇逢、黃宗
　　羲、顧炎武、王夫之、顏元"（同註②），恐非實錄。

[41]　梁啟超：〈清初五大師學術梗概〉，《晨報副鐫》，1923年305、306、
　　307號（1923年12月2日、3日、4日）。

後記

　　有關本文所述諸大儒的年代，有些學者説是"明末"，有些學者説是"清初"，並沒有統一的意見。為了避免混淆，梁啟超在〈清初五大師學術梗概〉中統稱黃宗羲、顧炎武、王夫之、朱之瑜及顏元為"清初大師"，他解釋説：

　　　　"五大師中，黃、顧、王、朱四位，時代不甚相遠；顏習齋稍後一點。前四位先生，嚴格講來，不能叫他們'清初大師'，應當叫他們'明末大師'。因為他們都不承認是清人，而自認為明遺民；明亡的時候，他們四位最大的四十幾歲，小的二十歲左右，實際都是明朝人；不過學問事業都在滿洲入關以後。顏習齋在明亡剛剛七歲，勉強可以算清朝人。現在就講説便利起見，始且稱為'清初大師'。"[42]

梁啟超的説法是否合理，固然見仁見智。但是，後人稱顧炎武等人為明末大儒，一方面固有感於這些大儒忠心於明朝；一方面亦可能是他們自己的漢族情感作祟，不願意滿清擁有這樣偉大的人物。然而，這些大儒的歷史地位，其實奠基在他們入清以後的學術成就之上，而不

----

[42]　同上註，1923年305號，第 1 版。

在於他們對明朝的忠心。尤其當我們尊稱他們為大儒
時，我們的著眼點更是他們的學術，而不是其他因素；
例如，我們不會統稱明遺民為大儒，亦是為了這個緣
故。既然這些大儒的學問事業在清代才開始，我們還是
稱他們為清初大儒，才符合歷史的真面目。所以本文除
引錄前人的言論外，一律稱他們為清初大儒。

黃宗羲、顧炎武、王夫之
入祀文廟始末

　　"清初三大儒"原為孫奇逢（1585－1675）、李顒
（1627－1705）、黃宗羲（1610－1695）的合稱；但到
了清末，則指黃宗羲、顧炎武（1613－1682）和王夫之
（1619－1692）三人。黃、顧、王之所以在清末被稱為
"清初三大儒"，實與他們同時入祀文廟，得到官方認
可的學術地位有莫大關係。①考三儒入祀，不是同時倡議
的。初是顧炎武，始於同治朝（1862－1874）；繼而是
王夫之和黃宗羲，倡於光緒朝（1875－1908）。三人應
否入祀的問題，在光緒朝有過激烈的論爭，前後共三十
多年才有結果。其次，廷議在光緒末年引起在野學人的
關注，並且加入評論。使人遺憾的是，《清實錄》、《東華
錄》、《清史稿》等書所述三儒入祀的經過紕漏不少；彼此
之間，又多有矛盾。至於近人的記述，既疏於考證，②又
失之簡略，未愜人意。故本文欲就此事的緣起與經過，

① 　參看本書〈黃宗羲、顧炎武、王夫之合稱清初三大儒考〉一文。

作一較詳細的敍述，盼能補充官私記載的不足。

（一）

　　三儒的從祀議，始於陸心源（1834－1894）〈擬顧炎武從祀議〉。心源在甚麼時候上議，無確實年月可稽，③

---

② 如關於王夫之入祀的著述，有郭廷以、尹仲容、陸寶千：《郭嵩燾先生年譜》（台北：中央研究院近代史研究所，1971年），“光緒二年八月初二日”條，下冊，頁533－534；“光緒三年十二月初八日”條，下冊，頁716－717。關於三儒入祀的，則有陳登原：《國史舊聞》第三分冊（北京：中華書局，1980年），卷56，〈梨洲從祀〉，頁511－512。可是，郭廷以等未參考《郭嵩燾日記》，故不知郭嵩燾（1818－1891）兩次奏請王夫之入祀的日期（詳正文第二節）；陳登原謂“三儒從祀一節，倡議於光緒十年（1884）”（頁511），不知這次已是第三度議請了（詳正文第一、二節）。另參註66。

③ 陸心源：〈擬顧炎武從祀議〉，載於氏著：《儀顧堂集》（同治十三年〔1874〕孟秋福州重刊本），卷3，葉14上－16上。可是，《穆宗毅皇帝實錄》（《清實錄》本，北京：中華書局，1987年）；王先謙（1842－1918）《東華續錄》（《十二朝東華錄》本，台北：文海出版社影印本，1963年，〈同治朝〉）都沒有記錄，又如龐鍾璐（1822－1876）《文廟祀典考》載有不少同治朝禮部的從祀議及駁議（光緒戊寅〔四年，1878〕刊本，卷50，〈奏議彙鈔〉二，葉12下－33上），亦沒有關於顧炎武入祀的討論。此外，如俞樾（1821－1907）〈廣東高廉陸君墓志銘〉（《春在堂襍文》《春在堂全書》，光緒二十五年〔1899〕重定本），6編4，葉1上－7下）；〈陸存齋《儀顧堂集》序〉（同上，6編8，葉7下－10上；又見陸心源：《儀顧堂集》〔俞樾序光緒戊戌〔二十四年，1898〕孟春本〕）；及繆荃孫（1844－1919）〈二品頂戴記名簡放道員前廣東高廉兵備道陸公神道碑銘〉（見閔爾昌〔？－1948〕輯：《碑傳集補》〔北平：燕京大學研究所，1931年〕，卷18，〈監司〉2，葉25下－28上），同樣不提心源上奏顧炎武入祀一事。至於席裕福《皇朝政典類纂》則誤附陸心源的奏議在光緒十年事後（光緒二十九年〔1903年〕刊本，卷235，〈學校（二三）‧尊崇先師〉，葉14下－15下）。

但是在同治一朝，則無疑問。一則此文載於同治十三年
（1874）重刊的《儀顧堂集》；④二則文中説到：

　　　　“皇上中興以来，豐功偉烈半出名儒，蓋炎武
　　者以開其先也。”⑤

所謂“皇上中興”，當指“同治中興”。除顧炎武外，
心源另議復賈誼（前200－前168）從祀，可惜詳情亦不
可考。⑥

　　心源於清初諸大儒中，獨於顧炎武有深契，“故以
‘儀顧’名其堂，而即以名其集”。⑦在心源心目中，炎
武是“經行並修，體用兼備”的大儒：這類大儒在過
往，每一代都有數人，而在清初，則祇有顧炎武一人而
已。心源認為，明末學術極壞，“顧炎武出而聖人之道復
明”。他的論據有三：第一，炎武“不爭壇站，不立門
戶，其學一以朱子（熹，1130－1200）為宗”，並且
“在華陰建朱子祠，以示趨向”。第二，炎武務實反
虛，他“所著之書，皆以撥亂反（返）正，移風易俗，
以馴致乎太平之治”；它們都是“無益者不談”及“不
入空虛之論”的著作。第三，炎武“生平耿介絕俗，尤
篤忠孝大節”。⑧

---

④　參看上註。按：《儀顧堂集》在甚麼時候初刊，筆者尚未考出：亦不知
　　初刊本有沒有收錄〈擬顧炎武從祀議〉一文。
⑤　陸心源：〈擬顧炎武從祀議〉，《儀顧堂集》，卷3，葉15下。
⑥　陸心源：〈擬復漢儒賈誼從祀議〉，同上，葉11上－13下。按：註③所
　　列文獻不載此事。
⑦　俞樾：〈陸存齋《儀顧堂集》序〉，《春在堂襍文》，6編8，葉8下。
⑧　陸心源：〈擬顧炎武從祀議〉，《儀顧堂集》，卷3，葉14上－15下。

　　另一方面，心源指出“謂炎武明室遺臣，理宜避忌”的顧慮是不正確的，一則如黃道周（1585－1646）與孫奇逢雖曾抗清，亦已入祀文廟；二則“炎武雖抱不仕之節，實為盛世之民”；三則《國史儒林傳》“列顧炎武於諸儒之首”，“《四庫全書》收其著作甚多”。⑨

　　心源的奏議如何為禮部駁斥，因文獻不足，無從知道。

（二）

　　光緒二年（1876）八月二日，郭嵩燾（1818－1891）受命署禮部左侍郎。⑩二十日，嵩燾具奏王夫之宜從祀文廟，朝廷下旨交禮部議奏。⑪

　　嵩燾極推崇王夫之，早在同治九年（1870年）主講

---

⑨　同上註，葉15下－16上。按：黃道周和孫奇逢分別在道光五年正月乙卯與八年二月丙申入祀，見王朱謙：《東華續錄》（《十二朝東華錄・道光朝》，冊1），卷5，頁73下及152上。

⑩　郭嵩燾：《郭嵩燾日記》第3卷（長沙：湖南人民出版社，1982年），頁53；《德宗景皇帝實錄》（《清實錄》本），卷38，“光緒二年八月庚寅”條，冊1，頁539。

⑪　《郭嵩燾日記》第3卷，頁55。按：郭氏的奏議未收入《郭侍郎奏疏》（光緒壬辰〔十八年，1892〕孟秋刊本），但見於《道咸同光四朝奏議》（《國立故宮博物院清代史料叢書》，台北：台灣商務印書館，1970年），題為〈請將先儒王夫之從祀文廟疏〉，冊7，頁2964－2965。此外，朱克敬（？－1887）《瞑庵雜識》亦徵引了大部分疏文（長沙：岳麓書社，1983年，卷2，頁38－39）。

湖南城南書院時，已為夫之建立私祠。⑫至於這次上疏的
動機，一方面因為最近見到河南學臣費延釐（1835－
1893）奏請漢儒劉德（？－前130）和清儒張伯行
（1652－1725）從祀，及陝西學臣奏請王建常（1615－
1694以後）從祀；⑬另一方面則因為自己當時“權攝禮
官，有議禮之責”，⑭所以疏請王夫之從祀。

　　至於夫之值得從祀的原因是他的“學行精粹”，
“足以光盛典而式士林”。在“學”方面，嵩燾的論點
是：清朝“經學昌明，遠勝前代，而闇然自修，精深博
大，罕有能及”夫之。嵩燾指出，夫之“值明季之亂，
隱居著書”，康熙時，學臣潘宗洛（1688年進士，按：
嵩燾誤作潘耒〔1646－1708〕）進呈夫之的《周易裨疏》等
書，而它們亦被收入《四庫全書》；《國史儒林傳》又稱夫
之“神契張載（1020－1077）《正蒙》之說，演為《思問
錄》內外二篇，所著經說，言必徵實，義必切理，持論明
通，確有據依”，由此“可想可見學之深邃”。不過，
嵩燾認為夫之最精彩的著述是《周易內傳》和《讀四書大
全》，因為它們“實能窺見聖賢之用心而發明其精蘊，足

---

⑫　郭嵩燾：〈船山祠碑記〉，見氏著：《養知書屋文集》（光緒壬辰〔十八
　　年〕孟秋刊本）卷25，葉10下－12上。
⑬　郭嵩燾：〈請將先儒王夫之從祀文廟疏〉，《道咸同光四朝奏議》，冊
　　7，頁2964。據《郭嵩燾日記》，費、吳二人是在光緒二年八月一日上奏
　　的（第3卷，頁52）。按《郭嵩燾日記》誤“費延釐”為“黃延
　　釐”，當係手民之失，因上引疏與朱克敬所引（註⑪）均不誤。至費
　　氏的疏，亦見《道咸同光四朝奏議》（冊7，頁3055－3056）。
⑭　同上，頁2965。

補朱子之義所未備"。在"行"方面，嵩燾認為夫之
"篤守程（顥，1032－1085；頤，1033－1107）朱，任
道甚勇"，"生平踐履篤實，造次必依禮法，發強剛
毅，大節懍然"。所謂"大節"，指的是夫之先後拒絕
張獻忠（1605－1647）和吳三桂（1612－1678）的徵
辟，"能潔身自全"。總之，在嵩燾心目中，夫之是一
個學行兼備的醇儒，所謂：

> "艱貞之節，純實之操，一由其讀書養氣之
> 功，涵養體驗，深造自得，動合經權。尤於陸（九
> 淵，1139－1193）王（守仁，1472－1529）學術之
> 辨，析之至精，防之至嚴，卓然一出於正，惟以扶
> 世翼教為心。"⑮

　　嵩燾對這次疏請，極為重視。上疏後六日，他"寄
省城自徐雲渠以下公信一函，述悉二十日奏請船山先生
（王夫之）從祀文廟一節"，⑯可能就是為了爭取輿論的
支持。可是，嵩燾的請求，後來被禮部駁斥。而嵩燾在
當時雖已出使英國，但他仍在光緒三年十二月"初九日
（1877年1月22日）發遞〈禮部議駁明儒王夫之從祀，
請飭部存案，以俟論定〉一摺，咨請總理衙門代進"；又
"分咨禮部及湖督及南撫"。⑰嵩燾這次的奏摺，筆者尚
未找到。然而，嵩燾在發遞前一日，寫信給曾國荃

---

⑮　同上註，頁2964－2965。
⑯　《郭嵩燾日記》第3卷，頁57。
⑰　同上，頁385。

（1824－1890），並附有奏摺。從下引國荃的覆信中，
我們尚可見到嵩燾的奏摺的重點：

> "頃奉臘月（十二月）八日賜書，並讀大疏，
> 尊先儒而明正學，不惟闡揚潛德，且俾天下後世知
> 傳經翼道之功，不可以小疵掩其大醇，洵乎持論而
> 信道篤矣。……文正公（曾國藩，1811－1872）序
> 《船山遺書》，雖有醇駁互見之言，而推崇實深，不
> 意後之人授為口實。今得公疏，而論始定，文正推
> 崇船山之心，可大白於天下。"⑱

上文所說的疏，不會是嵩燾的第一次疏，因為他在第一
次疏中，沒有提到夫之的"小疵"，所以國荃所指的
疏，必是嵩燾為反駁禮部而作的第二次奏摺。其次，從
上引文可推斷，禮臣曾引用曾國藩的序文來指摘夫之不
足以入祀文廟的缺點；於是，嵩燾反駁禮臣，說他們所
指摘的，不過是"小疵"，並不足掩蓋夫之的"大
醇"。

嵩燾的第二次奏請，同樣受到朝廷否決。《德宗景皇
帝實錄》"光緒四年二月壬寅"條載御旨如下：

> "從祀典禮，關繫綦重，部臣議准議駁，自有
> 公論。郭嵩燾因廷臣議駁明儒王夫之從祀文廟，輒
> 以私意揣測，疑為故意駁斥，並請飭部存案，語多

---

⑱ 曾國荃：〈復郭筠仙〉，見氏著：《曾忠襄公書札》（光緒二十九年
〔1903〕仲春月開雕本），卷10，葉52上下。

失當，殊屬非是，原摺擲還。"⑲

竊疑上述日期是朝廷收到嵩燾從英國寄回奏摺的時間，而不是覆旨的時間，祇是後來修實錄的史官附繫覆旨於收摺日期而已。理由是《翁同龢日記》"光緒四年八月初五日條"有這樣的記載：

> "是日巳刻，內閣會議張伯行、王夫之從祀廟廷。張清恪（伯行）准，王船山駁，皆禮部主稿。余……退直後至，闐無人矣（原注：駁稿略摭《四庫提要存目》中語，斷為不足羽翼聖經，繼承運統），畫稿而出。"⑳

因此，如果嵩燾的第二疏已於二月擲還，內閣不會在八月再作討論。可惜朝廷正式批准張伯行從祀的日期也不可考，僅知是在光緒四年。㉑《郭嵩燾日記》也沒有記載第二疏在甚麼時候遭駁，但在"光緒五年五月十五日"條中，則有"復朱有肯甫（逌然，1836－1882）書，論船山從祀干駁之由"一節。㉒可惜這篇書信現在也找不到。

---

⑲　《德宗景皇帝實錄》，卷68，冊2，頁52。

⑳　見趙中孚（編）：《翁同龢日記排印本》（台北：中文研究資料中心，1970年），冊2，頁976。

㉑　見《光緒會典事例》卷436。據《清史稿校註》（台北：國史館，1986年）卷84，〈志〉59，〈禮〉3，註41（冊4，頁2746）引。

㉒　《郭嵩燾日記》第3卷，頁883。

（三）

　　光緒十年（1884）三月二十四日，江西學政陳寶琛
（1848－1935）奏請以黃宗羲、顧炎武從祀。他認為二
人之所以值得從祀，是因為他們"皆以勝朝之遺獻，蔚
為昭代之儒宗"，證據如下：（一）二人都是名臣之
後，"家傳忠孝，學有淵源"。（二）二人"生當明
季，經術荒蕪"，"漢註唐疏棄置不談"，及宗羲、炎
武相繼提倡後，"承學之士，始習古經"，盛清名儒，
"莫不聞風興起"，所以二人對清代學術有"緒蕶之
功，濫觴之業"。（三）二人學有專長，不但能兼漢、
宋之長，而且著作豐贍，如"《四庫全書總目》采宗羲之
書多至十四種，采炎武之書多至二十有二種"。此外，
二人同列於《國史儒林傳》，享有官方認可的學術地位。
因此，寶琛認定二人符合道光九年（1829）諭旨所定從
祀的先儒必須"學術精純，經綸卓越"，及咸豐十年
（1860）廷議所定"著書立說，羽翼經傳，真能實踐躬
行"兩項標準，所以請求以二人從祀文廟。㉓

㉓　陳寶琛：〈請以黃宗羲、顧炎武從祀入廟摺〉，見氏著：《陳文忠公奏
　　議》（民國二十九年〔1940〕庚辰北平文楷齋刊行本），卷下，葉26
　　上－28上。正文所說上奏日期據該奏題下注年。按：此奏又載於《道咸
　　同光四朝奏議》，冊12，頁5041－5042，板心祇注"光緒十年"。但朱
　　壽朋（1903年進士）《光緒朝東華錄》則繫於"光緒十年五月癸未"條
　　（北京：中華書局，1958年，冊2，總頁1714－1715）：陳登原《國

　　寶琛上摺後，軍機大臣在四月二十二日接旨，將此
事交給禮部審議。㉔當時，朝臣對黃、顧二人應否從祀，
有不少論爭，其中一些意見，出於意氣，與學術無關。
李慈銘在光緒十年十一月五日的日記中，有這樣的記
載：

　　　"馬蔚林（彥森，1877年進士）來，謂春間陳
　　寶琛奏請以顧炎武、黃宗羲兩先生從祀文廟，禮部
　　堂司各官莫知誰何，紛紜至今（原注：其疏初發鈔
　　時，一日，翰林掌院學士〔徐桐，1819－1900〕接
　　見編檢各官，朱蓉生〔一新，1846－1894〕往謁，
　　聞掌院與諸學士及辦事諸翰林言：'陳伯潛此疏甚
　　奇，顧某尚有小板《日知錄》一書，可備後場策
　　科，黃某何人耶？'皆曰然）。近日尚書畢道遠
　　（？－1889）發憤謂諸司曰：'二人學問我所不
　　顧，但以品行言，二人在康熙（1662－1722）時皆
　　不肯出仕，尚得從祀邪？'因擲還蔚林所呈《國史
　　儒林傳》曰：'我必駁。'蔚林商於余，余曰：
　　'兩先生本不為今日從祀計，況出於福建之子（陳

　　史舊聞・梨洲從祀》便采此日期（頁511）。其實，《光緒朝東華錄》
　　所述日期不可信：第一，它與上引《陳文忠公奏議》中陳摺題下注年不
　　脗合；第二，《光緒朝東華錄》"光緒十一年十一月癸丑"條載："李鴻
　　章（1823－1901）等奏，內閣鈔出江西學政陳寶琛奏請將先儒黃宗羲、
　　顧炎武從祀文廟一摺，光緒十年四月二十二日軍機大臣奉旨，禮部議
　　奏，欽此。……"（冊2，總頁2037）既然軍機大臣在光緒十年四月
　　已奉旨，陳寶琛絕不會到五月才上奏。因此，本文采《陳文忠公奏議》
　　的紀年。
㉔　參看上註。

寶琛）之請，辱已甚矣，而尚欲求山東不識字之尚
書（畢道遠），屈意議準（准），何以為兩先生地
耶？'蔚林一笑而去。"㉕

至於禮部的駁議，全文不可考，僅知道它"於《欽定四庫
全書提要》辨駁該二儒詳加徵引"，從而指"該二儒學術
亦僅著述家言，未有躬行實踐，不足當闡明聖學傳授道
統之目"，但仍認為他們"志節矯然，博贍通貫，足為
閭黨矜式"，所以禮部建議"宜停其廡配，准祀鄉
賢"。㉖

　　內閣就禮部的駁議舉行會議，並未能取得共識，有
些官員附和禮部的駁議，但另一些人則贊成黃、顧從
祀。翁同龢就是其中一個贊成者，他在日記中記載了光
緒十一年十一月初一至初五日的情況，引錄如下：

　　　　初一日："是日會議黃梨洲、顧亭（林）兩先生
　　　　　　　　從祀孔廟，禮部具駁稿，余未畫（原
　　　　　　　　注：孫燮臣〔家鼐，1827－1909〕畫）。"

　　　　初二日："盛伯義（昱，1850－1899）來議黃、顧
　　　　　　　　從祀事，請伊屬稿。"

　　　　初三日："早再訪伯寅（潘祖蔭，1830－1890），
　　　　　　　　以伯義語告之。"

　　　　初四日："訪伯熙（義），竟未見，不知奏稿如何也。"

㉕　李慈銘：《荀學齋日記》（《越縵堂日記》本，台北：文海出版社影印
　　本，1963年），〈己集〉下，葉66下（冊14，總頁8228）。
㉖　《光緒朝東華錄》，"光緒十二年二月己卯"條引，冊2，總頁2067。

初五日：“到南齋與伯寅語，其時伯熙（義）尚未
　　　　送來摺稿也。爕臣入，乃將吾家人續送
　　　　件攜入。閱盛稿，極博贍透快，乃與伯
　　　　寅定議，我二人並孫子授（詒經，
　　　　1826－1890）、孫爕臣、龍芝生（湛霖，
　　　　1837－1905）、盛伯熙（義）聯銜同
　　　　奏，並託伯寅至內閣，於禮部摺內代寫
　　　　另奏字。”㉗

從《翁同龢日記》可見。內閣中贊成黃、顧從祀的一派，
始於翁同龢和盛昱，其後的聯名奏摺，也是由盛昱執筆
的。不過，該奏摺大抵由潘祖蔭領銜上呈，所以不論時
人及後人都把這事歸功於祖蔭；㉘而祖蔭的《文勤公遺
集》亦收入該奏摺。㉙

　　朝臣集議陳寶琛奏請以黃宗羲、顧炎武從祀一事，

㉗　《翁同龢日記排印本》，冊 3，頁1389。
㉘　除正文將徵引的著述外，如清季王延熙、王樹敏合輯的《皇朝道咸同
　　光奏議》（光緒壬寅〔二十八年，1902〕秋上海久敬齋石印本），卷
　　41，〈禮政類·學校〉，葉 6 下 - 7 下；葛士濬輯的《皇朝經世文續編》
　　（光緒戊戌〔二十四年，1898〕上海書局石印本，卷52，〈禮政〉3，葉
　　2 下 - 3 上）：《清史列傳》（北京：中華書局，1987年，卷58，〈新辦
　　大臣〉2，〈潘祖蔭〉，頁4528 - 4531）等著作，都是例子。並參下註。
㉙　潘祖蔭《文勤公遺集》，筆者未見。席裕福收奏文入《皇朝政典類
　　纂》，註謂見《文勤公遺集》（同註③，葉13上 - 14下）。但《潘文勤公
　　奏議》（台北：文海出版社影印本，1969年），未收錄這篇奏文。潘祖
　　蔭的弟弟祖年（1870 - ？）撰《潘祖蔭年譜》（台北：文海出版社影印
　　本，1968年），亦不載上奏從祀二儒之事。

最後仍是意見兩歧。於是在光緒十一年十一月十九日，
內閣大學士李鴻章等會同禮部奏駁；同日，工部尚書潘
祖蔭等另摺請准從。⑳

　　李鴻章等在奏摺中反駁陳寶琛對黃、顧的推崇。他
們指出黃宗羲的學說頗有"矯枉過直"、"多所乖謬"
的地方；此外，他"有勝國門戶之餘風"，又"考據有
密有疏"。至於顧炎武，雖"喜談經世之務"，但"其
說或迂而難行，或愎而過銳"；他的著作"間有矛盾，
編次亦絕無體例"，又"有附會泥古之處"。其次，李
氏等認為《國史儒林傳》載二人的"生平學行亦僅著述家
言，未有躬行實踐"。因此，二人"不足當闡明聖學傳
授道統之目"。所以，經過"商酌"之後，他們認定陳
寶琛請將黃宗羲、顧炎武從祀文廟"毋庸議"；但鑑於
二儒"志節矯然，博贍通貫，足以閭黨矜式"，故此建
議准許二人"入祀鄉賢，以彰褒旌"。㉑

　　潘祖蔭在同治十二年正月（1873年1、2月間）為龐
鍾璐的《文廟祀典考》作序，已認為黃、顧二人"以應俎
豆，鬮韻金絲，將聯奎璧之輝光，益昭國家之盛舉"。㉒
今次由他領銜的奏摺，力言"宗羲、炎武皆有傳經之
功、衛道之力、崇正遏邪之實效"，而二人"合於從祀

---

⑳　《光緒朝東華錄》，"光緒十一年十一月癸丑"條，冊2，總頁2037-
　　2041。按：《德宗景皇帝實錄》繫此事於"光緒十一年十一月乙卯"條
　　（卷220，冊3，頁1079）。
㉑　《光緒朝東華錄》，同上註。
㉒　見《文廟祀典考》，該序，葉2下-3上。

之誼者"，有"古誼"、"今制"、"成憲"三個原
因。㉝

　　所謂"古誼"，是指自古以來"凡從祀先聖者，皆
博士弟子所從承學轉相授受之本師"的規則。祖蔭等認
為，清朝經學極盛，而宗羲、炎武實為開山，所以説
"凡樸學之專門，皆該二儒之遺緒"；又説清儒"皆以
該二儒為轉相授受之本師"。故此，"道光年間，京朝
各官特建顧炎武祠於京師"，春秋二祭，至當時不衰。
"各省名臣達官，實不乏人。"，何以獨祀炎武？這是
因為學者"將習其道必各祭其師，皆發於人心之不自
覺"的緣故。"人心所在，即定論所憑"，所以應以二
儒從祀。㉞

　　所謂"今制"，即本節前述道光九年和咸豐十年的
從祀規制。祖蔭等指出二儒都推崇朱熹，而"黃宗羲編
定《明儒學案》，綜二百年學術升降之原，會通融貫"，
又"創修《宋元學案》，條分派別"，"斥邪而扶正"；
顧炎武雖不講學，但"有蹈道之實"，他的"論學之
旨"和"所著《日知錄》，皆"足以當學術精純之目"。
況且"明季心學盛行"，學術敗壞，而二儒力斥空疏之
學，"自二儒興而禪學息"，"禪學息而樸學起"。因
此，二儒都是"闡明聖學傳授道統者"；他們的著述亦

㉝　《光緒朝東華錄》，"光緒十一年十一月癸丑"條，冊 2，總頁2039。
㉞　同上。

"流傳二百年而讀者猶思取法"。所以將他們從祀是合乎"今制"的。㉟

　　所謂"成憲"，乃指一些欽定著作及名賢對二儒的評語。祖蔭等指出，二儒的書，有很多收入《四庫全書》中，《國史儒林傳》亦稱讚二儒的學行。雖然《四庫提要》"中有一二"糾正之語"，乃"係專為一書而發，非是統論全書"。即使是已從祀的大儒如孫奇逢等，《四庫提要》亦有微言；又如"張伯行所著理學各書，斥入儒家存目，一字不登"。因此，絕不能因為《四庫提要》的"一二糾正之語"便否決黃、顧二人從祀。何況，清朝"從祀之儒之至純至正"的湯斌（1627－1687）極力推崇二人呢？所以，祖蔭等"準之於成憲，以為黃宗羲、顧炎武當從祀"。㊱

　　由於廷臣意見分歧，所以上諭內閣，"著大學士、六部、九卿、翰詹、科道再行詳議具奏"。㊲

　　光緒十二年（1886）二月十五日，內閣再就黃、顧二儒應否從祀舉行會議，會議結果仍主駁，但潘祖蔭等還是不肯附和。據翁同龢記載：

　　　　"是日，內閣遞會議黃、顧從祀摺，仍駁。予
　　　　與潘伯寅、孫燮臣、孫子授、周小棠（家楣，
　　　　1835－1887）、盛伯羲、龍芝生七人連銜申前摺

㉟　同註㉝，頁2039－2040。
㊱　同上，頁2040－2041。
㊲　同上，頁2041；又《德宗景皇帝實錄》，同註㉚。

語，其餘尚賢（1874年進士）一摺、徐致祥一摺皆
請准。"⑱

上述駁議仍由武英殿大學士額勒和布領銜上奏。奏文首
先比對光緒十一年禮部原稿和潘祖蔭等疏文的重點，從
而指出禮部"立議持平，眾心允協"。奏文重申二儒的
"著述瑕疵"，見於《四庫提要》，"曾經欽定鑒別，而
學術之精純，經綸之卓越，又未能悉符眾望"。因此，
"黃宗羲、顧炎武二儒之學，篤信好古則有餘，純粹以
精則不足"；所以建議如下：

> "其請祀文廟之處，仍照禮臣原奏議駁；而博
> 通淹貫，足以矜式後學，亦如原議，仍請其入祀鄉
> 賢，以示優崇而昭區別。"⑲

至於贊成從祀的三分奏摺，皆不可考，無法知道它們的
內容。但朝廷最後采納了額勒和布等的駁議，下諭黃、
顧二人"毋庸從祀文廟，仍准其入祀鄉賢。⑳

關於陳寶琛奏請將黃宗羲、顧炎武從祀的結果，《清
史稿·孫家鼐傳》和《清史列傳·孫家鼐傳》都有一則莫
明其妙的記載，前者說：

> "江西學政陳寶琛疏請以先儒黃宗羲、顧炎武
> 從祀文廟，議者多以為未可，家鼐與潘祖蔭、翁同

---

⑱　同註⑱，頁2405。
⑲　同上，"光緒十二年二月己卯"條，冊2，頁2067-2068。
⑳　同上，頁2068；《德宗景皇帝實錄》，卷224，"光緒十二年二月己卯"
　　條，冊4，頁26；又《翁同龢日記》，同註38。

龢、孫詒經等再請，始議准。”㊶

後者的記載相同，祇是末幾句稍有不同：

“家鼐與潘祖蔭、翁同龢、孫詒經等獨請旨准行，比仍議駁。後卒從家鼐議。”㊷

但是，無論是“再請，始議准”抑或“後卒從家鼐議”都不合符事實。光緒三十三年（1907），御史趙啟霖（1892年進士）奏請將王夫之、黃宗羲、顧炎武從祀（詳本文第五節），庶吉士章梫（1904年進士）上摺附和，文中追記此事說：

“黃宗羲、顧炎武亦經陳寶琛奏請從祀，交大學士等會議，又經李鴻章等奏駁；潘祖蔭等復引古誼、今制、成憲三端，奏請應予從祀；大學士額勒和布等仍復奏駁，翁同龢、尚賢等又請宸斷從祀，卒未上邀俞允。”㊸

事實上，如果光緒十二年時朝廷依從了孫家鼐等的建議，趙啟霖便不必在二十年後再次奏請了。

㊶ 趙爾巽（1844－1927）：《清史稿》（北京：中華書局，1977年），卷443，〈列傳〉230，頁12439。

㊷ 《清史列傳》，卷64，〈已纂未進大臣傳〉3，頁5093。

㊸ 章梫：〈先儒王夫之、黃宗羲、顧炎武從祀孔廟議〉，見氏著：《一山文存》（“宣統戊午”〔1918年〕曾植署檢本），卷 8，葉 4 下。參註(54)。

（四）

　　光緒十七年（1891）八月，編修孔祥霖（1877年進士）奉命提督湖北學政。⑭當“科考事竣”，祥霖“課試兩湖書院”，“院中肄業湖北優貢生王葆心等、湖南廩生蔣鑫等合詞呈請”，認為王夫之“學行純備，博大淵微”，“不登兩廡，實為缺典”，理由如下：（一）夫之先後拒絕張獻忠和吳三桂的召聘，可謂“德行純全”。（二）夫之的學問，能“為後儒導厥先路”；他的著述，不但“宗朱子而黜異説”，而且又“有申《（四書）集註》者，有補《集註》者”；有的更是“綱維萬事”的“經世之書”。“當時與黃宗羲、顧炎武同以經學開風氣之先，而夫之所著尤多且粹”；且“八百餘年，繼橫渠（張載，1020－1077）者，夫之一人而已”。（三）《四庫全書》所收夫之的著作，“咸推精確”。夫之後來亦列入《國史儒林傳》中。光緒初，郭嵩燾奏請將夫之從祀，“禮臣據前人（曾國藩）序船山書，有著述太繁，純駁互見之語為駁”，殊為失當。因為已從祀的大儒如孫奇逢等“著錄《四庫》之書，亦多有糾正之處。禮臣知其無礙大醇，故均不廢其從祀”。何

---

⑭　《德宗景皇帝實錄》，卷300，“光緒十七年八月壬辰”條，冊4，頁968。

況夫之的著述，"尚多精於已著錄及存目者乎"？⑤

　　孔祥霖贊同兩湖書院諸生的意見，於是他在光緒二十年十二月初九日（1895年1月4日）"鈔錄原呈，擬請飭部核議，可否以遺儒王夫之從祀文廟"。在"鈔錄原呈"之餘，祥霖亦提出自己的意見，分述如下：（一）乾嘉以來，不少碩儒名臣對夫之都有論贊，可謂"見推於時賢，又極其至也"。（二）夫之"當學術龐雜之餘，獨守學以待來者"，功勞不在唐代的韓愈（768-824）和元代的趙復之下。（三）夫之注釋《正蒙》和《思問錄內外篇》，能疏通證明張載"引而未發之義"；又"其他群經子史，皆有彙述"，"雖其激揚務盡或有詞鋒峻厲"，但由此可見他的"衛道之意嚴，救世之心苦"。（四）夫之"所著史論，具上下古今之識，指陳歷代之興衰治亂，嚴尊攘，斥黨援，深切著明，使讀者悚然引為法戒，更以之師千百世而有餘。是以咸同之際，中興將帥半湘儒生，其得力夫之遺書者居多"。總合上述論據，祥霖認定夫之能"闡明聖學，傳授道統，學術精純，經綸卓越"；其次，夫之雖是"前明之遺老，亦我朝之功臣"。所以將夫之從祀，可收到"以正人心，以扶士氣"之效。⑥

　　《清實錄》不載孔祥霖上疏事，《光緒朝東華錄》祇記

---

⑤　《光緒朝東華錄》，"光緒二十年十二月辛亥"條，冊3，總頁3518-3519。

⑥　同上，頁3518-3521。

上疏及朝廷將孔疏"下禮部議奏"，⑰沒有提到結果，據
章梫在光緒末年追記王夫之的兩次從祀議時說：

　　"王夫之前經郭嵩燾、孔祥霖先後臚陳事迹，
　奏請從祀，迭經大學士李鴻章等議駁。"⑱

<h2 style="text-align:center">（五）</h2>

　　光緒三十三年正月，御史趙啟霖上摺奏請將王夫
之、黃宗羲、顧炎武從祀文廟。⑲朝廷命禮部議奏，禮部
"奏旨依議，旋經各署堂司開送，說帖都二十六件，其
主夫之、宗羲、炎武亦准從祀者，十居其九"。㊿上述禮
臣的說法，未能完全反映事實，因為據陳衍（1856－
1937）自訂年譜"光緒三十四年"條所記，各部長官初時
是主駁的，不過後來改變初衷而已，引錄如下：

---

⑰　同註㊺，頁3521。

⑱　章梫：〈先儒王夫之、黃宗羲、顧炎武從祀孔廟議〉，《一山文存》，卷
　8，葉4上下。按：李鴻章：《李文忠公全集》（民國辛酉〔十年，
　1921〕合肥李氏交上海商務印書館景金陵原刊本）並沒有李鴻章駁王夫
　之從祀的資料。《清史稿·禮志三》亦僅謂："署禮部侍郎郭嵩燾、湖
　北學政孔祥霖請夫之從祀，⋯⋯並被駁。"（卷84，頁2538）

⑲　《光緒朝東華實錄》"光緒三十四年九月癸未"條載："禮部奏：'上年
　正月二十八日准軍機處片交，御史趙啟霖奏請將國初大儒王夫之、黃
　宗羲、顧炎武從祀文廟一摺，奉旨，禮部議奏，欽此。⋯⋯'"（冊
　5，總頁5975）可見趙啟霖是在光緒三十三年上摺的。《清史稿·禮志
　三》謂："（光緒）三十四年，⋯⋯御史趙啟霖請以王夫之、黃宗羲、
　顧炎武從祀，下部議。"（同上註）乃誤以部議結果上呈的年分（詳
　正文）為上摺的時間。

㊿　《光緒朝東華實錄》，同上註，總頁5975－5976。

"是時顧、黃、王三儒久已從祀，張廣雅（之
洞，1837－1909）相國所主張也。初從祀一節，各
部長官多議駁者，惟吾鄉張燮鈞（亨嘉，1847－
1910）侍郎主之甚力，而適丁內艱，不得與聞其事
矣。廣雅往弔，張侍郎稽顙謝弔後，重稽顙曰：
'從祀事，惟賴世叔主持。'後廣雅至軍機處，見
各部說帖皆以三儒頗言民權，議駁。廣雅因疏孟子
（軻，約前372－前289）言民權者數條曰："諸君
將并孟子亦擯出文廟乎？'袁尚書世凱（1859－
1916）時亦軍機大臣，至曰：'我議准，誰敢議
駁！'於是各部長紛紛取說帖回，即作議准。" ⑤

陳衍當時任學部主事，備受張之洞賞識；⑤又"兄事"張
亨嘉"四十年，知最詳"。⑤上述日記，理應可信。陳衍
又為張亨嘉作〈禮部左侍郎張公行狀〉，謂亨嘉"貳禮

---

⑤ 陳衍（自訂）、陳聲暨（暨編）、王真（續編）、葉長青（補訂）：
《侯官陳石遺先生年譜》（載於陳衍：《石遺先生集》，台北：藝文印書
館影印本，1964年），卷5，葉12上下。

⑤ 詳參《侯官陳石遺先生年譜》所載光緒三十四年張之洞令學部限日晉
陞陳衍一節（同上，葉12下－13上）。按：此事及上註所述張之洞力
助三儒入祀事，許同莘（原編）、胡鈞（重編）《張文襄公年譜》
（1939年北京天華印書館校印本）不載。《張文襄公全集》（北平開雕
楚學精廬藏板丁丑〔1937〕年五月印本）亦沒有關於三儒從祀的記
載。

⑤ 陳衍：〈禮部左侍郎張公行狀〉，《石遺室文集》（《石遺先生集》本），
卷2，葉13上。

部，核議顧、黃、王三儒從祀文廟"。㉔

　　上述禮臣所說的二十六件說帖，相信已難一一查出，筆者所見當時的奏議祇有章梫、陳衍和胡思敬（1870－1922）的三分而已。

　　在趙啟霖奏請三儒從祀孔廟後，禮部"循章請旨交議"。按照"會議章程"，"翰林院各官亦准呈遞說帖，由各當官轉交細覈"。於是庶吉士章梫"亦得與議"。章梫指出，三儒的書不但收錄在《四庫全書》中，而且"海內士大夫皆家置一編，以時誦習"。其次，他們得到郭嵩燾以至趙啟霖奏請從祀，"益以見公道在人，久而彌著"。至於過往"送次會議於夫之則云純駁互見，於宗羲、炎武則云亦僅著述家言，未有躬行實踐"，並不恰當。因為《四庫提要》"糾正之語乃敍錄體例"，"未足以定學術之全體"，既然"當時禮臣必據提要之言以為論定諸儒之案"，則應如潘祖蔭所駁，"張伯行等亦為《提要》非議，不應俎豆於兩廡"。況且禮臣批評夫之的說話，源於誤解曾國藩〈《船山遺書》序〉與《國史儒林傳》的意思；至針砭宗羲、炎武而謂本於《國史儒林傳》，亦係斷章取義，忽略《國史儒林傳》對二人的讚美。所以禮臣所言，"未得知人論世之實"。章梫認為，"大儒學術各有宗師"，而"三儒學派皆具經世之體"，雖然他們的"身不用而其書皆當世所取"；清

────────────────

㉔　同上註，葉14上。

代儒學興盛，經學、理學、政治"邃美"，實"三儒有以啟之"。⑤

　　在章梫的奏議中，尚提到兩項與學術無關，而涉及三儒忠君和排滿的問題：第一，據章梫透露，"有議者謂三儒皆勝國遺老，有不滿本朝之隱衷"。章梫相信這亦是"前次駁不允准之故"。不過，章梫以為"人臣各為其主，乃所以存忠愛之特性"，如果"三儒變其素守，曲就功名"，便不是"孔子（丘，前551－前479）之徒"，不值得入祀文廟了。第二，章梫指出"又有議者謂：近今種族之說，發於夫之之《黃書》，其流為革命排滿；民權之說，發于宗羲之《明夷待訪錄》，其流為平等自由"。可是，章梫不以為然。在他看來，"《黃書》乃懲明弊規畫治世之大綱，並無所謂革命之語"；《明夷待訪錄》"依據《孟子》、《周禮》，亦懲末世驕君諂臣之失而反之於正"，沒有"所謂平權自由"的思想。"革命排滿，平權自由"等言論，不過是"中國淺人略涉東西國一二家之學術"而提出，與黃、王之書無關。總括上述論證，章梫認為，"三儒學術正大，本朝群儒皆宗尚之，從祀釐然有當於人人之心"，所以請求朝廷"毋再為拘曲者所泥"，將三儒從祀。⑥

---

⑤　章梫：〈先儒王夫之、黃宗羲、顧炎武從祀孔廟議〉，《一山文存》，卷8，葉4上－7上。按：章文題下注"丙午"（葉4下），即光緒三十二年（1906），不確，因為趙啟霖在次年正月才上摺奏請三儒從祀。詳正文。

⑥　同上，葉7上－8下。

　　學部主事陳衍撰有〈顧、黃、王三儒從祀文廟議〉，這篇奏議，是由學部尚書榮慶（1886年進士）命令他作的；但陳衍主從，而榮慶主駁，所以"稿上，大失意旨"，後來張之洞"在樞廷乃力持議准"。⑰

　　陳衍推測過往三儒入祀之所以遭禮臣駁斥，是因為"王、黃二儒曾事魯王（朱以海，1618－1662；1645－1662監國）、桂王（朱由榔，1623－1662；1646－1661在位）"，而炎武雖受唐王（朱聿鍵，1602－1646；1645－1646在位）之召而未住，然皆惓懷故國，之死靡他"，所以禮臣"遲迴審慎，未敢議准，因就其著述，特用苛求"。陳衍不同意"禮臣駁黃、顧二儒，謂篤信好古則有餘，純粹以精則不足"。因為"純精以精"，非孔子"未易遽及"；至"篤信好古"，亦"孔子之自道而許人者不過如此"。既然黃、顧二人"當之無愧色，亦足以從祀廟廷"了。至於王夫之，既"發憤著書，有楚屈原（約前340—約前278）之遺風，〈瀟湘怨〉諸詞亦〈九歌〉之流亞"。其次，陳衍不同意過分苛索《四庫提要》等書對三儒的指摘，因為這些指摘"不過考證之有疏密"而已。況且已從祀諸儒中，《四庫提要》亦多有"遺議"或"糾正"，而他們能夠從祀，乃因他們的"生平學行既已大醇，則固無礙於從祀"；因此，顧、黃、王'三儒未獲議准'，"於崇儒重道之大公有

────────────────

⑰　見陳衍在〈顧、黃、王三儒從祀文廟議〉後的一則自記（《石遺堂文集》，卷6，葉2下）。

所未盡理合"。⑱

　　趙啟霖上摺時，胡思敬任吏部主事，⑲撰有〈衡陽、崑山、餘姚三先生從祀文廟議〉，進王夫之而黜顧、黃。思敬認為"三先生講學之宗派不同，立言之旨趣又異"：其中夫之"大純而小疵"，炎武"大疵而小純"，宗羲則"純者無幾，其疵者洸洋自喜"。⑳

　　夫之之所以"大純"，理由如下：（一）《四庫全書》收入夫之的經學著作，"其粗者辨釋名物，研求訓詁，考正地理，以經證經，足補傳箋古注之遺；其精者發明新義"，"字字皆成鐵案"。他在經學方面著作豐富，已成書的共二十二種，一百六十四卷。可見"夫之傳經之功"，合於"羽翼聖經之諭"及"部臣闡明聖學之奏"。（二）夫之注《正蒙》一書，極有貢獻；所著《思辨錄》，"與《正蒙》互相發明"。可見"夫之衛道之力有合於部臣傳受道統之奏"。（三）明末士風敗壞，夫之"黜黃老，斥申韓，力戒朋黨，歸罪於上蔡（謝良佐，1050－1103三）、象山（陸九淵）、姚江（王守仁）"，"毅然有不可犯之色"。可見夫之"扶持名教之心，不敢以著述空談心性"，實與上文所引道光、咸豐"先後諭旨隱相符合"。所謂"小疵"，乃指夫之

------

⑱　同上註，葉 1 上－2 上。

⑲　參看劉廷琛（1894年進士）：〈胡公漱唐行狀〉，見《碑傳集補》，卷10，葉32下。

⑳　胡思敬：《退廬文集》（《退廬全集》本，"宣統甲子"〔1924〕刊於南昌退廬），卷 1，葉 7 上下。

“説經稱引大繁，不無考證失實之處”，所以《四庫提
要》有十多條駁正；此外，《讀通鑑論》有“矯枉過正之
談”。然而，胡思敬相信上述純疵，“善學者當分別觀
之”。何況曾國藩、郭嵩燾等“君子服膺先達，蔚然為
一代偉人”。所以“未可以一二小疵而輕議也”。[61]

　　至於顧炎武，胡思敬指出雖“聲譽出夫之之上”，
可惜“意見大偏，力主破壞紛更”，可謂“氣浮”。炎
武的著述“雖博，多不傳”，流傳的不是“飣餖叢殘，
無關大義”，就是“不盡完備”，或不及前人時彥的著
作甚遠。儘管《日知錄》乃“炎武生平極得意之筆”，可
惜“大疵者在此，小純亦在此”：一則是書中多有考據
之失，“不盡出於純粹”；二則是書中議論，即使是
“大者遠者”，亦“迂儒食古未化，往往見小利忘大
害”。畢竟，“炎武經世之術雖疏，尚知考求三代兩漢
風俗，分別亡國亡天下”，可惜他的議論“過粗”，不
及他的“氣節文章粹然一出於正”。[62]

　　胡思敬對黃宗羲的批評，主要因為《明夷待訪錄》中
的“雜霸之學”，不合乎儒家君臣關係、教育及政制等
原則，並“開後代革命流血之禍”。思敬指出，當梁啟
超（1873－1929）主編的《時務報》盛行時，“世推（啟
超）為黃宗羲再出”。因此，他認為啟超的學說的流
傳，宗羲實“罪有由（攸）歸”。所以，如果不將“作

---

[61]　同上註，葉 7 下－9 上。

[62]　同上，葉 9 上－11上。

俑之人"口誅筆伐,反而准許他入祀文廟,"海外黨、徒"便可能懷疑廷臣"提倡異學"而"跋扈飛揚,將益肆然無忌"了。⑥

　　思敬的結論是:"夫之學術原本關閩,獨抱遺經,竄身猺峒",既"堅卓",又"精粹","准如原請升祔兩廡,栗主在(孫)奇逢之次"。至於"顧、黃,本史學專學",所倡者"雖皆今日切實有用之學",但"覈其言行,既無當於古人傳經衛道之旨",所以不宜從祀。⑥

　　雖然禮部收到的二十六件説帖十居其有九主張三儒"並准從祀",但禮部只肯接受顧炎武,而對王夫之、黃宗羲有所保留,所以奏請:

> "三人當明季,毅然以窮經為天下倡德性問
> 學,尊道並行,第夫之《黃書・原極》諸篇,託旨
> 《春秋》;宗羲《明夷待訪錄・原君》、〈原臣〉諸
> 篇,取義《孟子》,似近偏激。惟炎武醇乎其醇,
> 應允炎武從祀,夫之、宗羲候裁定。"⑥

雖然禮部將三儒"從祀分別請旨",但軍機大臣在光緒三十四年九月一日奉旨,"顧炎武、王夫之、黃宗羲均

---

⑥　同註⑥,葉11上－13上。
⑥　同上,葉13上下。
⑥　《清史稿》,卷84,〈志〉59,〈禮〉3,頁2538－2539。

著從祀文廟"。⑥

（六）

清廷議論三儒從祀一事，引起了在野學者的關注，如黃節（1873－1935）在光緒三十三年的《國粹學報》第34期〈社說〉中，發表〈明儒王船山、黃梨洲、顧亭林從祀孔廟論〉。黃節認為，從三人的"志節"、"道德"、"學術"來說，他們"位之兩廡，誠無愧色"；但因三人"心乎明（朝）"，所以必須"名之曰明儒"，"否則非所以尊三先生也"。理由是："以出處而論，則三先生皆明之職官"；"以三先生心志而論，則皆不願為

---

⑥　《光緒朝東華錄》"光緒三十四年九月癸未"條，冊 5，頁5976。《清史稿·德宗本紀二》亦謂："（光緒三十四年）九月癸未朔，予先儒顧炎武、王夫之、黃宗羲從祀文廟。"（頁964）《德宗景皇帝實錄》則繫此事於"光緒三十四年九月甲申"（卷596，冊 8，頁873）。按：《清史稿·儒林傳》謂宗羲、炎武在"宣統元年（1909），從祀文廟"（卷480，〈列傳〉276，〈儒林一·黃宗羲〉，頁13106；卷481，〈列傳〉268，〈儒林二·顧炎武〉，頁13168），誤。徐世昌謂宗羲、夫之在"光緒三十三年從祀文廟"（見氏著：《清儒學案》〔1939年藍格刊本〕，卷 1，〈南雷學案·黃先生宗羲〉，葉 3 下；卷 8，〈船山學案·王先生夫之〉，葉 3 上），顧炎武在"宣統初從祀文廟"（同上，卷 6，〈亭林學案上·顧先生炎武〉，葉 2 下），均誤。又王蘧常雖能指出顧炎武在"光緒三十四年九月癸丑"從祀，但謂"光緒三十四年九月，宣統已嗣位，第是年仍以光緒紀元耳"（見氏輯注：《顧亭林詩集彙注》〔上海：上海古籍出版社，1983年〕，下冊，頁1331），亦不確。因為載湉（1871－1908，1874－1908在位）在十月九日辛酉卒（《德宗景皇帝實錄》，卷597，冊 8，頁902），三儒從祀是在他死前一月准許的。

二姓之臣民"。因此,將他們"位置於國朝儒者之次,則其名為失實:以其自稱為明臣而祀之以國朝儒者,則其鬼亦不歆兩廡"。黃節相信清廷考慮將"三先生從祀兩廡","其源蓋由國史",不過他卻認為"當時史館諸臣,固未嘗不以三先生為明臣者,特以其終於本朝,則入其名於國史,而其實仍屬諸明"。雖然黃節自稱得知國史諸臣的心意,但他仍不滿意這種做法,並進一步歸咎"當日史臣"就算"不能位置三先生於《明史》,猶當援《宋史·周三臣傳》例,為三先生立〈明三儒傳〉",不應把他們與仕清的陸隴其(1630-1693)、湯斌同列。⑥⑦

　　黃節從眷懷南明,表揚孤臣孽子之心出發,反對把三儒入祀文廟,與清儒同列。章炳麟(1869-1936)則從反清排滿的立場,評論三儒從祀一事。

　　炳麟在光緒三十四年的《民報》第二十二號〈時評〉寫了〈王夫之從祀與楊度參機要〉一文。他認為"滿洲政府以顧炎武、王夫之、黃宗羲為漢土學者所宗",所以"為收拾人心計",希望把三人"納之兩廡"。據炳麟透露,"三老之入兩廡,駁議囂然":其中"滿洲貴胄,無所惡於"夫之,而"懇懇欲黜"宗羲;至"漢人

---

⑥⑦　黃節:〈明儒王船山、黃梨洲、顧亭林從祀孔廟論〉,《國粹學報》,34期(3年9號,丁未〔光緒三十三年〕九月二十日〔1907年10月26日〕),該文,葉1下-3上。

之處樞密者，則願為餘姚（宗羲）藩蔽"。在炳麟看來，上述分歧甚為"可怪"，因為他認為夫之是"民族主義之師"，宗羲是"立憲政體之師"。宗羲"少時，本東林、復社浮競之徒，知為政之賴法制，而又不甘寂寞，欲弄技術以自焜耀"：而當時主張立憲的大臣，"左持法規之明文，右操運動之秘術"，堪稱與宗羲"異世同奸"。因此，炳麟奇怪為甚麼"滿人方主立憲"，但在討論從祀時卻"竭其唇吻之力"來排斥宗羲？是否因為他們害怕贊成宗羲入祀就有"蔑視君主為嫌"呢？其次，炳麟認為"蔑視君主之為憂，未若攘斥胡虜之為憂"。因此，夫之的《黃書》、《噩夢》"尊漢族而拒羯夷，成文具在"，正是滿清"所深慭，當痛心蹙頞以攻之者"。奇怪的是，"滿洲貴胄"對夫之入祀，"反無一言"。難道他們未讀過夫之的書嗎？還是"自知東胡穢貉，荐食神州，罪在不赦，故不敢公吐盜言以憎主人"？如果是因為第二個原因，是否意味滿人"亦以漢人排滿為當然"？又或許是"默無非議"地尊祀夫之，乃"滿人悔過之舉"呢？⑱

　　炳麟沒有討論到三儒應否從祀，嚴格來說，他也沒有提及顧炎武。事實上，全文的主旨亦不在入祀一事，

---

⑱　章炳麟：〈王夫之從祀與楊度參機要〉，原刊《民報》，22號（1908年7月10日），茲據湯志鈞（編）：《章太炎政論選集》（北京：中華書局，1977年），上冊，頁426-428。

而是以嘻笑怒罵的筆法，藉著討論三儒入祀而抨擊 "誓滅建夷而後朝食" 的 "愛國協會會員" 楊度（1875－1931）竟為清廷所用，並且提倡立憲政體。⑥

⑥ 同上註，頁428。按：有關楊度的生平，參看劉晴波：〈論楊度—《楊度集》代序〉，見楊度：《楊度集》（長沙：湖南人民出版社，1986年），頁1-9；彭國興：〈楊度生平年表〉，同上，頁805－826：黃中興：《楊度與民初政治（1911－1916）》（台北：國立台灣師範大學歷史研究所，1986年）；楊雲慧：《從保皇派到秘密黨員—回憶我的父親楊度》（上海：上海文化出版社，1987年）。此外，在一九八六年六月，湖南長沙有 "楊度思想研究討論會" 的舉行，主要討論楊氏是否一位愛國者、他的是非功過及他的學佛和佛學思想，參看詹伯固：〈楊度思想研究會概述〉，《湖南日報》，1986年7月31日第3版。

明遺民對出處的抉擇與回應

——陳確個案研究

《易·繫辭》說:

> "君子之道,或出或處。"①

誠然,在中國歷史上,士大夫祇有出處兩途,所以在明
(1368－1644)亡以後,如果士大夫不能殉國,便須在清朝
(1644－1912)選擇出處。無怪劉宗周(1578－1645)說:

> "國破君亡,吾輩不能死,又有一番出處,罪
> 且浮於不死矣。"②

明遺民③雖不願意在新朝選擇出處,但既無法避免,唯有

---

① 見《周易正義》(《十三經注疏》本,北京:中華書局,1980年),卷
7,頁67(上冊,頁79)。

② 見陳揆(等):〈陳祠部公家傳〉,載於陳龍正(1585－1646):《幾亭
全書》(康熙三年〔1664〕雲書閣藏板本),〈附錄〉,卷1,葉7上。

③ 本文所謂"明遺民",乃廣義指明亡後不再干謁祿位的人,而不狹義
指因忠於明朝而退隱者。其次,很多出仕清朝的士人並不是在明亡後
立即改節易行,因此,本文以他們一日未仕清,仍作遺民看待。關於
"遺民"一詞的來源與定義,參看拙文:〈論明遺民之出處〉,見拙
著:《明末清初學術思想研究》(台北:台灣學生書局,1991年),頁
102－105,註②。

慎重考慮。因此，閻爾梅（1603－1679）對同輩説：

　　　　“士君子不幸而生衰世，出處之際，蓋可以忽
　　乎哉？”④

傅山（1607－1690）訓誨子孫亦説：

　　　　“君子之於天下，出處其大者也。”⑤

　　陳確（1604－1677）在順治二年（1645）清軍攻佔
浙江後，於“生死之際”，頗多顧慮，最後以“母老”
為理由而“苟活”下去。⑥但是在出處之間，他就能迅速
作出抉擇，以遺民終老，並贏得黃宗羲（1610－1695）
的贊賞。⑦陳確不但對自己的出處有明快的決斷，而且對
朋友和他們的子弟的出處，頗為關注。此外，他反覆思
考出處的原則，並提出一套出處的理論，供給時人參
考。透過陳確的事例，我們可以看見明、清之際士人在
出處問題上的困惑。

---

④　閻爾梅：〈壽戴貢士尹克任序〉，見氏著：《閻古古全集》（序紀元八年
　　〔1919〕秋張相文重編本），卷6，葉23上下。

⑤　傅山：〈傅史〉，見氏著：《霜紅龕集》（山陽丁氏刊本），卷28，葉1
　　上。

⑥　關於陳確在明亡後對殉國的考慮，參看拙文：〈陳確對生死之抉擇與回
　　應─明遺民自我肯定生存價值一例〉，《中國史學》，3卷（1993年），
　　頁51－69。

⑦　黃宗羲在〈陳乾初先生墓誌銘初稿〉説：“桑海之交，龍山渠渠，死者
　　開美（祝淵，1611－1645），生者乾初（陳確）。死為義士，生為遺
　　民，皆無媿為蕺山（劉宗周）之徒。”（見陳乃乾〔1896－1971〕
　　編：《黃梨洲文集》〔北京：中華書局，1959年〕，〈碑誌類〉，頁
　　165）。按：祝淵於順治二年浙江失陷後殉國，參看陳確：〈祝子開美
　　傳〉，見氏著：《陳確集》（北京：中華書局，1979年），上冊，頁
　　274－278。

（一）

陳確在順治十六年（1659）回憶說：

> "會（甲）申（崇禎十七年，即順治元年，
> 1644）、（乙）酉（順治二年）之難，確從兩兄
> （長兄陳貴永，1588－1656；二兄陳思永，1593－
> 1659）並棄舉子業，優游養母。" [8]

陳確在明亡後能迅速作出"處"的決定，首先因為
他是一個"淡功名，薄榮利"[9]的人，雖然，陳確在明亡
前跟一般士人一樣參加科舉考試，卻不熱中功名。如十
六、七歲時，他與二兄祥龍（1597－1629）同就"童子
試"，縣府都把他排名在祥龍之前，他不但不感到高
興，反而"甚媿之"。當長兄貴永看過二人的試卷後，
也認為陳確的試卷比較好，陳確更"懼無所容，至不成
寐"。後來考試結果公布，祥龍入圍，陳確"遺不
錄"，陳確反"為之狂喜，亦不成寐"。不過，陳確在

---

⑧　陳確：〈哭仲兄文〉，《陳確集・文集》，卷14，上冊，頁334。按：此文
　　題下注"己亥"即順治十六年。以下引陳確詩文的年月，如見內文或
　　題下注，不復注明。

⑨　陳翼（1632－1689）：〈乾初府君行略〉（以下簡稱〈行略〉），載於
　　《陳確集》，首卷，上冊，頁13。

"後數年，屢試不售，輒不勝牢騷之感，大喪其厥初"。⑩

二十歲以後，陳確再次"薄視"功名起來，雖仍參加童子試，"已不知功名為何物"。二十六歲時，三兄病死；次年，父親（陳穎伯，1564－1630）又逝世。陳確"悲憤激中，欲絕意進取事"。到了三十歲，在長兄的強迫下，才再次參加科試，並且在這次考試中獲得取錄。但這並不是他的志願。⑪

陳確在三十七歲取得庠生資格。⑫入庠後，受知於知府劉雪濤。雪濤知道陳確貧窮，有意"周全"他。所以，每次在他謁見雪濤後，雪濤都派遣左右問他是否

---

⑩ 陳確：〈記昔〉，《陳確集·文集》，卷18，上冊，頁406。按：鄧立光《陳乾初研究》謂"陳確年青時期的科名觀念甚濃，十六、七歲參加童子試而落第，'後數年屢試不售，輒不勝牢騷之感'"（台北：文津出版社，1992年，頁14），雖註稱根據〈記昔〉一文，似未能掌握陳確的意思。

⑪ 〈行略〉，頁12。關於陳確考獲縣試資格的歲數，有異説，詳下註。

⑫ 〈行略〉，同上。按：關於陳確考取童生和庠生的時間，陳敬璋（1759－1813）〈乾初先生年表〉，（以下簡稱〈年表〉）記載與〈行略〉相同（載於《陳確集》，首卷，上冊，頁20）。至吳騫（1733－1813）輯·陳敬璋訂補的《陳乾初先生年譜》（以下簡稱《年譜》）所載陳確"補博士弟子"的年歲雖同（附錄於《陳確集》下冊，卷上，"崇禎六年"條，頁829），但指"食餼於庠"為二十七歲事（同上，"崇禎三年"條，頁827）。不過，《陳確集》的"點校者"在"崇禎三年"條後注"此條似誤"。鄧立光《陳乾初研究》則有兩説：第一章〈陳確的生平〉乙節謂陳確二十七歲"為邑庠生"，三十歲"補博士弟子"（頁 2·按：書中未注出處，當係據《年譜》，但似失檢"點校者"注）；可是，同章戊節引〈行略〉，謂確三十七歲"廩于庠"（頁14）。

"有事見託"，但他每次必"謝無有"。三十九歲那一年，陳確正預備參加秋天的鄉試，適逢"貪尹煽虐"，他便停止溫習，聯同鄉人聲討該貪尹。由於"當事庇貪尹，欲罪首事者"，於是"文移褫革"陳確的生員銜頭，幸而"學憲執不許"。這時，雖然劉雪濤"力薦"陳確參加鄉試，陳確亦不肯接納，認為"捐吾生以捄一縣之民，亦何所惜，一鄉荐何足道哉"。其後，"諸與貪尹比者"，對陳確"百方恐嚇"，陳確也"屹不為動"。不久，這件聲討貪尹的事傳至京師，"當事"和貪尹都被彈劾落職，但陳確並"不以此自喜"。⑬

弘光（1644－1645）時，政府"以軍需不給，首行鬻爵令，甚至童生赴試者例納銀三兩免郡縣考"。於是，"大江以南，每提學出巡，府庫成市"。陳確對這項政策極為不滿，以為"此輸銀就試之心，即異日迎賊獻降之本"，並認為"父兄為子弟輸銀，心不欲子弟之立節義；子弟欲以是進取，必不願以節義自勉"。⑭

由此可見，陳確是一個以道義為先，功名為次的人。這種性格，可視為他在弘光朝亡後能立即放棄舉業的外在因素。

其次，陳確揀選處，與他不能殉國而死相關。浙江

---

⑬　〈行略〉，頁12－13。
⑭　見張履祥（1611－1674）：〈言行見聞錄一〉，載於氏著：《（重刻）楊園先生全集》（同治辛未〔十年，1871〕江蘇書局刊本），卷31，葉12上。

陷後，同學祝淵和老師劉宗周先後殉國。但是，陳確卻
"懦不能死，又不能編名行伍，為國家效分寸之勞，又
丁口田廬，偽官所轄，輸租納稅，不異順民"。因此，
他不但感到"愧師友而忝所生甚矣"，⑮而且因為"隱忍
苟活"而"皇皇未知所稅駕"。⑯

　　所謂"隱忍苟活"，可從忠孝兩個角度來看。從忠
而言，陳確指出：

　　　　"家自司訓梅岡公（陳中益）而下，于今六

　　　世，為國名儒，一旦地坼天崩，逡巡向異類乞活，

　　　犬馬猶戀舊主，而況人乎！"⑰

從孝而言，陳確在清朝統治之下薙髮，以為：

　　　　"薙髮則虧體，虧體則辱親，虧體辱親，又何

　　　以為人！"⑱

不過，兩者也不能嚴格劃分，因為薙髮固為不孝，但亦
係清朝的制度，因此薙髮也表示不忠於明朝。為了彌補

---

⑮　陳確：〈祭山陰劉先生文〉，《陳確集・文集》，卷13，上冊，頁307。

⑯　陳確：〈書祝開美師門問答後〉，同上，卷17，上冊，頁392。

⑰　陳確：〈告先府君文〉（順治四年四月），同上，卷13，上冊，頁311。
　　按：陳確家自從高祖中益為廩貢生及任吳江縣訓導後，曾祖、祖父、
　　父親都是庠生（參看陳確：〈先世遺事紀略〉，《陳確集・別集》，卷
　　11，下冊，頁525－535）。正文所謂"六世"，尚包括陳確兄弟和長
　　兄的兒子陳枚（1623－1664）。枚十七歲補諸生，明亡後放棄（參看
　　陳確：〈哭爰立姪文〉，《陳確集・文集》，卷14，上冊，頁343－345；
　　〈蔡養吾子傳〉，同上，卷12，上冊，294；及《年譜》，卷下，"康熙三
　　年"條，頁860－861）。

⑱　陳確：〈告先府君文〉（順治三年七月），《陳確集・文集》，卷13，上
　　冊，頁310。

不能為明朝殉國以及向清朝屈服的過失，所以陳確在出處之間，選擇了後者。

此外，陳確選擇處，也不能跟他對時局未絕望無關。儘管陳確在清軍佔領浙江後便向清政府"輸租納稅，不異順民"，但他既稱清官為"偽官"，又說自己"不能編名行伍，為國家效分寸之勞"，可見他對明室抱有復興的希望。順治八年（1651）四月初一，鄭成功（1624－1662）率領舟師攻返廈門，⑲陳確在"長至後一日"賦詩，謂"吾道一時逢剝運，天心昨日見回陽"，⑳大概就是指這事。順治九年（1652），陳確寫信給友人吳蕃昌（1622－1656），亦謂"亂極必治，吾輩正求志之時"。㉑凡此可見，陳確對時局並未絕望。事實上，在陳確的朋輩中，也有抱著相同信念的人。如許令瑜（？－1650）在順治六年（1649）與陳確通訊，說隨時準備"雲蒸龍變"的來臨，並和陳確互勵互勉。㉒又如張履祥亦相信"世局如碁變，未有定在，吾人只有讀書修

---

⑲　參看楊英（著），陳碧笙（校注）：《先王實錄校注》（福州：福建人民出版社，1981年），頁30；又阮旻錫：《海上聞見錄》（台北：台灣銀行經濟研究室，1958年），卷1，頁9。

⑳　陳確：〈辛卯長至後一日集南湖寶綸閣〉（之二），《陳確集·詩集》，卷9，下冊，頁806。

㉑　陳確：〈與吳仲木書〉，同上，《文集》，卷1，上冊，頁75。

㉒　見陳確：〈與許芝田書〉附〈答書〉，《陳確集·文集》，卷1，上冊，頁71。按：〈與許芝田書〉題下注"己丑（順治六年）"（同上，頁69）。故推許氏答書亦在同年。

身以俟命耳"。㉓這種期待明室復興的心情,無疑是陳確等遺民不願出仕清朝的一個原因。

最後,陳確抗拒清朝,亦因為清朝消滅明朝,因此,對明遺民來說,清朝是他們的仇敵,所以陳確比喻出仕清廷為"事仇"。況且滿清為外族,所謂"異類終異心,兇殘性所為,飢欲食汝肉,寒欲剝汝皮,皮肉有幾何,寧足供寒饑"。㉔基於上述幾個原因,所以陳確在明亡以後不再參加科試,以遺民終老。

本來,陳確"自革命以來,即思告退,以不忍寫弘光後年號";㉕可是他退隱的意向雖然"決絕,卻不欲造學具呈",以為"歲試不到,將自除名"。㉖不過,到了順治四年春年,"學廩又已開支,而歲試未有期"。㉗換言之,陳確在"歲試"期來到以前仍會收到學廩。然而,陳確感到"未到絕意功名而猶口食公家之餼者",㉘因此恐怕"益復遷延,為疢滋深",所以在這年四月,"卜日告於先聖之廟,隨呈本學,求削儒籍,終為農夫

㉓　張履祥:〈答徐敬可〉,《楊園先生全集》,卷8,葉21下-22上。
㉔　陳確:〈慈父篇〉,《陳確集‧詩集》,卷3,下冊,頁678。
㉕　陳確:〈告先府君文〉(順治四年四月),同上,《文集》,卷13,上冊,頁311。
㉖　陳確:〈上閔辰先生書〉,同上,卷1,上冊,頁66;並參〈告先府君文〉,同上註。
㉗　同註㉕。
㉘　陳確:〈上閔辰先生書〉,同註㉖。

以沒世"。㉙並在同年，改名確，字乾初，表示堅隱不出
之意。他説：

> "昔我字非玄，今子易乾初，其德為潛龍，於
> 名取確乎！命子有深意，願言致區區。吾怨賴子
> 蓋，吾美賴子扶；願子深入山，願子多讀書。"㉚

其實，為了表示不肯從清，陳確在順治二年除了不薙髮
以外，還在服飾方面作消極的抗拒，所以在哭甲祝淵的
詩中説：

> "壯士那堪隨左衽！中年不忍即分裾。"㉛

後來雖然薙髮，但一直堅持在服飾上的特色。順治九年
（1652），陳確路過黃山，"取竹節之短而扁者，截其半
為冠，而留兩節為前後，前凸後凹，從其質也。明年
夏，又刻橅于前後以通其氣，前乾而後坤，故稱‘明
冠’焉"。順治十一年（1654），"又過黃山，取一湘竹
一毛竹節而歸"，另外造了"湘冠"和"雲冠"。陳確
解釋兩冠的形狀説：

> "雲冠鑴四柱上屬，五雲下覆，故以名，皆陽
> 文而雙行，文如絲焉，湘冠內治，雲冠外內

㉙　同註25。按：陳確呈文題〈呈學請削籍詞〉，見《陳確集‧文集》，卷
　　15，上冊，頁368。又按：陳確請求削籍乃在順治四年四月，詳見〈告
　　先府君文〉（順治四年四月）、《年譜》（卷上，"順治四年"條，頁
　　839）及〈年表〉（頁28）同，鄧立光《陳乾初研究》作順治三年（頁
　　18），誤。

㉚　陳確：〈為舊字有贈〉，《陳確集‧詩集》，卷2，下冊，頁639。

㉛　陳確：〈哭祝子開美〉（四首之四），同上，卷7，下冊，頁745。

治。……湘冠黃質而紫文，燦若雲錦，兩目相望，
　皆當湘文之缺，如雲開之見日與月也。"③

自從造了上述三冠以後，陳確 "春戴雲冠，夏戴明冠，
秋戴湘冠，冬幅巾"，③這樣便不再以薙髮見人了。其
次，"明冠" 固以 "明" 字命名，而 "湘冠" 又 "如雲開
之見日與月"，"日與月" 亦為 "明" 字，陳確戴上這些
冠，可能有所寄托罷。黃宗羲曾就陳確的衣冠服飾說：

　　　"截竹，取書刀削之成冠，以變漢竹皮冠之
　　製。其服也，不屑為唐以下，突兀遇之寒田古剎之
　　下，不類今世人也"④

陳確在衣冠服飾方面的獨特，反映他堅決退隱的心志。⑤
　　除陳確外，他的家人和戚友亦多有引退。如他的長
兄與二兄，已見前文；此外，他的 "姪輩及諸通家子後
生有志者，亦復紛紛告退"。關於 "姪輩及諸通家子"
的 "告退"，有人認為是陳確 "為之俑" 者，雖然陳確
辯稱他們的 "告退" 乃係 "別有所見"，與他無關，⑥可
見陳確在他的圈子中率先引退。⑦事實上，陳確的引退在

---

③　陳確：〈竹冠記〉，同上，《文集》，卷9，上冊，頁215－216。
③　同上，頁216。
④　黃宗羲：〈陳乾初先生墓誌銘初稿〉，《黃梨洲文集‧碑誌類》，頁164。
⑤　鄧立光謂陳確 "製冠"，"可見陳確對自製器物的濃厚興趣"（《陳乾
　　初研究》，頁6），恐非陳確本意。
⑥　陳確：〈上閔辰先生書〉，同註㉖。
⑦　陳確為 "老友" 蔡遵（1607－1665）作傳時指出："會申、酉之難，諸
　　儒生多引退考，然皆呈學乞休。故事，猶優給衣冠，惟養吾（蔡遵）
　　與我兄子補庵（陳枚）竟以歲試不到削籍，士論韙之。兄子，即養吾

朋友之間不無啟導作用，如許全可在明末已是諸生，明亡後與陳確修〈證人社約〉，順治六年（1649）春，"忽奮然告退"，陳確與朋友提及此事，自稱"作俑之罪，弟復何辭"，[38]可見許全可的"告退"是受陳確影響的。

（二）

　　陳確雖然終身不出，但對出處問題，甚為關注，而且對時人的出處，先後有不同的意見，就是到了順治十七年（1660），雖已絕少討論出處的事，但與朋友唱和，仍有"出處語默間，君謂當奚遵"的提問。[39]明、清之際士人受到出處問題的困擾，於此可見一斑。

　　明亡以後，陳確對出處的態度凡三變：首先，他不但自己處，而且反對別人出，因而對"出處之界，每津津言之不置"。儘管陳確沒有透露有關詳情，但我們相信他這時重名不重實：凡是出者便受到他的非議，凡是處者都受到他的推崇。否則不會稍後"思之"，感到"悉是罪過"，及因而勸諭"同志"，"慎莫呵出，且反

　　及門士也。"（〈蔡養吾子傳〉，《陳確集‧文集》，卷12，上冊，頁295。按：陳確為蔡遵作傳，自稱"老友"，又謂："世嘗呼確為蔡子，呼蔡子為陳確。"〔同上，頁296〕）前文指出，陳確因為等不到歲試而請求削籍，可見他的引退在蔡遵和陳枚之前。

[38]　陳確：〈與韓子有書〉，同上，卷1，上冊，頁65。

[39]　陳確：〈和二陸子輓張元岵先生〉，同上，《詩集》，卷3，下冊，頁669。

求其所以異于出者”；又提醒他們如果“名雖為處，而于浮情客氣未盡澌除，是與于出者也”。顯然，在這一階段中，陳確雖仍不接受出者，但不再無條件肯定處者，因此勉勵“同志”，不要徒具處的虛名，必須“反求其所以異于出者”。⑩於是他改變從前的觀點，以為“不試未即是義，而出試則殊害義”了。⑪換言之，在第二階段中，他對出的看法一仍舊貫，但對處的立場卻有所不同。可是，陳確不久又改變了態度。他雖仍不主張出，卻不完全反對出，於是又有“出未必盡非，而處未必盡是”的意見，⑫並進而提出“所以出之志，即所以不

---

⑩ 陳確：〈柬同志〉，同上，《文集》，卷16，上冊，頁375。按：陳確對處者的批評，時人所見亦同，如陸世儀（1611－1672）〈壽鑑明王先生五十〉說：“世之所號為隱君子者，大約有隱名無隱心，惟恐人不知耳。”（見氏著：《桴亭先生詩集》〔《陸子遺書》本，光緒己亥（二十五年，1899）孟冬刊于京師〕，卷2，葉20上）又如計東（1658年舉人）〈從祖需亭先生七十壽序〉亦說：“嗟乎！三十年來，天下之自號為處士為隱君子百千數，而忯忯俔俔，暖暖姝姝於貴人門以索衣食，雖才者不免焉。”（見氏著：《改亭文集》〔讀書樂園藏板本〕，卷7，葉27上）

⑪ 陳確：〈與吳裒仲書〉，《陳確集·文集》，卷2，上冊，頁104。按：據題下注，這信寫於“丙申”，即順治十三年（1656），但陳確謂“不試未即是義，而出試則殊害義，弟嘗有是言”，可見這個見解在順治十三年前已提出。再參照〈文學陳彬予子季雕合傳〉一文，上述見解應早於順治九年（1652），詳下註。

⑫ 陳確：〈文學陳彬予子季雕合傳〉，同上，卷12，上冊，頁290。按：此文作於康熙元年（1662），見《年譜》，卷下，“康熙元年”條，頁857；及〈年表〉，頁35。但正文所引乃陳確對陳和鳴（即季雕，1626－1652）的說話，陳確且謂“予持論夙如是”（同前，頁290），而和鳴卒於“壬辰”（同上，頁288），即順治九年。

出之志，一而已矣"；⑬以及"出處一理"⑭等說法。

　　雖然陳確沒有說明初時"呵出"和認為"出試則殊害義"的原因，但他既視明朝為"舊主"，視清廷為仇敵和"異類"，又認為明室有希望復興（詳本文第一節），相信這也是他反對時人出的一些原因。此外，他似乎又從人的品操著眼，認為出者有"浮情客氣"，所以說處者如不能盡去"浮情客氣"，便"是與于出者"。

　　陳確之所以期望處者"反求其所以異于出者"及以為"處未必盡是"，因為他覺得當時雖不乏處者，但他們不外受風氣的影響，"人不出則吾亦不出焉耳，未嘗確然有所以必不出之志也"；⑮甚至可能是他們"倦于學也，而優遊焉託于不試以明其高"。⑯因此，陳確認為處本身沒有甚麼了不起，所以與朋友討論"告退"時說：

　　　　"此極是士之小節，不足輕重。……是舍簞食豆羹之義也，要觀其進步若何耳。"⑰

---

⑬　陳確：〈出處同異議〉，《陳確集·文集》，卷6，上冊，頁173。按：此文撰年不可確考。但陳確在順治十四年（1657）寫的〈送謝浮弟北上序〉提到作有"出處論"一文（詳下註），當指此文。

⑭　陳確：〈送謝浮弟北上序〉，同上，卷10，上冊，頁242。按：據《年譜》（卷下，"順治十四年"條，頁854）及〈年表〉（頁33），此文撰於順治十四年。陳確在序中提到陳論（即謝浮，1664年進士）"今年……舉于鄉"，據嵇曾筠（1671–1739）等《浙江通志》，陳論在順治十四年丁酉科中鄉舉（上海：商務印書館，1934年，卷143，〈選舉〉21，〈國朝·舉人〉，冊2，頁2532），可證陳確序的年分。

⑮　同註⑬。

⑯　陳確：〈使子弟出試議〉，《陳確集·文集》，卷6，上冊，頁172。

⑰　同註㊳。

又勸勉"告退"的姪輩及諸通家子後生者，說：

> "是舍簞食豆羹之義，絕不足為名高，要觀進
> 步何如耳。"㊽

至於陳確提出"出未必盡非"及"出處一理"的論
調，是因為他認為人是使道"明於天下"的媒介。㊾因
此，作為士人，必須"以道範身，終食勿失，窮通一
揆"。所以，"出與不出"表面上好像"水火之不相
入"，但"所以出之志，即所以不出之志，一而已
矣"。理由是："出者止多此一出，而吾之為吾自若也；
不出者止少此一出，而吾之為吾亦自若也"。所謂"所
以出之志"或"所以不出之志"，指"必以其道，繼之
以死"的決心。就出者來說，"出者成進士"，必須"盡
忠為廉以事主，而無所阿焉，而勢或不可行也"。其
次，"東西南北，惟君之所使，而疆場之變又何日焉無之
也"。就不出者來說，他們雖或"未一旦即至於困辱窮
餓而死"，卻難保沒有"不至于困辱窮餓而死"的時
候。陳確認為如果出者或不出者遇到上述情況而不能
"繼之以死"，便"大負"他們的出或不出了。㊿因此，

㊽　陳確：〈上閔辰先生書〉，同註㉖。

㊾　陳確在〈寄吳裒仲書〉中說："斯道之在吾身與在天下，豈有異耶？道
　　明於吾身，即所以明於天下；道未明于天下，即是未明于吾身，今日
　　之辨，正求明道于吾心。"（《陳確集‧文集》，卷 2，上冊，頁
　　108）

㊿　陳確：〈出處同異議〉，同上，卷 6，上冊，頁173－174。

陳確說："出處一理，而士或相非，不其陋與！"⑤又
說："出處不同，同乎道。"所以，他雖然不主張出仕，
但仍不同意"士恆侈然自以處為道而出為俗"的態度，
認為"今之出者"如"能本道而出"，便"未可遽謂之
俗"；否則，"若出而以囑進，以賄升"，及"背故而即
新，誕上而虐下者，斯俗而已矣"。本著同一道理，如
果"處士"不能擇道而行，亦"未離乎俗"，因為"道
豈能擇處士，處士自擇道。非擇道而言，擇道而行
耳"。⑤所以，如果有人"於道無聞，雖抗志不出，簞瓢
屢空以終其身"，陳確也不會敬重這人。⑤從"出處一
理"的理論看來，陳確這時已改變了亡國初時的政治和
種族立場，再無仇視新朝或"異類"之見，純以行道安
民而立論了。

　　既然"出處一理"、"出處同道"，因此再沒有執
著出處形式而議論的需要。所以，陳確強調"出處之
事，人行其志，不可以口舌爭"。而當有人來問他應該
出還是處時，他"輒不應"，如果其人"再問"，陳確
祇會說"子自籌之"，"此外不更置一語"。有一次，陸
圻（1614－？）路"過寧城，遇友人之出試者，每相非
詆"，陳確便以為陸圻"仁有餘而知未足"，並以自己
的作風為例，勸戒陸圻說：

---

⑤　同註㊹。
⑤　陳確：〈道俗論上〉，《陳確集·文集》，卷5，上冊，頁169。
⑤　陳確：〈哭孫幼安文〉，同上，卷13，上冊，頁320。

> "弟近痛戒同志，謂一衿之棄，何關名節，力
> 須勉之大道，以無愧古賢。弟邇來荒落殊甚，雖日
> 用細微之事，俛仰多慚。德不加脩，而年齒逾邁，
> 吾是以懼。自責不暇，而暇人之責乎！" ⑭

又如陳確的學生陳和鳴雖"制行高潔"，"獨守狹，不能
安俗"，每與陳確"論別人物，攢額多不快"，陳確便
對和鳴說：

> "無庸。士各有志，顧實行何如耳。出未必盡
> 非，而處未必盡是也。" ⑮

由此可見，到了第三階段，陳確不再斤斤計較遺民在出
處之間的抉擇問題，轉而重視他們在選定出處以後能否
修德行道。

（三）

　　陳確對士人如何"實行"其"或出或處"之志，都
加以討論，但對前者說得甚少，對後者則縷述甚多，可
見在出處二途中，他比較關心處的問題。

　　陳確認為國亡以後，處為士人的正途，而處的先決
條件，就是順應時命，甘於伏隱。他以古代聖賢為例，
講解處身逆境之道說：

---

⑭　陳確：〈寄陸麗京書〉，同上，卷1，上冊，頁68。
⑮　同註⑫。

> "堯、湯憂水旱，孔（丘，前551－前479）、
> 顏（回，前521－前490）悲絕糧；孤竹二賢胤，老
> 餓西山陽。天心非不仁，聖德非不臧；上哲苟未
> 免，下愚庸何傷！白首安時命，消搖以相羊。"[56]

又説：

> "西山夢採薇，桃源夢避秦，竝是極樂國，華
> 胥吾比鄰。"[57]

固然，對不少明遺民來説，他們"之所以甘心畎畝之
中，非昔人抗志煙雲，怡情巖壑，侈語嘉遯，自託高隱
比也"，而是因為國亡君死，以致"抱恨終天，死有餘
痛，而志操寡薄，不能捐生，故不得已而出此耳"。[58]所
以他們祇是"遯世"，而不是"辟世"。[59]因此之故，陳
確雖一方面自稱：

> "某非忘情世道者，然竊觀今日事勢，自閉戶
> 讀書而外，他無可為者。"[60]

56　陳確：〈詠古〉（之五），《陳確集·詩集》，卷2，下冊，頁655。
57　陳確：〈甲乙歌〉，同上，頁656。
58　徐枋（1622－1694）：〈誡子書〉，見氏著：《居易堂集》（《四部叢刊》
　　本），卷4，葉5下－6上。
59　孫奇逢（1584－1675）把退隱分為"辟世"和"遯世"兩類，認為
　　"辟世必隱，遯世不必隱。辟則入山唯恐不深，古人所以有不留姓字
　　於天壤者是已；遯則如天山之兩相望而不相親，聖人處此唯有不悔而
　　已。辟世高，遯世大。此聖人、賢者之所由分也"（〈遯義衰集序〉，
　　見氏著：《夏峰先生集》〔《孫夏峰大全集》本，道光二十五年（1845）
　　刊本〕，卷4，葉30上）。而他在七十九歲寫的〈自贊〉中謂"雖入
　　山，非閉戶；雖避地，非絕塵"（同上，卷12，葉7上），可作為
　　"遯世"的註腳。
60　陳確：〈與陸冰脩書〉，《陳確集·文集》，卷1，上冊，頁63。

又謂"吾輩息心野處,於民社無關"。⑥但另一方面又強調:

"太上忘情非吾輩,泂塘深處是西州。"⑥

顯然,陳確所謂"息心野處",祇是指不參加科舉考試,及不出仕清廷,管治民社;而不是指高蹈山林,與世隔絕。他以自己為例,指出自己"夙以衰病謝事,不復理經生家言",加以"二子皆蠢笨,不解文字,遂父子力耕泥橋之畔"。可是,"世之觀聲影者"便指他是"隱者","不當復與言用世事"。陳確認為上述說法顯示世人不認識他。因為在他而言,"出"或"不出"不外是形式的不同,而"吾之為吾自若也"。故此,無論出或不出,都需要"圖吾民"。所謂"圖吾民",乃指"有志者居一鄉則仁一鄉,治一國則仁一國,相天下則仁天下"。⑥既然退隱祇是遺民守身以待時清的方式,因此,退隱不但不必潛居林澤,而且必須留意世務,所以魏禧(1624-1681)主張:

"隱當為太公(呂尚),不當為伯夷,擇地釣渭水,乃為西伯師。德公處襄陽,諸葛(亮,

---

⑥ 陳確:〈辰夏雜言·治怒〉,同上,《別集》,卷1,下冊,頁416。

⑥ 陳確:〈哭老友徐季長〉(之八),同上,《詩集》,卷12,下冊,頁818。

⑥ 同註㊹。按:張履祥〈治平三書序〉說:"天下惡乎亂?君子不治身,於家亂家,於鄉亂鄉,其適逢世亂及天下,何惑已!天下雖亂,君子身獨治,於家治家,於鄉治鄉,其適逢世治及天下,何惑已!"(《楊園先生全集》,卷15,葉18上下)與陳確的意見相近。

181－234）僑隆中，既當都會地，亦多豪傑從。但
　　使處孤僻，時務安得通。"⑥

陳確對吳蕃昌謂"亂極必治，吾輩正求志之時"（詳本
文第一節）。又許令瑜對陳確謂"今日極閒時節，乃有
志人極忙時節"，否則"全副精神，忽爾委頓，一旦雲
蒸龍變，以其時則可矣，何以應之"？⑥亦為此意。

　　其次，陳確認為處者必須"閉戶讀書"，也含積極
意義。按："閉戶讀書"並非陳確個人的主張，如陸世儀
亦說：

　　　　"吾輩在今日，亦無別法，只是閉戶讀書，學
　　　　遼東管幼安（寧，158－241）耳。"⑥

張履祥也以"讀書自是第一事"。⑥對陸世儀來說，"讀
書明理"的人，"以道自任"，於"出處之際，夫復何
疑"。⑥張履祥則認為"讀書可以養德，可以養身，可以
禦外侮，可以長子孫，目前所見種種敗亡之轍，只坐不
讀書之故"。⑥陳確則認為"讀書"乃"學人之本事"，
"真志于學者，則必能讀書"。陳確所謂"讀書"，不

---

⑥　魏禧：〈詠史詩和李咸齋〉，見氏著：《魏叔子詩集》（《寧都三魏全集》
　　本，《易》堂原鐫），卷4，葉3下－4上。

⑥　同註㉒。

⑥　陸世儀：〈寄如皋吳白耳書〉，見氏著：《論學酬答》（《陸子遺書》
　　本），卷3，葉22上。按：關於遺民主張"閉戶讀書"之例，另參
　　註⑩。

⑥　張履祥：〈與錢叔建〉，《楊園先生全集》，卷12，葉49上下。

⑥　陸世儀：〈寄如皋吳白耳書〉，《論學酬答》，卷3，葉21上。

⑥　同註⑥。

是"世俗之讀書",否則"讀書非讀書也,務博而已矣,口耳而已矣,苟求榮利而已矣"。[70]陳確所謂"讀書"乃"以明義理,習孝敬為本",[71]以求修成不"流於浮僞"的"切實"之學。[72]由此可見,遺民提倡"閉戶讀書",實有深意。

除說"讀書"外,陳確有時又謂"讀書談道"。[73]但他認為"道非求於吾輩,吾輩者求之",又不相信"可以優游安坐"便能求道。所以建議蔡遵說:

> "若一歲之中,除處館之友自有常業外,其餘或久則數月,少則兼旬,往來山中,禪續不絕,相與砥礪切磨,共究千秋之業,此必吾先師(劉宗周)先友(祝淵等)所禱祠地下者。……若但擇花晨月夕,乘興往游,飲酒賦詩,自誇勝概而已,此則吾先師先友之罪人。"[74]

先是,在順治二、三年間,"儒者始共棄帖括之學,恣情聲律,而諸好事遂往往呼號同志,集壇墠而賦詩,詩成然後命飲,法嚴令具,若闈試然",陳確已"以為非時所宜"。[75]在順治十一年,陳確除規勸蔡遵外,又告戒同

---

⑦0 陳確:〈學者以治生為本論〉,《陳確集・文集》,卷5,上冊,頁158。

⑦1 陳確:〈寄劉伯繩書〉,同上,卷2,上冊,頁112。

⑦2 陳確:〈復蕭山徐徽之書〉,同上,卷1,上冊,頁89。

⑦3 陳確:〈葬書上・與同社書〉,同上,《別集》,卷6,下冊,頁483。

⑦4 陳確:〈與蔡養吾書〉,同上,《文集》,卷1,上冊,頁91。參註㊲。

⑦5 陳確:〈同人詩草序〉,同上,卷10,上冊,頁243。按:許令瑜對時人寄情詩律的風氣,亦感憂心,他說:"吾嘗謂'今日極閒時節,乃有志人極忙時節'。而微觀今人,六時虛擲,'子曰'盡拋;其賢者乃寄

學來蕃"兵不可談"、"詩不可矜"和"禪不可逃"。
陳確指摘"談兵"、"矜詩"、"逃禪"三者"皆具腐
儒之一體"，又慨歎"後世罔識，轉相慕效，於是腐師
日多，腐徒日繁，而吾先師之門庭，始闃其無人矣"。[76]
由此可見，所謂"閉戶讀書"與"讀書談道"，可視為
處者的戒律。因此之故，當陳確聽聞同學許大辛"已削
髮，將入山，為驚悼之"，以為大辛"頓自暴棄至此，
真可痛哭流涕長太息者也"。[77]對另一同學惲日初
（1601－1678）托足空門，亦語多微詞，指日初"未能致
謹於形迹之間"，但仍期望他"即未能頓改今服，然須
有用夏變夷作用乃可"。[78]

　　誠然，以道自任的遺民認為，"自昔衰亂，無世不
然，要亦不足為患"，如果他們"不自努力"，便"無
能守先待後"了。同時，"古人進德修業，多於明夷蒙難
之日，是則艱難守正，以續墜緒之茫茫，非吾人之責而
誰責耶"？[79]由是觀之，"吾人今日進德修業，安知非即

────────────

意於俳諧聲、風雲月露之間，口不談六藝之科，學不循八股之業，曰
'吾無所用之'，全副精神，忽爾委頓。一旦雲蒸龍變，以其時則可
矣，何以應之？"（同註⑫）相信陳確反對同輩"恣情聲律"、"飲
酒賦詩"的原因亦與此相通。

[76]　陳確：〈復來成夫書〉，《陳確集·文集》，卷1，上冊，頁90。
[77]　陳確：〈與吳仲木書〉，同上，卷4，上冊，頁142。
[78]　陳確：〈與惲仲升書〉，同上，卷3，上冊，頁126。按：有關惲日初的
　　　逃禪，魏禧卻表示同情說："先生世變逃乎禪，或者非之，余以為合
　　　義。"（〈惲遜菴先生文集序〉），《魏叔子全書》，卷7，葉59上）
[79]　張履祥：〈與凌渝安〉，《楊園先生全集》，卷6，葉32下－33上。

異時撥亂反正之具"？⑧陳確提倡"閉戶讀書"、"談道"、"求道"及"究千秋之業"，其目的亦應在此。

　　儘管明遺民相信"明夷蒙難之日"終會過去，但隨著歲月的增長，他們漸漸意識到在自己有生之年中，恐怕等不到"撥亂反正"的日子，所以陳確哀歎說：

　　　　"同學弟兄皆老矣，可能強健俟昇平！"⑧

誠如許令瑜對陳確說：

　　　　"身已老，不能忍死以望太平。後生可畏，將
　　　　必屬之。"⑧

陳確對劉汋（1613－1664）亦說：

　　　　"吾輩遲暮之年，精力日衰，不能無望于後
　　　　人，子弟之學，不得不汲汲求之。"⑧

無疑，不少遺民都憂慮接班人的問題，如陸世儀謂"讀書種子盡，毋得更浪擲"，⑧"若教養得幾個好人才，是亦斯世斯民後日之幸也"。⑧傅山亦謂"不可令讀書種子斷絕"。⑧陳確則認為在"須留讀書種子"的同時，亦"須留道學種子"。⑧

---

⑧　張履祥：〈與沈爾恬〉，同上，卷 4，葉38下。

⑧　陳確：〈過蕭山晤徐乾六兄弟〉，《陳確集·詩集》，卷 8，下冊，頁770。

⑧　同註㉒。

⑧　陳確：〈寄劉伯繩書〉，《陳確集·文集》，卷 2，上冊，頁113。

⑧　陸世儀：〈桴亭八詠·曒中陳子義扶過訪劇談竟日賦詩贈之卒成一百韻〉，《桴亭先生詩集》，卷 3，葉26上。

⑧　同註㊋。

⑧　傅山：〈雜說三〉，《霜紅龕集》，卷38，葉 5 下。

⑧　陳確：〈與吳仲木書〉，《陳確集·文集》，卷 4，上冊，頁138。按：此文與註⑦所引者非同一文。

　　基於上述原因，處者除了自己“閉戶讀書”之外，還要培養子弟“閉戶讀書”，以“俟昇平”。所以，陳確認為“子弟之學”，“非第以讀書作文為也”，而是，“脩身立行”。[88] 又說：

　　　　“教子讀書，只教以明義理，習孝敬為本，尤須常困以苦勞卑役之事，以資動忍。一友云：‘吾輩學問，須實從刀山劍門過，方有用。’此至言也。讀時文，作時文，廢時失業，荒悞後生，不甚無謂乎？”[89]

---

[88]　同註[83]。

[89]　同註[71]。按：陳確也不是完全不教子弟時文。如他在〈與韓子有書〉中說：“今年（順治六年）課子弟作八股，復覺八股之興勃然。”（《陳確集・文集》，卷1，上冊，頁64）不過，陳確教弟子八股文不是為參加清廷的科舉，而可能是預備將來“龍蛟雲變”之後用的。在這一年，許令瑜覆信給陳確時說：“經生舉業，今日周、孔復起，不能不向秀才家謂八股為敲門磚，每厭之賤之。夫天未欲平治天下也，如欲平治，不將八股敲門，欲將紅頭白刃敲門哉！”（同註[22]）大概因為這個緣故，所以祝淵“遺言勿令諸子得習舉業”，而陳確“謂習舉業似亦無害，但不可出就有司試耳”（〈送祝開美葬管山祭文〉，《陳確集・文集》，卷14，上冊，頁330）。另一方面，不少遺民與八股文又結下難解之緣。如陸世儀指出，他雖“已棄舉子業，絕口不談世事，特以生理甚艱，不得不以教授糊口”（同註[66]），但“教授糊口”，便難與時文絕緣。無怪魏禧向友人訴苦說：“弟近年絕意世務，授徒翠微山中，用以遣日，以餬予口，然不能不教人作舉子業。出處無據，自笑模稜耳。”（〈與金華葉子九書〉，《魏叔子文集》，卷5，葉11下）因此，張履祥在〈處館說〉中說：“世之讀書而貧者，為人教子弟，資其以給衣食，約有二種：一曰經學，則治科舉之業者也；一曰訓蒙，則教蒙童記誦也。……二者相較，則訓蒙猶若可為，而科舉之業害義甚大。”（《楊園先生全集》，卷18，葉24下）陳確亦因家貧而處館，所處者為第一種，為減輕其“害義”，雖教授學生時文，卻主張借時文以“脩其本”和“隆其本”（〈與沈朗思書〉，《陳確集・文集》，卷2，上冊，頁115）。

總之，陳確認為當子弟"漸長成"，便須培養他們"知苦習勞"，所以須"課督其農桑，以卒先志，毋使其有仰食於人之心"。陳確相信這是"小子輩他日成人張本"。⑩

此外，陳確又留意處者"治生"的問題。陳確認為處者必須解決生計，一方面可能與他本身窮困有關，另一方面亦可能見到當時有人因為貧窮而迫不得已出仕。⑪至於處者應如何"治生"？陳確答謂："治生以學為本。"何謂"學"？陳確說：

> "學問之道，無他奇異，有國者守其國，有家者守其家，士守其身，如是而已。所謂身，非一身也。凡父母兄弟妻子之事，皆身以內事，仰事俯

---

⑩ 　陳確：〈與吳裒仲書〉，同上，卷3，上冊，頁122。

⑪ 　詳本文第四節所引陳確關於孫宏的記載。按：詹海雲認為陳確主張"學者以治生為本"的其中一個原因是："明亡以後，士人多變節仕清。其有為遺民者，己雖不仕清，然亦令其子弟出試，考其苦衷，多因貧無以為生。"（〈陳確人性論發微〉，見氏著：《清初學術論文集》〔台北：文津出版社，1992年〕，頁241-242）陳確主張"學者以治生為本"，固有感於處者因不能治生而變節，但他討論遺民"令其子弟出試"問題，並不涉及"治生"一事，亦未有暗示遺民"因貧無以為生"而"令其子弟出試"，詳見陳確：〈使子弟出試議〉，《陳確集·文集》，卷6，上冊，頁172-173；又參本文第五節。不過，遺民因家貧而命子弟出試，確有其事，如陸世儀〈送王生男偉入學序〉記載："王生男偉，……吾同志石尹道之子也。……去年乙酉改革之後，猶不廢童子試。石尹欲己諸繼，以年老衰病，人俗薄惡，勉為門戶計，強命之試。曰：'科第非吾所願，聊以持門戶也。即售毋得自喜，亦毋得妄受人一刺。'"（《桴亭先生文集》，卷4，葉37下-38上）

育，決不可責之他人，則勤儉治生洵是學人本事。"⑫

"治生"亦作"謀生"，陳確又說：

"謀生之事，亦全放下不得，此即是素位之學，所謂學也。學者先身家而後及國與天下，惡有一身不能自謀而須人代之謀者，而可謂之學乎？但吾所謂謀生，全與世人一種營營逐逐、自私自利之學相反。"⑬

"素位"一詞，出自《中庸》，指安於目前所處的地位。⑭因此，陳確謂"素位中自有極平常、極切實、極安穩工夫"。⑮又謂"素位是戒懼君子實下手用功處。子臣弟友，字字著實，順逆常變，處處現成，何位非素，何素非道，雖欲離之，不可得矣"。⑯

誠然，若"學者以治生為本"，便無"待養于人"的心，不致因貧困而變節出仕。基於此，當陳確"以讀書、治生為對"時，雖"謂二者真學人之本事"，但以為"治生尤切于讀書"。其次，學者如能按"素位之

⑫　同註⑩。

⑬　陳確：〈瞽言二‧井田〉，《陳確集‧別集》，卷3，下冊，頁438。

⑭　《中庸》說："君子素其位而行，不願乎其外。"朱熹（1130－1200）《中庸章句》說："素，猶見在也。言君子但因見在所居之位而為其所當為，無慕乎其外之心也。"（見氏著：《四書章句集注》〔《新編諸子集成》本，北京：中華書局，1983年〕，頁24）

⑮　同註⑬。

⑯　陳確：〈瞽言四‧與劉伯繩書〉，《陳確集‧別集》，卷5，下冊，頁470。

學"來"治生",亦不會"為非道之道,非義之義",
故謂"學者治生絕非世俗營營苟苟之謂,即莘野一介不
取予學術,無非道義也"。⑰

　　明、清之際的士人確實因經濟問題而受到出處的困
擾,張履祥概述當時的情況説:

　　　　"諸君子誠以學者處亂世,絕仕祿,苟衣食之
　　　　需,不能無資於外,雖抱高志,亦將無以自全
　　　　耳。"⑱

因此,履祥亦提倡"治生"之説,以為"能治生則能無
求於人,無求於人則廉恥可立,禮義可行"。⑲可説與陳
確的思想互相發明。

　　至於"治生"的行業,陳確提議如下:

　　　　"吾輩自讀書談道而外,僅可宣力農畝;必不

---

⑰　同註⑦。按:"學者以治生為本"一語,脱胎自許衡(1209－1281)。
　　許衡認為:"為學者,治生最為先務,苟生理不足,則於為學之道有所
　　妨。彼旁求妄進、及作官嗜利者,殆亦窘於生理之所致也。……治生
　　者,農工商賈而已。士子多以務農為生,商賈雖為逐末,亦有可為
　　者,果處之不失義理,或以姑濟一時,亦無不可,若以教學與作官規
　　圖生計,恐非古人之意也。"(見氏著:《魯齋遺書》〔康熙三十九年
　　(1700)重刊萬曆二十四年(1596)本〕,卷13,〈附錄後・國學事
　　迹〉,葉35上)

⑱　張履祥:〈與許大辛〉,《楊園先生全集》,卷6,葉30上。劉開亦説:
　　"其勝國諸賢,當革命不仕者,……不能決志隱逸,何也?無百畝之
　　田以自給也,無菽水之資以奉親也。"(〈隱逸論〉,見《國朝文匯》
　　〔上海:國學扶輪社,宣統二年(1910年)〕,卷60,葉3上下)
　　按:有關清初士人因家貧而不能守志的情形,參看拙文:〈論明遺民之
　　出處〉,《明末清初學術思想研究》,頁61－63。

⑲　張履祥:〈備忘錄一〉,《楊園先生全集》,卷39,葉2下。

　　得已，醫卜星相，猶不失為下策，而醫固未可輕
　　言。"⑩

從職業的角度來看，"讀書談道"就是指"處館"，不少
遺民賴此維生。⑩ 務農亦是遺民認可的"治生"之道。⑩
至於"醫卜星相"，則有人贊成，亦有人反對。⑩ 陳確
說從事四者"不失為下策"，可見他並不反對而已。畢
竟，他對行醫最有保留，因為"卜與星相雖非正業，而
與臣言依忠，與子言依孝，庶於人事可隨施補救，即有
虛誣，亦皆託之空言，無預事實"。可是，"醫則生殺在
手，事係頃刻。聖醫差能不殺人，次則不能不殺人，庸
醫則殺人無算。今之醫者，率出次下，故未可為也"。⑭

----

⑩　同註㊷。
⑩　參看註㊹正文引〈與蔡養吾書〉一節及註㊽。
⑩　如張履祥〈初學備忘上〉說："古之士出則事君，處則躬耕，故能守難
　　進易。……未有進退失據，不知重輕者。……許魯齋（衡）有言，學
　　者以治生為急。愚謂治生以稼穡為先，舍稼穡無可為治生者。"
　　（《楊園先生全集》，卷36，葉 5 下－6下）並參看下註、註⑩及⑩。
⑩　陳梅（1579－1649）教孫兒芳績謂："士不幸而際此，當長為農夫以沒
　　世。一經之外，或習醫卜，慎無仕宦。"顧炎武（1613－1682）十分
　　讚許陳梅，當炎武出"游四方，嘗本其說以告今之人，謂生子不能讀
　　書，寧為商買、百工、技藝、食力之流，而不可求仕"（詳顧炎武：
　　〈常熟陳君墓誌銘〉，見氏著：《亭林餘集》〔《顧亭林詩文集》本，北
　　京：中華書局，1959年〕，頁167）。這是贊成的例子。但張履祥為兒
　　子講述職業的選擇時，卻說："人須有恆業，……然擇術不可不慎。除
　　耕讀二事，無一可為者。商買近利，易壞心術；工技役於人，近賤；
　　醫卜之類，又下工商一等；下此益賤，更無可言矣。"（〈訓子語
　　上〉，《楊園先生全集》，卷47，葉 3 上下）這是反對的例子。
⑭　同註㊷。至張履祥反對行醫的理由，與陳確不同。履祥說："醫不可不
　　知，但不可行。行醫即近利，漸熟世法，人品心術遂壞。"（〈言行
　　見聞錄二〉，《楊園先生全集》，卷32，葉14上）

因此，當他聽聞友人陸圻"近來醫學大進"，仍勸陸圻"不可不慎"。⑩

總之，明遺民討論"治生"之道的目的，不外希望同輩安於逆境，在處的原則下維持生計，所以不惜勸人從事傳統社會中低賤的行業，以免他們因經濟拮据而改節易行。同時，遺民不但以此自律，還希望下一代走同樣的道路，前引陳確在教子讀書之餘，還主張"常困以苦勞卑役之事"及"課督其農桑"，即其一例。而陳確"父子力耕泥橋之畔"，就是上述主張的實踐。為了防範子孫出仕，有些遺民除勸子孫韜光養晦⑩外，還用不同方法窒息他們求仕的慾望。⑩此外，有些遺民為子孫選擇職業，防止他們作官。⑩更有遺民因噎廢食，不願子孫讀書，以免他們走上仕途。⑩

---

⑩　同註㊴。
⑩　李天植：〈與繼嗣震疏〉說："自今以往，汝宜潛心讀書，曉識義理，寧儉毋侈，寧默毋詖，寧讓毋爭，寧閉戶毋妄交遊。"（氏著：《龍湫集》〔乾隆（1736－1795）刊本，哈佛大學哈佛燕京圖書館藏〕，卷5，葉4上）
⑩　例如陳確以骨肉之情及華夷之間的仇恨，勸阻下一代出仕，他在〈慈父篇〉中說："慈父愛其子，為子遠思維，禮義以防閑，不忍恣游嬉。有仇將爾毒，甘言相欺紿。仇言豈可聽，父言豈可違？教失人心死，遑知辨是非！禍患適我遘，子病狂難醫。父憂置藥石，仇奸設錫飴：藥石一時苦，錫飴後日災。不思仇計險，反怨父非慈。狂發疾益其，若有物憑之，訴父使父去。寧為仇人兒。慈父慎成結，有愛苦莫施，流淚與子別，收淚前致詞：'子今慎事仇，始終勿吾思，豈知仇言甘，甘言難測窺。異類終異心，兒殘性所為，飢欲食汝肉，寒欲剝汝皮，皮肉有幾何，寧足供寒饑！'父去不復顧，有子今殆危，非緣父心忍，當是兒意乖。逐父而事仇，雖悔亦奚追！"（《陳確集·詩集》，

（四）

張履祥〈與唐灝儒〉說：

> "方昔陸沈之初，人懷感憤，不必稍知義理
> 者，<u>丞丞</u>避之（按：指"赴諸生一試"），自非寡
> 廉之尤，靡不有不屑就之之志。既五、六年於茲，
> 真氣漸平，心亦漸改，雖以嚮之較然，自異不安。

卷 3，下冊，頁677 - 678）莫公謨（1591 - 1653）則立下惡咒，禁止
兒子攫取功名。他在死前"語二子以讀書守己，至于功名且置之，昧
者必敗，逆者多凶。時非養晦者不能乘，亦不能識也"（見莫秉清
〔1622 - 1690〕：〈從兄寅菴先生傳〉，載於氏著：《傍秋菴文集》
〔《華亭莫葭士先生遺稿》本，1931年吳家振跋本〕，卷 2，葉49上
下）。傅山則以仕途凶險為說，嚇窒其弟出仕之心。他說："仕不惟非
其時，即其時亦不得輕出。君臣僚友那得皆其人也。仕本憑一志字，
志不得行，身隨以苟苟，豈可暫處哉？不得已而用氣，到用氣之時，
於國事本必有濟而身死矣。但云酬君之當然者，于仕之義卻不過臨了
一件耳，此中輕重經權豈一輕生能了。"（〈仕訓〉，《霜紅龕集》，卷
25，葉 6 下）又說："仕之一字，絕不可輕言，但看古來君臣之際，
明良喜起，唐虞以後，可再有幾個？無論不得君，即得君者，中間忌
嫉讒間，能保終始乎？"（同上，葉 7 上下）
⑱　朱之瑜（1600 - 1682）〈與諸孫男書〉說："汝輩既貧窶，能閉戶讀書
為上，農圃漁樵，孝養二親，亦上也：百工技藝，自食其力者次之：
萬不得已，備工度日又次之：惟有虜官不可為耳。古人版築魚鹽，不
虧志節，況彼在安平無事之時耶？"（氏著：《朱舜水集》〔北京：中
華書局，1981年〕，卷 4，上冊，頁46）並參註⑩。
⑲　王思任（1575 - 1646）〈學宮歎〉："時危道以逆，氣蹶天不蘇。生身在
中國，為敢作逋胡！薙髮入空門，慮為名教誅。吾年已及矣，有兒奈
何乎！呻吟裘氏地，不復願為儒，但使粗識字，南畝終農夫。"（氏
著：《避園擬存》〔《王季重集》本，美國國會圖書館藏〕，葉22上下）

　　流輩之人，皆將攘臂下車，以奏技于火烈。"⑩
大抵由於出試之風不可遏止，所以有些遺民雖然堅持不
出，卻不再反對別人出試，並且苦口婆心提醒出試者，
希望他們的出試能不違背道義，又希望他們將來出仕能
以匡世澤民為目標。⑪陳確不反對同輩士人出試的原
因，亦當在此。

---

⑩　張履祥：《楊園先生全集》，卷 4，葉 6 上。按：戴名世（1653 -
　　1713）〈溫溪家傳〉亦說："明之亡也，諸生自引退，誓不出者多矣，久
　　之變其初志十七八。"（氏著：《南山文集》〔光緒二十六年（1900）
　　夏月重鐫本〕，卷 7，葉23上）又按：張履祥說明遺民在亡國後五、
　　六年漸多應試，並非泛泛之辭。其他相關記載，詳下註引陸世儀〈答
　　徐次桓論應試書〉：及郭松義：〈江南地主階級與清初中央集權的矛盾
　　及其發展和變化〉，《清史論叢》，1 輯（1979年 8 月），頁130 - 131。

⑪　例如，陸世儀聽聞徐次桓 "為學校所迫，已出試"，不但不加責難，
　　而且安慰次桓謂 "此亦非大關係所在"。世儀認為，"諸生於（明代）
　　君恩尚輕，無必不應試之理"。倘若 "時勢可已則已之，不然，或父
　　兄之命、身家之累，則亦不妨委蛇其間"。世儀指出，"近吳中人有為
　　詩歌，以六年觀望笑近日應試者"。但是，世儀以為 "六年後應試，
　　與六年前應試者，畢竟不同"。理由是："臣之事君，猶人子之事其親
　　而已。主辱臣死，固為臣大義；至分誼不必死者，則不過等於執親之
　　喪。喪以三年，而為士者能六年不就試，是亦子貢（端木賜，前
　　520 - ？）築室於場之志矣。而必欲非笑之，刺譏之，使之更不如六年
　　前應試之人，則甚矣！人之不欲成人之美也。"不過，世儀不是鼓勵
　　出試，他祇是希望，士人若不能不出試，則必須持有經世澤民的抱負
　　方可。所以世儀接著說："但恐六年之中，其所以不就試者，非出於思
　　念舊君之誠，而徒出於觀望規避之私。六年之後，其所以就試者，亦
　　非迫而後起，真為斯世斯民起見，而祇動心於富貴利達，是則可鄙
　　耳。弟嘗有言，士生斯世，不能致君，亦當澤民，蓋水火之中，望救
　　正切耳。"（陸世儀：〈答徐次桓論應試書〉，《論學酬答》，卷 3，葉
　　5 下 - 6下）按：孔子死後，"弟子皆服三年"，"唯子贛廬於冢上，凡
　　六年，然後去"（見司馬遷〔約前145或前135 - ？〕：《史記》〔北京：
　　中華書局，1959年〕，卷47，〈孔子世家〉，頁1945）。世儀文中以此
　　事比喻諸生出試。

　　首先，陳確鑑於時人有因"家貧母老"，"終至於不得已而出"，因此對這些"非所願"而出者，寄予莫大的同情。⑫ 不過，他認為不論處身於甚麼環境，都須以"仁"為依歸，⑬ 所以進一步說：

> "士生乎今之世，或不得已而出試於有司，吾無惡焉耳。惟試而求必售，斯有不忍言者矣。……不試已耳，試故不可苟也。文，吾盡心焉，售不售則命也，無喜戚焉可也。"⑭

其次，出試者不可"志于榮貴"，必須"志于聖賢"。亦即是說，出試者必須做到透過"功名富貴"而達至"聖賢"。他說：

> "所謂聖賢，豈必求之功名富貴之外哉！故有志者居一鄉則仁一鄉，治一國則仁一國，相天下則仁天下。無之而非仁，故曰：'無終食之間違仁。'"⑮

陳確以為出試者如能按照上述原則，"又焉往而不可與乎道矣乎"？⑯ 所以，當族弟陳論上京赴考，陳確不以"鼎甲"、"卿相"為祝，而以"志于聖賢"為祝，並稱之為"善祝"。除了"出而圖吾民"之外，⑰ 出仕者

---

⑫　同註㊼。
⑬　同註㊹：又陳確：〈死節論〉，《陳確集·文集》，卷5，上冊，頁155。
⑭　陳確：〈試訟說〉，同上書，卷11，上冊，頁251。
⑮　同註㊹。
⑯　陳確：〈試訟說〉，《陳確集·文集》，卷11，上冊，頁252。
⑰　同註㊹。

還要做到〝盡忠為廉以事主，而無所阿焉〞，及在〝疆場之變〞時盡義而死（詳本文第二節）。此外，如果出仕以後〝終無遇〞，不能行道，便應拋棄〝富貴〞而〝賦歸來〞。[118]

　　基於上述觀點，陳確不但沒有責怪友人孫宏出仕，而且對〝議者〞因為孫宏〝之客死而未有子也，而追咎其出，曰：‵惜乎其多此耳′〞的意見，加以反駁。陳確指出，世俗之人非議孫宏的出仕，不過因為孫宏在出仕期間〝客死〞，而死時又沒有兒子。換言之，如果孫宏〝一出而馴致貴官，積財鉅萬，多男而壽考〞，他們便會以為孫宏〝不虛此出〞了。陳確認為這是〝至愚極陋之見〞，不足以〝定賢人君子之品量〞。本來，孫宏的出仕就有其苦衷。據陳確記載，孫宏在〝變革之初〞，一度〝削髮皈空門，有終焉之志〞，祇是後來〝以家貧母老，強顏一出，意大不怡〞，所以陳確說孫宏〝終至於不得已而出，尤非所願也〞。[119] 在儒家的傳統中，為貧而仕，原是可以被接受的，祇是不可以居於高位。[120] 明遺民秉承這個傳統，對為貧而出仕清朝者不

---

[118]　同註[53]。

[119]　同上。

[120]　《孟子・萬章下》說：〝孟子（軻，約前372－前289）曰：‵仕非為貧也，而有時乎為貧。……為貧者，辭富居貧，惡乎宜乎？抱關擊柝。孔子嘗為委吏矣，曰會計當而已矣；嘗為乘田矣，曰牛羊茁壯長而已矣。位卑而言高，罪也。立乎本朝而道不行，恥也。′〞（《孟子注疏》〔《十三經注疏》本〕，卷10下，頁80〔下冊，頁2744〕）

完全非議。⑪孫宏既祇係教諭，⑫自然符合儒家主張為貧而仕者須居下位的原則。然而，陳確不責怪孫宏出仕的理由，不盡在此。

陳確認為孫宏有其獨特的"品量"：首先，孫宏的"天性孝友，孜孜好學，有過人者。其仰心下志，忠事儕輩，切切偲偲，獎率群材，如將不及焉"。其次，孫宏的"文章氣誼，吾黨莫之或逮，而畏義隱約，終始一貫"。同時，陳確相信孫宏的"品量"不會因環境而轉變，所以說孫宏"其不變節于當官，可知也！其將終無遇而返，可知也"！又謂孫宏"雖出，而其所不出者固在也"；孫宏"雖死，而其所不死者固在也"。由此可見，陳確超乎出處的層面評議孫宏，而以"聞道"為標準加以衡量。即是說，陳確之所以尊崇孫宏，是因為孫宏已聞道。否則，如果孫宏"於道無聞"，就算他能夠"抗志不出，簞瓢屢空以終其身"，陳確也不會敬重他的。既然陳確相信孫宏有固定不變的"品量"，所以認為孫宏即使因出仕而獲得"富貴顯榮"，或如現在"雖客死而無子"，對孫宏都是無所加損的。可是，"議者"則"不知本末"，不但以孫宏"之出為恥"，而且又以

---

⑪　如朱之瑜對諸孫男說："為貧而仕，抱關擊柝，亦不足羞。惟有治民管兵之官，必不可為。"畢竟，之瑜始終不贊成出仕外族，所以又說："既為虜官，必不可來。既為虜官，雖眉宇英發，氣度嫻雅，我亦不以為孫。"（同註⑩）

⑫　同註㊿。

他的"出而遯死為恥",可謂"不自知其可恥,而漫焉以恥人之不必恥"。使到陳確在哀悼孫宏死之餘,"不能不遺憾于俗議之悖也"。⑬ 由此可見,陳確是本着"出處一理"、"出處同道"的觀點(詳本文第二節),為孫宏開脫的。

陳確討論"出"的意見不多,而且遠不如對"處"問題般關注。顯然,陳確是不主張出仕的,祇是在無法改變的現實中,不絕對反對出仕而已。

(五)

儘管陳確提出"出處一理",又認為"出處之事,人行其志,不可以口舌爭"(詳本文第二節),然而這些說法祇局限於遺民這一代而言,對於遺民子弟的出試,陳確不但沒有采用"出處一理"的標準來衡量,而且主張"雖不可以口舌爭,亦未應度外置之"。⑭

陳確對待遺民下一代的出試問題比遺民本身嚴格,一方面可能因為"甲申之後,吾友之出試者絕少,而子弟則稍稍出試矣"。⑮ 另一方面似乎因為他相信"亂極必治",而遺民本身已衰老,將來的"治世"需由下一代去締造與經營,所以盼望下一代能保留不仕之身,等待"治世"的來臨(詳本文第四節)。

---

⑬ 同上註,頁320－321。
⑭ 陳確:〈寄吳裒仲書〉,《陳確集‧文集》,卷 2,上冊,頁102。

據陳確說，他的朋友"之不使己出而使子弟出"，
有三個理由：第一，"吾必不可復出，子弟則必不可不
出，道如是也。"第二，"子第不試，必廢學，廢學即不
成子弟，姑以試勵之也云耳。"第三，"子弟之不肖者固
然矣。其實者才高而欲出，亦烏能禁之。"[126]

陳確一律不接納上述理由，首先，陳確對他們所謂
的"道"提出質疑。因為他認為"可則皆可，不可則皆
不可"。況且，"若可，則莫可如父兄"，因為"父兄之
壯而子弟之幼也，父兄之學優行立而子弟之學未成
也"："若不可，則子父一體，奈何以可者自潔，而以
所不可污我子弟，且不忍以處朋友，況父了間哉"？其
次，陳確指斥第二個理由不外是朋友希望子弟出試的藉
口。陳確相信父兄對子弟有莫大的影響力，所以認為子
弟的出試，是父兄一手造成的。他不相信世上有"父兄

[125]　陳確：〈使子弟出試議〉，同上，卷 6，上冊，頁172。按：魏斐德
　　　（ Frederic Wakeman, Jr. ）根據拙文〈論明遺民子弟的出仕〉（《抖
　　　擻》，42期〔1981年 1 月〕，頁23－31 ），轉引上述陳確文，但誤以為
　　　陳確的兒子也參加科舉考試（見　Frederic Wakeman, Jr., *The Great
　　　Enterprise: The Manchu Reconstruction of Imperial Order in Seven-
　　　teenth - Century China* [Berkeley, Los Angeles, London: Unversity of
　　　California Press, 1985], vol. 2, p.996, n.21. 又見魏斐德著，陳蘇鎮等
　　　譯：《洪業—清朝開國史》〔南京：江蘇人民出版社，1992年〕，頁
　　　916，註 2 ）。事實上，沒有記載顯示陳確的兒子曾應科試。但他的兒
　　　子陳翼在父親死後曾以八股文 "課子"（〈行略〉，頁13 ），而陳翼的
　　　兒子陳克豳後來成為 "邑庠生"（參看陳敬璋：〈乾初先生世系表
　　　略〉，載於《陳確集》，首卷，上冊，頁18 ）。
[126]　陳確：〈使子弟出使議〉，同上，頁172。

學于前而子弟逸于後"的道理,所以斷言,"子弟之廢學也有故,必先自父兄之廢學始"。陳確進一步指出,如果父兄本身"倦於學",而借不試為理由,過着"優游"的生活及自鳴清高,固已對不起子弟,假如他們"又不己之責,獨鰓鰓以子弟之廢學為憂,而欲以試勵之",他們心術之壞,更不堪想像。陳確以為,倘若朋友真的不想子弟"廢學","勵之父兄之躬行",才是"近而專,順而正"的方法;相反來説,"勵之以主司之進退,則勞而艱,實費而名污"。此外,陳確對持第三個理由的朋友也不客氣,並懷疑他們"所謂賢者未必賢也"。在陳確心目中,"賢者之為學",比"急于出試者"多的是,怎會有"賢者""勿能忍"而"急于出試"的呢?陳確推敲朋友的説話,指他們無疑在暗示,"子弟才高而欲試,則勿可禁之:不肖者畏學而不欲試,則必可禁之"。但陳確仍不贊同他們的意見,因為他相信沒有人肯以"不肖者"自居的,換言之,根據上述論調,"則是有百出而無一不出也已矣"。陳確以為,作為父兄的,理應"吾惟吾正義之斷",不會任由子弟為所欲為。如果父兄不理會"子弟之才不才",姑且采取"中立"的態度,藉此"以安世目,以固身謀",借助"子弟之出成吾之不出者",不過"世俗之見"而已。⑩

---

⑩ 同上註,頁172－173。按:明遺民中多有以子弟的荒廢學業,歸咎父兄,如張履祥〈與凌渝安〉説:"近見子弟廢棄學業,多以凶亂二字

　　由於陳確反對遺民使子弟出試，所以對朋友不使子弟出試者，大加贊美。例如，蔡遵不但"引退"，而且與子"即退耕佛山之陰"，"父勸於前，子瀆於後，畢事則父子闔門講頌，聲琅然環堵中，雖簞瓢屢空，常訢訢如也"，[⑱] 便得到陳確的崇敬。又如許全可兄弟棄去諸生銜，"與諸子為省過之集，具約甚嚴"。陳確亦贊歎道："後生志趣廼爾，故是為父兄弟一樂境。科名豈足道哉？"[⑲]

　　相反，陳確對朋友的兒子出試，則耿耿於懷，務要查個究竟。例如，順治十年（1653），陳確聽聞劉宗周的大弟子張應鼇的兒子"亦隨俗出試"，感到不安，便寫信給應鼇和宗周的兒子劉汋追問這事。雖然陳確指這事他"必不信，然既聞之矣，又不敢以不信而不一以告也"，并進而責難應鼇說：

　　　　"向者曾聞奠兄（張應鼇）責鳳師兄弟（祝乾明、祝恆明）不可出試矣，以其為開美（祝淵）之

藉口，此不過父兄者志卑識暗，不欲淑其子弟。"（《楊園先生全集》，卷6，葉35上下）亦其一例。至於明遺民任由子弟參加科試，實有其例。如萬壽祺（1603－1652）與閻爾梅合稱"徐州二遺民"，但當壽祺知道兒子子睿、子穀希望參試，便寫信對二人說："功名事，在汝兄弟自斟酌之，我不勸，亦不阻。"（見萬壽祺、閻爾梅：《徐州二遺民墨迹》〔民國三年（1914）影刊本〕，葉81上）又如徐介說："吾輩不能永錮其子弟以世襲遺民也，亦已明矣。然聽之則可矣；又從而為之謀，則失矣。"（見全祖望（1705－1755）：〈題徐狷石傳後〉，氏著：《鮚埼亭集外編》〔《四部叢刊》本〕，卷30，葉12下－13上）

⑱　陳確：〈蔡養吾子傳〉，同註㊲。
⑲　陳確：〈與許芝田書〉，《陳確集・文集》，卷1，上冊，頁69。

子故也。吾不知奠夫之子何以獨不得如開美之子
也。" ⑬

順治十四年（1657）正月，陳確與應龍在山陰劉汋家中
相遇。當天晚上，陳確與應龍 "同榻臥"，便乘機 "微
詰" 應龍 "遣子出試" 事，應龍不諱，蓋若有大不得已
者。⑬ 雖然陳確說他祇是 "微詰" 應龍，但亦反映他對
應龍 "遣子出試" 一事，未能 "度外置之"。然而，陳
確不用前引 "若不可，則子父一體，奈何以可者自潔，
而以所不可污我子弟" 的論點指摘應龍，卻從應龍對人
子和對己子持有雙重標準著眼，道出應龍的不是。表面
上，應龍和祝淵是同門師兄弟，應龍既認為祝淵的兒子
不應出試，他亦不應容許自己的兒子出試，所以陳確才
有 "吾不知奠夫之子何以獨不得如開美之子也" 的慨
歎。不過，"奠夫之子" 與 "開美之子" 到底有所不同，
因為後者的父親不但在順治二年為明朝殉國，而且 "遺
言勿令諸子得習舉業"。⑬ 所以，兩者可否出試的寬嚴
程度應有不同。

事實上，陳確討論子弟出試問題時，非常重視先人
遺訓；尤其為明代殉國的先人，陳確更視他們的遺訓如

---

⑬　陳確：〈寄張奠夫、劉伯繩兩兄書〉，同上，頁76。按：據《祝氏家
　　譜》，"淵子四：乾明，今名翼乾，字鳳師；恆明，今名翼恆，字豹
　　臣，號學存；升明、晉明，俱早殤。"（見陳確：〈哭祝子開美〉〔四
　　首之二〕詩中注，同註㉛）

⑬　陳確：〈春遊記〉，《陳確集‧文集》，卷8，上冊，頁206。

⑬　陳確：〈送祝開美葬管山祭文〉，同上，卷14，上冊，頁330。

法律，認為子孫必須遵守。這亦是他堅決反對子弟出試
的另一原因。

祝淵死前立下遺囑，禁止子孫學習舉業：

"凡我子孫，……不得讀應舉書，漁陶耕稼，

聽其所業，違者即以逆論。"⑬

儘管祝淵"遺言勿令諸子得習舉業"，但他們長大後卻
想從事。祝淵的同學蔡遵和弟弟祝灝因此而感到不安，
請教陳確如何處理。起初，陳確以為"習舉業似亦無
害，但不可出就有司試耳"。於是二人采納了陳確的意
見，讓乾明和恆明兄弟"兼習舉業"，而"恆明遂欲出
試"。陳確雖然寄望恆明"將來必且革心"，但對自己
"不能防於未然，使曾有寒裳之失"，感到十分內疚，
因而請求祝淵在天之靈原諒。⑭

祝恆明約在順治十年出試，他的出試和順從母親的
意願有關。原來，乾明、恆明兄弟為了調停父親的遺訓

---

⑬　祝淵：〈歸囑〉，據陳確〈哭祝子開美〉（四首之二）詩中注引，同
　　註㉛。
⑭　同註㉜。按：陳確的提議誠然失策，徐枋在這方面則較為審慎，他除
　　了訓示兒子不可出仕，并有"毋習時藝"和"毋預試"的禁令。前者
　　說："今之登仕路者，無不以制藝起家，故欲拾朱紫，陟顯榮，舍此無
　　為階梯矣。若真棲遯世則無預焉。……且時藝者，科舉之利器也。吾
　　聞操刀必割萬一，汝有其器而妄試之，則所以玷辱先人者為何如
　　哉！"後者說："夫考試以時藝為主，今汝不學時藝，即欲試不能，是
　　已杜其源而防患於未然矣。我固可以無言，而必京京及之者，吾猶恐
　　汝一時熱中不明大義，忘嚴父之訓而流俗人之言也。"（徐枋：〈誡子
　　書〉，《易居堂集》，卷4，葉9上-10上）

與母親的意願,決定"兩分出處:一遵父命,一遵母命"。可是,陳確不能夠接受上述決定,雖然"局已定矣","猶爭之不已",並且轉而罪責祝淵另一弟弟祝沈,⑱ 因為祝沈亦從事舉業,對姪兒產生不良的影響。於是,祝沈為了阻止姪兒出試,便自己先放棄舉業,陳確亦因此而改變了對祝沈的態度。陳確說:

> "祝鳳師(乾明)已從父命不試,其弟豹臣
> (恆明)則從母命出試,謂之調停,弟亦未敢云盡
> 善也。唯鯤濤兄(祝允)下帷發憤,潛心舉業,誦
> 其近文,可謂工妙;徒以欲禁兩姪出試,躬先告
> 退,真是克己之學。告退,弟所能也;揣摩成而告
> 退,則非弟所能也。"⑱

其次,陳確對乾明、恆明兄弟的"調停"方法不能釋懷。順治十一年(1654),他寫信給劉汋,仍以為"不能力爭"祝淵"仲子之試事"為"大負"祝淵,而且"言念及此,真愍悚無地"。結果,恆明"杭、禾兩試皆不獲雋"後,陳確才稍覺安慰,以為這"當是天佑賢者之後",同時請求劉汋"特扎救正"恆明,免恆明繼續犯錯。⑱

---

⑱　陳確:〈與吳仲木書〉,《陳確集・文集》,卷4,上冊,頁139。按:此書與註⑦及⑰所引者同名而異書。又按:此書撰年不詳,據下注所引陳確文,推祝恆明約在順治十年出試。

⑱　陳確:〈寄張奠夫、劉伯繩兩兄書〉,同上,卷1,上冊,頁75。按:此文題下注:"順治十年癸巳,公(陳確)年五十歲。"(同上)據此,祝恆明約在這年出試。

⑰　陳確:〈寄劉伯繩世兄書〉,同上,頁88。

　　祝淵殉國時，"四孤皆幼，無一成童者"。當時，"市有亂衿，脅眾虐諸孤"，陳確申張正義，"往叱之"，⑱ 可見陳確對祝氏遺孤十分關懷。然而，陳確為了力爭恆明不可出試，使到彼此的關係疏遠起來。順治十三年，陳確寫信給祝氏兄弟時說：

　　　　"僕與令先子交分不淺，……不幸令先子早世，冥冥之中，負此良友，則僕所欲效其未盡於鳳師兄弟者，豈有涯哉！而遺言煌煌，惟……止試……事，屢爭未得，遂使僕之跡日疎，僕之口日緘，雖聞有違，不敢喋喋以貽失言之誚者有日矣！"⑲

由此可見，陳確反對恆明出試的立場是堅定的。

　　除祝淵的兒子外，陳確對吳麟瑞（1588－1645）、麟徵（1593－1644）兄弟的子孫出處動向，也非常關注。麟徵在明末為太常寺少卿，在北京城陷第二日投繯殉國。麟瑞知道弟弟"死難"的消息後，也在順治二年"憂死"。陳確有詩哀悼。⑳ 麟徵死前遺下"家訓"，不准後世"就科舉"。起初，吳氏子弟都能恪守"家訓"，但在順治十三年以前，麟徵的兒子季容和麟瑞的孫兒汝訥便有出試之意。季容的兄長蕃昌為了勸阻季

---

⑱　陳確：〈哭祝子開美〉（四首之四）詩中注，同註㉛。

⑲　陳確：〈遺祝鳳師兄弟書〉，《陳確集・文集》，卷 2，上冊，頁99。

⑳　陳確：〈哭吳秋浦先生〉，同上，《詩集》，卷 7，下冊，頁743。

容，還請陳確"作〈固窮論〉遺季容，以相勸勉"。⑩ 在
季容考慮出試與否期間，汝訥亦采取觀望態度。蕃昌為
此又問計於陳確，陳確答覆道：

> "令姪試事，須謀之季融（容），恐是與樓緩
> 議講秦，曷決之虞卿耶？一笑。群從之試，能勸之
> 絕干求之路否？即不能，豈得更為之轉託？訟事，
> 視理之曲直、勢之緩急大小而權衡之。若理必須引
> 手，則纓冠之義，當不待令叔之命。若在可已，亦
> 得善辭。審量自在吾兄，又非弟之局外所得而縣斷
> 也。"⑫

　　雖然陳確自稱"局外"人，但仍跟劉汋討論此事。
此外，在順治十三年蕃昌死後，又與麟瑞仲子吳謙牧
（1631－1659）議論季容、汝訥出試的事。陳確說：

> "向者郵寄中每盛稱我袞仲（謙牧）之義，偕
> 兩兄子抗節不試，銳意古人之學，而季容已自有不
> 試消息，以為美譚。今汝訥未免褰裳，而季容意復
> 未果。若伯繩（劉汋）見問諸吳子行藏，使確何辭
> 以對乎？然前者果而不果，以傷陳子之信；後者不
> 果而果，以證陳子之欺：是在季容。則陳子且欣然
> 謝妄言之罪於伯繩，而季容又復奚憾哉！"⑭

---

⑪　陳確：〈與吳袞仲書〉，同上，〈文集〉，卷 2，上冊，頁104－105。
　　按：關於吳季容與吳蕃昌的關係，並參註⑭。
⑫　陳確：〈與吳仲木書〉，《陳確集・文集》，卷 4，上冊，頁139－140。
⑬　同註⑪。按：關於吳麟徵與吳謙牧的父子關係，見陳確：〈寄劉伯繩
　　書〉，同上，卷 2，上冊，頁94。

對於謙牧應如何對待季容和汝訥希望出試之事，朋友中有不同的意見。如張應鼇認為謙牧"當姑舍季融（容）"。但陳確則以為這項建議"非理之所甚安"，而盼望謙牧"以事事不輕放過為功"，所以在這一年又寫信給謙牧說：

　　"推此意於家庭間，則季容、汝訥試事雖不可以口舌爭，亦未應遽外置之。所懼傷手足之情者，仍是意氣用事，不能以至誠相感，故有此患耳。"[144]

陳確之所以喋喋不休，是寄望"以所不能得之豹臣（祝恆明）者，欲轉得之季容；且又欲以季容之力，將終得之豹臣也"。[145]

　　陳確之所以把祝氏兄弟和吳氏叔姪的出試事相提并論，除了因為彼此都是相交之外，就是兩者的背景相同，陳確向吳謙牧解釋說：

　　"不試未即是義，而出試則殊害義，弟嘗有是言。此汎論學者則然，至季容與鳳師兄弟，更自有不同者。開美遺命戒習舉業，有如違逆論之語；而

---

[144]　陳確：〈與吳袞仲書〉，同上，頁102。按：《陳確集》點校者在"季容、汝訥"後注謂"季容、汝訥皆袞仲之姪。"其說誤。陳確〈與吳袞仲書〉說："仲木（吳蕃昌）病中，拳拳屬弟（陳確）作〈固窮論〉遺季容，以相勸勉：既而悔之，謂兄弟之間，不能以至誠感動，而外假友生之言，論義未安，引咎不已。……弟與季容交雖未深，而仲木之弟即吾弟也。"（同註[144]）由此可見，吳季容乃吳蕃昌之弟，亦即吳謙牧（袞仲）的叔伯兄弟。

[145]　同註[144]。

> 忠節先生（吳麟徵）家訓云‘後生讀書，只明義
> 理，曉世務，且莫就科舉’，並遺言煌煌，炳如星
> 日。此無待格致之功明矣。”⑭

由此可見，陳確鑑於祝、吳二氏兄弟都是殉國者之後，
況且先人又有遺訓禁試，所以對他們可否出試一事，十
分執著，絲毫沒有迴轉的餘地，而且與平日討論常人出
處時的通容態度，截然不同。

（六）

陳確在明亡後雖能迅速對出處二途作出選擇，而且
終身堅守不渝。可是，不少遺民卻沒有陳確那麼堅定，
在明亡五、六年後，相繼出試了。這個趨勢，不但使陳
確十分擔憂，也使他對別人出處的態度產生變化。首
先，他希望能鞏固同輩不出之志，因此主張處者必須解
決生計問題，以免他們因貧窮而失節。其次，他認為遺

---

⑭ 同上註。按：陳確的見解並不孤立，如顧炎武的嗣母王氏（1586－
1645）在明亡後殉國，“臨終遺命，有‘無仕異代’之言”，所以炎武
認為“人人可出而炎武必不可出矣”（顧炎武：〈與葉訒菴書〉，見氏
著：《亭林文集》，卷3，頁56）。又如徐枋的父親徐汧（1597－
1645）亦在乙酉殉國，遺命枋“長為農夫以沒世”，枋因而告訴兒
子，指他們的出處，絕“不綽綽然有餘裕”。枋說：“國恤家冤萃於一
門，祖死父辱（按：指他因從父命不死而忍辱偷生）集爾小子，爾小
子其忘大痛而不終隱也乎！夫孝者善繼人之志，善述人之事者也。在
彼（按：指“彼身處中華，時當明盛，國無革除之慘，家無死喪之
禍”，古人可以無痛而猶守祖父之雅操，而況爾小子之不可以不隱
者乎！”（〈誡子書〉，《居易堂集》，卷4，葉5下－8上）

民肩負承先啟後的責任，所以不以遺民不出為高節，而
要求不出者在退引同時必須修德立行、讀書求道、教誨
子孫，等待漢族新政權的建立；並且為徒具處者虛名的
人痛下針砭。

　　另一方面，雖然陳確始終不主張出仕清朝，但對時
人出試的風氣感到無奈，唯有鼓勵出試者需有崇高理
想，將來出仕時必須以匡世濟民為鵠的；如果不能行
道，則須急流勇退，不應戀棧祿位。於是提出“出處同
道”、“出處一理”之說。

　　陳確既然不再反對遺民出試及出仕，為何仍堅持友
輩的子弟不可出試？表面上，陳確好像自相矛盾，其實
不然。事實上，他不是反對整個年輕一代的人出試，他所
針對的，祇是殉國者的子弟和堅決退引的遺民的子弟。就
前者來說，是孝的問題。就後者來說，則是要求處者將
自己的心志延續，希望他們以清白之身等待漢族新政權
來臨的志願，可透過子孫身上實現。所以他雖然對出處
的態度有過改變，仍堅決反對上述兩類人的子弟出試。

　　然而，誠如張履祥指出，“名節之閑，出處之際，聖
賢遺訓，昭如日星，開卷可知其義”。而那些“利欲沈
錮之人，父母師保提耳申命尚不足稍回其軔”，怎會理
會“旁人之闊論”呢？所以他“自廢棄以來，絕口不敢
為人道及者也”。[14] 陳確似不明白這個道理，所以對出

---

[14]　張履祥：〈答丁子式〉，《楊園先生全集》，卷4，葉30上。

處問題，侃侃而論辯。可是，不論陳確如何苦心提點出
試的人，那些"侈口經濟"的出仕者有多少個能夠以經
世濟民為依歸？⑭ 又不論他如何反對遺民子弟出試，既
倒的狂瀾怎能挽回？⑭

---

⑭　例如，李世熊（1602－1686）〈伍君六十壽序〉中便說："天下自更革以
　　來，士多哆口談經濟。其樹煩拭舌，矯厲以赴功名者，率以識時務自
　　居，卒所成就，僅能穴津要、逐蠅羶、竊膏脂自潤而止。最尚者則文
　　雅蘊藉，刊刓觚稜，以腼調勢物。世既就其平易，因投隙射隱而推曳
　　之，遂獵世資而不失譽名。今之邀遊大人，自以入水火而不焚濡者，
　　庸有是也。"（見氏著：《寒支初集》〔同治甲戌（十三年，1874）秋
　　月新鐫本〕，卷5，葉53上）
⑭　徐介已指出，"吾輩不能永錮其子弟以世襲遺民也"（參註⑫）。即使
　　陳確的兒子陳翼，雖然沒有參加科舉考試，但陳翼的兒子克虗在祖父
　　死後也有從事，而且取得"邑庠生"資格（參註㉕）。

曹斯棟非明遺民考

　　錢仲聯主編的《清詩紀事二·明遺民卷》（以下簡稱
《紀事》）有〈曹斯東〉一目，説曹氏"字僾橰，浙江仁和
人，明諸生，有《飯顆山人詩》五卷"，並引錄潘衍桐
（1841－1899）《兩浙輶軒續錄》（以下簡稱《續錄》）所
載《緝雅堂詩話》一則，簡介曹氏詩的風格。《紀事》祇
收曹氏五言律詩一首，題為〈閱鄺湛若《赤雅》因憶生平
逸事乃綴四十字於卷末〉。[1]

　　《紀事》所述與《續錄》原文頗有出入，如後者作
"曹斯棟"，非"曹斯東"；又僅稱曹氏"字僾橰，仁
和諸生，箸《飯顆山人詩》五卷"，不指他為明朝人。此
外，《續錄》收錄曹氏詩四題共七首，第七首就是上述
《紀事》所收的詩，詩前有案語，引錄如下：

　　　　"鄺初生時，一憨上人見之曰：'此天上玉麒
　　　麟也。'愛蓄古玩，有琴名綠綺臺，貧則出入子錢

---

① 　錢仲聯（主編）：《清詩紀事二·明遺民卷》（蘇州：江蘇古籍出版
　　社，1987年），頁1222－1223。

家，製〈前後當票序〉。城破之日，將玩好環列左
右而死，意若殉焉。少嘗師事阮大鋮（約1587–
1646），洎阮羅織東林，乃貽書絕之。"②

《紀事》則移案語於詩後，改稱"自序"。無論如何，
《續錄》所收的七首詩，都沒有提供曹氏活動時間的線
索，《紀事》指為"明諸生"，大抵誤會曹氏與鄺湛若
（露，1604–1650）為同時人。其實從詩題、案語以至
本詩，都沒有說明鄺、曹二人同時。我們現在何嘗不可
以因閱讀鄺露的《赤雅》而想起他的逸事，並且作詩紀念
他。因此，如果祇因曹斯棟有詩紀念鄺露便推測二人同
時，是不可靠的。

有關曹斯棟的紀錄極少，除《續錄》外，李濬之《清
畫家詩史》雖介紹曹氏，亦簡略說他"字僎耨，仁和諸
生，工繪事，有《飯顆山人詩》"而已。③因此，若要探
索曹氏的年代，最直接的方法就是閱讀他的著作。

據南湖逸叟〈飯顆山人小傳〉，曹斯棟雖然"著述等
身，僅《飯顆詩》、《稗販》二種版行於世"（詳下文）。
筆者未見過《飯顆詩》，但從北京圖書館影得《稗販》。根
據微型膠卷，《稗販》不著刊年，扉頁印有"飯顆山房"
四字，書前有自序一首，記述編書的經過及該書訂名的
原因，引錄如下：

---

② 潘衍桐（輯）：《兩浙輶軒續錄》（光緒十七年〔1891〕浙江書局刻
本），卷6，葉5上–6上。

③ 李濬之：《清畫家詩史》（光緒丙午〔三十二年，1906〕始輯，閱二十
五年民國庚午〔十九年，1930〕刊竣本），丙下，葉29下。

　　"壬子（乾隆五十七年，1792）、癸丑（乾隆五十八年，1793）之歲，授經城東沈氏簡雨軒，課讀之暇，發灰絲蠹蟫之餘，以資朝夕遊覽。惟苦插架無多，藏書家又不肯輕易假手，但就眼光所到，輒連類以書，時復斷以己意，汰而存之，分為八卷。

　　"夫少不學道，老而無成，恥也。不能為世所用，徒漁獵眾說以自衒鬻，又《唐書》所為稗販者也。然世固不少嫫母無鹽，忘其為醜，敢於刻劃西施以捧心而矉其里者。山人所為，得毋類是。

　　"乾隆甲寅（五十九年，1794）仲秋飯顆山人曹斯棟誌。"④

《稗販》雖有八卷，涉及曹氏紀年的活動，祇有下列三則：

　　"己卯（乾隆二十四年，1759）秋闈報罷，同人游棲霞嶺。……"⑤

　　"己卯歲愚年甫冠，……肄業紫陽別墅。……"⑥

　　"歲壬午（乾隆二十七年，1762）愚下帷南湖王氏。……"⑦

據第二則，曹氏在乾隆二十四年剛剛二十歲，以此推算，他約生於乾隆五年（1740）。

---

④　曹斯棟：〈《稗販》序〉，見氏著：《稗販》（北京圖書館藏刊本，出版年地缺），該序，葉1上。

⑤　同上書，卷8，葉16上。

⑥　同上，葉16下。

⑦　同上，葉18上。

　　上述資料對我們認識曹斯棟幫助不大，幸而書末附有南湖逸叟寫的〈飯顆山人小傳〉，勾劃了曹氏生平的輪廓。曹氏在卷八最後一則記述兒子履祥的早逝後，附識小傳的撰述原因說：

> "是歲冬杪，兒子忽遭痘殤，彼時心膽皆摧，動無善緒。夫慧非益壽，豈不知之，終以舐犢情深，愛河難割；親知中轉有用此為譏議者，竊歎人情樂禍，至於斯極。友某憫老境之多乖，為作小傳見贈，喜其無溢辭虛美，且非真知己不能道也，謹載於篇以誌感。"⑧

"是歲"指那一年，不可確知，小傳則題嘉慶二年（1797）。既然曹氏說小傳"無溢辭虛美，且非真知己不能道"，而《稗販》又流傳甚尠，現迻錄於下，以供讀者采覽：

> "山人姓某，名某，居仁和之東里。性愛吟，又不苟於吟，'飯顆'所以寓其吟之不苟也。
>
> "父隱於墅，山人為隱君少子。甫就塾，即解諧聲，聽人談古今成敗事，輒出片語，洞中竅會。隱君恆歎是兒非利祿中人，倘得衣食粗足，鍵戶讀書，必能發古人之覆。後山人十踏省闈，終遭駁放，憶隱君言，絕意進取。敦敦几案，無間朝夕；甲乙丹黃，犁然精核。

---

⑧　同註④，葉20上。

　　"年逾四十，繼妻死，不更開媵路。遺一子，性極穎異，讀書十行俱下，山人絕愛憐之，竟以痘殤。山人哭之慟，遂從此吐棄一切，束書不觀，而性更卞急。每白眼睨異己者，遇不當意，謾罵不顧，雜以詼諧，用是眥目為怪。然有以詩文進質，又未嘗不坐以春風中，懃懃懇懇，多所成就；且能急人之急，顧藉以誠，不回惑於初終勢利，其心地之光明有如此。

　　"所作詩，旨微而辭達，不免間以栖楚，其友某或以少之。夫〈國風〉好色，〈小雅〉怨悱，未聞為聖人所棄，山人以負奇不得志，偶於詩發之，即侘傺傷懷，亦何遽戾於性情之正，若某君尚得謂之知言哉？著述等身，僅《飯顆詩》、《稗販》二種版行於世。其他散佚者，藏弆於家者，已脫稾而毀者，不知凡幾也。

　　"今老矣，尚冷一氈，生平不求人知，人亦無有知之者。鳴呼，窮矣。

　　"丁巳花朝（嘉慶二年二月十五日）南湖逸叟譔。"⑨

南湖逸叟是誰人，失考；但依據他的小傳，我們知道曹斯棟是乾嘉時期的失意文士，既不是"明諸生"，也不是"明遺民"。日後《清詩紀事》再版，必須把曹氏剔出《明遺民卷》中。

---

⑨　同上註，葉21上下。

論清高宗自我吹噓的
歷史判官形象

　　乾隆朝（1736－1795）是中國歷史上官方修史最頻
繁的時期，而清高宗（愛新覺羅‧弘曆，1711－1799，
1735－1796在位）亦是有史以來參予修史最多的皇帝。①
《高宗純皇帝實錄》總結弘曆一生事迹，謂乾隆朝"群書
蒐輯，評隲攷訂，一稟睿裁"。②誠然，就史籍而言，它

① 　慶桂（1735－1816）等：《國朝宮史續編》（民國二十一年〔1932〕北
　　平故宮博物院圖書館排印本），卷88，〈書籍〉14，〈史學〉1，葉1
　　上。按：關於弘曆的史著與史學思想，參看 Harold L. Kahn,
　　*Monarchy in the Emperor's Eyes: Images and Reality in the Ch'ien -
　　lung Reign*（Cambridge, Mass.: Harvard University Press, 1971），
　　pp.44－46 and 125－132；喬治忠：《清朝官方史學研究》（台北：文津
　　出版社，1994年），頁197－201、213－221、255－295；及葉高樹：
　　〈乾隆時代官修史書的教化功能—兼論乾隆皇帝統御漢人的策略〉，《國
　　立台灣師範大學歷史學報》，22期（1994年6月），頁171－199。
② 　慶桂等：《高宗純皇帝實錄》（《清實錄》〔第9－27冊〕本，北京：中
　　華書局，1985－1986年：以下簡稱《實錄》），卷1500，"嘉慶四年"
　　末條，冊19（按：此為《實錄》本身冊數，非《清實錄》全書冊數，下
　　同），頁1072。

們的書法義例，多由弘曆製訂。③纂修期間，稿本須不斷
呈交御覽。④刊行以後，如果弘曆的觀點有所改變，又或
發現書中有些微錯誤，便需要重修或改板。⑤除了大量修
史以外，弘曆不斷重修前代的史籍，使它們符合當時的

---

③　例如，弘曆就《御批歷代通鑑輯覽》一書指出："向儒臣編纂《通鑑輯
覽》，其中書法體例，有關大一統之義者，均經朕親加訂正，頒示天
下。"（弘曆：〈命皇子及軍機大臣訂正《通鑑綱目續編》諭〉，見氏
著：《御製文二集》〔乾隆五十一年（1786）自序本，哈佛大學哈佛燕
京圖書館藏〕，卷11，葉2下－3上；又見《實錄》，卷286，"乾隆十
二年三月丙申"條，冊4，頁729）

④　例如，弘曆下令編修《欽定平定金川方略》一書後，大學士等"酌擬
（修書規例）十有五條"，其中一條說："臣等總其大綱，每成一卷，
先進副本，恭候欽定，再繕正本。"（《實錄》，卷338，"乾隆十四年
四月甲申"條，冊5，頁658）按：有關弘曆為諸書製訂凡例及諸書進
呈審訂，另參本文第三、四節。

⑤　重修之例有《明紀綱目》，弘曆說："昨因《明紀綱目》考覈未為精當，
命軍機大臣將原書另行改輯，候朕鑒定。"（《實錄》，卷983，"乾隆
四十年五月甲子"條，冊13，頁120。按：《明紀綱目》又稱《明史綱
目》及《御撰資治通鑑綱目三編》，見註㉜及㊳）改板之例有《御批歷
代通鑑輯覽》，弘曆"披閱《通鑑輯覽》內﹃唐開元五年（717）九月
令史官隨宰相入侍，群臣對仗奉事﹄條下，引貞觀舊制，諸司皆正邪
奉事，又注稱﹃唐大明宮含元殿為正邪，亦謂之南邪﹄等語。心疑筆
誤，因查諸舊史，乃知俱將﹃牙﹄字誤作﹃邪﹄字。更檢閱字書，
﹃牙﹄與﹃衙﹄字，本屬通用，至﹃邪﹄字從無與﹃牙﹄字相通之
義"。於是下令軍機大臣，將"武英殿刊本及《四庫全書》繕本，俱
著查明改正外，所有頒行各直省刻本，並盛京、江浙省文溯、文宗、
文匯、文瀾四閣存貯繕本，亦著各該督撫、府尹等，一律改正"（《實
錄》，卷1456，"乾隆五十九年七月乙未"條，冊19，頁415－416）。

需求。⑥總之，弘曆是乾隆朝官方修史的指揮，主宰一切官方修史的活動。本文旨在探討弘曆熱衷修史的原因，以及弘曆和他的史臣怎樣為他塑造歷史判官的形象，作為修史應由皇帝操縱的藉口。此外，官方修史對私人史學動向所產生的影響，亦略加討論。

（一）

　　弘曆之所以熱衷修史，是因為他希望由官方壟斷歷史編纂，再由他控制其中的筆削褒貶。而他之所以有這個意願，無疑因為他看到了歷史具有教化作用。他說：

> 　　"史者，輔經以垂訓者也。……史為經翼。……夫史以示勸懲，昭法戒。上下數千年治亂安危之故，忠賢奸佞之實，是非得失，具可考見。"⑦

---

⑥　例如，題葉隆禮（1247年進士）撰的《契丹國志》一書，被弘曆指摘"體例書法訛謬，於《（資治通鑑）綱目》大義有乖者，不可不加釐正。著總纂紀昀（1724－1805）詳加校勘，依例改纂，……候朕親定"（弘曆：〈命館臣重訂《契丹國志》諭〉，《御製文二集》，卷8，葉9上下；又見《實錄》，卷1143，"乾隆四十六年十月乙酉"條，冊15，頁311）。按：有關《契丹國志》的作者為誰，頗有爭議，參看李錫厚：〈葉隆禮和《契丹國志》〉，《史學史研究》，1981年4期（1981年12月），頁64－70；及劉浦江：〈關于《契丹國志》的若干問題〉，同刊，1992年2期（1992年6月），頁59－63及65。

⑦　弘曆：〈重刻二十一史序〉，見氏著：《御製文初集》（乾隆甲申〔二十九年，1746〕自序本，哈佛大學哈佛燕京圖書館藏），卷11，葉2下－3上；又見《實錄》，卷286，"乾隆十二年三月丙申"條，冊4，頁729。

弘曆自視甚高，立志為清朝（1644－1912）"奠下萬世基業"，誇言"世世子孫，以朕之心為心，以朕之政為政，則是我國家億萬年無疆之麻"。⑧為了使到他的子孫能以其心為心，以其政為政，弘曆實行"維植綱常，慎重名教"⑨的教育政策。這樣，用來"垂法戒"⑩和"彰善癉惡"⑪的歷史，自然受到他的青睞，作為資政教民的工具。他說：

> "《春秋》褒貶是非之實，與夫歷朝史鑑興衰理亂所由，人材之進退，民生之疾苦，鑒往古以徼無虞，善為法而惡為戒。庶披覽之下，近之有助於正心誠意，推之有益於國是民生。"⑫

不過，弘曆認為讀歷史能否收到上述成效，有賴"善讀者之能自得師"。⑬因此，與其由讀史者自行摸索，倒不如由他親自督導，以確保讀史者得到預期的裨益。於是，他不但下令大量修史，而且自己積極扮演歷

---

⑧　《實錄》，卷1442，"乾隆五十八年十二月己巳"條，冊19，頁258。

⑨　同上，卷1344，"乾隆五十四年十二月庚申"條，冊17，頁1225。

⑩　弘曆在〈改譯遼、金、元三史序〉中說："史者，信也，所以傳萬世，垂法戒。"（《御製文二集》，卷17，葉7下：又見《實錄》，卷1154，"乾隆四十七年四月辛巳"條，冊15，頁465）

⑪　弘曆說："國史之修，所以彰善癉惡，信今傳後。"（《實錄》，卷1142，"乾隆四十六年十月癸酉"條，冊15，頁293）又說："史以垂彰癉。"（同上，卷759，"乾隆三十一年四月庚申"條，冊10，頁357）

⑫　《實錄》，卷58，"乾隆二年十二月戊戌"條，冊1，頁948。

⑬　同註⑦。

史判官的角色。他一再強調"《春秋》者，天子之事"，⑭
"朕以《春秋》天子之事"；⑮就是希望憑藉帝王的權
威，獨操筆削褒貶之權，從而傳播資政教民的信息。弘
曆自稱修史的目的在：

> "準以大中至正之道，為天下萬世嚴予奪，即
> 以是示創懲，且使我世世子孫，咸知恪守神器，兢
> 兢業業，常保此統緒，以綿綿億萬載丕丕基，所為
> 論謀垂裕之道，亦即在是。"⑯

由於弘曆懷有上述政治目的，所以修史之時，"凡政事之
守舊可法、變更宜戒者，無不諄切辨論，以資考鑑"；
成書之後，又頒賜臣民講習，使他們能"仰體朕之思深
計遠"。⑰

其次，弘曆熱衷修史，亦是希望倚仗帝王權威來把
持視聽，杜絕野史稗乘的傳聞。弘曆抨擊野史稗乘，不
遺餘力。他說：

> "記載之失實，雖正史不能免，而莫甚於稗野
> 之刺謬。彼以一己之私心，設為莫須有之論。所惡
> 者雖伯夷之清而不為揚其善，所喜者雖盜跖之貪而
> 謬為隱其惡；所喜者雖盜跖之貪而曲為稱其善，所

---

⑭　《實錄》，卷1142，"乾隆四十六年十月癸酉"條，冊15，頁294。按：
　　弘曆說法脫胎自《孟子・滕文公下》，詳下文。

⑮　同上，卷1143，"乾隆四十六年十月乙酉"條，冊15，頁311。

⑯　同上，卷1034，"乾隆四十二年六月丙午"條，冊13，頁863－864。

⑰　同上，卷760，"乾隆三十一年五月辛巳"條，冊10，頁367。

惡者雖伯夷之清而刻以求其惡。夫不揚而謬隱猶可
也，至於曲稱而刻求，則是非顛倒莫可究詰。使後
人見之，愚者固以為必然，知者且不能不致疑矣。
知者致疑，將謂正史亦未免如此。害天下之公，亂
聖人之道，非稗野之所馴至乎？"⑱

　　野史稗乘既遺害如此巨大，所以弘曆銳意杜絕其中
的錯謬傳聞。例如，《御批歷代通鑑輯覽》編纂的其中一
項任務是：

"唐（618 - 907）、宋（960 - 1279）而後，
野史漸彩，增飾流傳，殊難依據。……今隨文駁
正，勿使滋惑傳聞，致乖大義。"⑲

又如弘曆下令在《御批歷代通鑑輯覽》書中，增加南明
（1644 - 1662）"唐、桂二王（朱聿鍵，1602 - 1646，
1645 - 1646在位；朱由榔，1623 - 1662，1646 - 1661在位）
本末，別為附錄卷尾"，目的雖在 "俾讀者咸知朕大中
至正，未嘗有一毫私意偏倚其間"，亦在 "與其聽不知
者私相傳述，或致失實無稽，不若為之約舉大凡，俾知
二王窮蹙情形，不過如此，更可以正傳聞之譌舛"。⑳

---

⑱　弘曆：〈記載〉，《御製文初集》，卷22，葉11上下。
⑲　見傅恒（？－1770）等：《御批歷代通鑑輯覽》（《景印文淵閣四庫全
　　書》本，台北：台灣商務印書館，1983年，〈史部〉96，〈編年類〉，冊
　　335 - 339），〈凡例〉，葉7上（冊335，頁8）。
⑳　弘曆：〈命《通鑑輯覽》附紀明唐、桂二王事蹟諭〉，《御製文二集》，
　　卷7，葉3上下；又見《實錄》，卷995，"乾隆四十年閏十月己巳"
　　條，冊13，頁300 - 301。

　　至於本朝史事，弘曆尤其關注。弘曆從不諱言纂修
國史含有杜絕私記傳聞的意圖。例如，弘曆在乾隆三十
年（1765）六月下諭"開館重事輯修"國初以來王公大
臣列傳，便明確指出：

　　　　"國史所以傳信，公是公非，所關原不容毫釐
　　假借，而瑕瑜並列，益足昭衡品之公。所為據事直
　　書，而其人之賢否自見。若徒事鋪張誇美，甚或略
　　其所短，暴其所長，則是有褒而無貶，又豈《春
　　秋》華袞斧鉞之義乎？……若非官為立傳，則世人
　　毀譽任情，久益流傳失實，且其載之家乘，大率不
　　外乎行狀墓誌，非其子若孫志在顯親，即其門下士
　　工於諛墓，將必自撰私傳，轉至揄揚溢分，徵實難
　　憑。……久之，且不知其為何如人，又何以為一代
　　汗青之據！"㉑

到了乾隆四十八年（1783），當他下令把國史列傳"寫
入《四庫全書》，垂為信史"之時，亦不忘重申修史的動
機。他說：

　　　　"國史之修，所以彰善癉惡，信今傳後。……
　　蓋因前代諸史，皆由後世史官編纂。勝朝事蹟，歷
　　年久遠，湮沒失傳。以致綱羅散佚，採及稗官。褒
　　譏好惡，任意軒輊，率無定評。何如及早裒集，免
　　致聞見失真，傳疑襲誤乎？茲國史諸臣列傳進呈，

㉑　《實錄》，卷739，"乾隆三十年六月丁卯"條，冊12，頁139。

　　　　皆經朕親覽，詳加覈定，公是公非，不少假借，以
　　　　期徵實傳信。"[22]

　　綜上所述，"垂法戒"和"彰善癉惡"跟杜絕野史稗乘的關係是相輔相成的。朝廷修史的目的是為了"垂法戒"和"彰善癉惡"，而既有的野史稗乘則"害天下之公，亂聖人之道"。因此，官史有必要駁正野史稗乘的訛謬。又為了堵塞將來可能會有不正確的傳聞出現，亦有必要立即修撰國史，以"信今傳後"，使到適當的歷史鑒戒得以流傳。由此可見，"垂法戒"和"彰善癉惡"雖是修史的正鵠，而杜絕野史稗乘則收統制思想之效，使到官修諸史的資政教民功能更加有效地發揮。

　　"垂法戒"與"彰善癉惡"原是孟軻（約前372－前289）認為孔子（丘，前551－前479）修《春秋》的原因。"《春秋》者，天子之事也"一語，亦出《孟子・滕文公篇下》，引錄如下：

　　　　　"世衰道微，邪說暴行有作，臣弒其君者有
　　　　之，子弒其父者有之，孔子懼，作《春秋》。《春
　　　　秋》，天子之事也。是故孔子曰："知我者，其惟
　　　　《春秋》乎！罪我者，其惟《春秋》乎！"[23]

既然"垂法戒"與"彰善癉惡"本為"天子之事"，所以孔子以私人身分修《春秋》，無疑僭越政府之權；而後

---

[22]　同上註，卷1191，"乾隆四十八年十月癸未"條，冊15，頁928。
[23]　見《孟子注疏》，載於阮元（1764－1849）校刻：《十三經注疏》（北京：中華書局，1980年），卷6下，頁50（下冊，頁2714）。

人效法孔子修史，同樣是僭越了政府之權。況且，孔子處身於＂世衰道微＂的時代，修史有其不得已的苦衷，所以才抵冒＂天子之事＂。相反來說，在弘曆統治下，正值＂一統同文之盛＂，⑳私人自然沒有觸犯＂天子之事＂的必要了。

更何況，弘曆認定士子沒有修史的才能。弘曆指出，雖說＂凡具淵通之舉，必擅著作之才＂，但他強調：

＂然非熟於掌故，周知上下數千載之事理而剖決其是非者，不足語此。＂㉕

因此，他慨歎說：＂史材非難，史識為難。＂㉖又說：

＂夫叢冗委屑，華而不實，俚而不文，如是者皆不可以當史筆。無是病矣，而一字之褒貶，不足誅奸回於既往，發潛德之幽光，則不能出沒人於千百歲後。是史筆非難，史識為尤難也。＂㉗

基於此故，弘曆雖稱贊司馬遷（約前145或前135－？）和班固（32－92）為＂非常人，卓識有別具＂，㉘更謂司

㉔ 弘曆等：《評鑑闡要》（《景印文淵閣四庫全書》本，〈史部〉452，〈史評類〉，冊694），卷9，〈元太祖御特穆津元年注〉，葉6下（頁537）；又見《御批歷代通鑑輯覽》，卷90，葉1上－2下（冊338，頁608－609）。

㉕ 弘曆：〈史論問〉，《御製文初集》，卷14，葉2下。

㉖ 弘曆：〈讀＂荀彧傳＂〉，同上，卷22，葉8上。

㉗ 弘曆：〈讀《宋史‧徐積傳》〉，同上，葉4下－5上。

㉘ 弘曆：〈讀史、漢書有感〉，見氏著：《御製詩二集》（《清高宗〔乾隆〕御製詩文全集》本，北京：中國人民大學出版社，1993年），卷21，葉28上（冊2，頁444）。

馬遷"千秋良史，信無愧焉"；㉙可是，提到"史識為難"，他便指"自遷、固即已不免此病"，至范曄（398－445）更加"混黑白、妄褒貶"了。自此以後，不但有史識者難得一見，反而"任好惡為予奪者"，大量湧現。㉚所以他感慨說：

> "朕每覽歷代史冊，褒譏率無定評，即良史如司馬遷，尚不免逞其私意，非阿好而過於鋪張，即怨嫉而妄為指摘，其他更可知矣。"㉛

那末，士子必須具備甚麼條件，才有資格修史呢？弘曆說：

> "讀書立言之士，論世為難，非如朱子（熹，1130－1200）具格致誠正之功，明治亂興衰之故，其於筆削鮮有不任予奪之私、失褒貶之公者。"㉜

然而，朱熹被清代的君主推為孔、孟以後第一人。㉝試問"讀書立言之士"，有誰能如朱熹！換言之，在弘曆眼中，根本沒有人有足夠的資格修史。如此這般，弘曆借助孟軻的說話，把孔子以來私人僭越天子的事業，回歸到天子手上，由天子獨操筆削褒貶之權。而在此之前，

㉙　弘曆：〈讀《史記》隨筆〉，同上，卷37，葉 9 上（冊 3，頁80）。

㉚　弘曆：〈讀"荀彧傳"〉，《御製文初集》，卷22，葉 7 下－8下。

㉛　《實錄》，卷744，"乾隆三十年十一月丙辰"條，冊10，頁193。

㉜　弘曆：〈《明史綱目》序〉，《御製文初集》，卷10，葉11下（冊10，頁397）；又見《實錄》，卷263，"乾隆十一年閏三月丁巳"條，冊 4，頁408。

㉝　關於朱熹在清代的歷史地位，看參張立文：《朱熹思想研究》（北京：中國社會科學出版社，1981年），頁631－632。

他的史臣已宣稱：

> “蓋揚王鈇以治萬世，非天子莫操其權；而會民極以執兩端，獨聖人能見其大。”㉞

在此之後又說：

> “千古之是非繫於史氏之褒貶，史氏之是非則待於聖人（即弘曆）之折衷。”㉟

這樣，弘曆便施施然登上歷史判官的寶座，成為執掌筆削褒貶的唯一合法者。

（二）

弘曆雖指“《春秋》者，天子之事”，又力言修史非私人所能勝任，但他仍須證明自己有能力充當歷史判官一職，至少在理論上必須這樣，否則空言不足以服人。

㉞ 傅恒等：〈《御批歷代通鑑輯覽》告成進呈表〉，見《御批歷代通鑑輯覽·表》，葉 6 上（冊335，頁12）。按：此表末題“乾隆三十三年（1768）正月初十日”（葉 7 上，冊、頁同上）。

㉟ 永瑢（1744 - 1790）等：《四庫全書總目》（北京：中華書局，1965年），卷88，〈史部·史評類〉，“《御製評鑑闡要》十二卷”條，上冊，頁756。按：《四庫全書總目》成書於乾隆四十七年（1782）七月，由永瑢等奉表進呈（同上，卷首，上冊，頁11）。不過，其後經過幾次增改，終在乾隆六十年（1795）完竣，並且由武英殿刊刻（參看黃愛平：《四庫全書纂修研究》〔北京：中國人民大學出版社，1989年〕，頁324 - 326）。至於弘曆重申“《春秋》者，天子之事”等說話，則在乾隆四十六年十月（同註⑭、⑮）。又按：《評鑑闡要》目錄後所附紀昀等撰提要，撰於乾隆四十六年十二月，但其內容與《四庫全書總目》所載者不同，亦無正文所引兩句（〈目錄〉，葉 2 下 - 3上〔頁419〕）。

　　首先，弘曆強調自己"稽古右文，聿資治理，幾餘典學，日有孜孜"。㊱在即位之初，已"於六經諸史，誦覽研窮，再三熟復。義理之精妙，固樂於探求；怠荒之覆轍，亦時凜於炯鑒"。㊲其後又"於古今治亂得失之故，研窮往復"。㊳可謂勤於史學。其次，弘曆說自己深知"盡信寧無義至精"，故能洞悉"千秋紀載半真偽"，不致被前史所惑。㊴可謂精於史識。除此以外，弘曆不斷提出作史的理論，如說：

　　　　"史者，所以傳信示公，不可以意改也。……
　　作史乃千秋萬世之定論，而非一人一時之私言。"㊵

　　　　"史筆係千秋論定，豈可騁私臆而廢公道
　　乎？"㊶

　　　　"（歷史）嚴篡竊之防戒，守成之主，或予或

㊱　《實錄》，卷900，"乾隆三十七年正月庚子"條，冊12，頁4。
㊲　同上，卷58。"乾隆二年十二月戊戌"條，冊1，頁949。
㊳　同上，卷605。"乾隆二十五年正月乙亥"條，冊8，頁795。
㊴　弘曆：〈讀史〉，《御製詩二集》，卷45，葉1上（冊3，頁191）。
㊵　弘曆：〈讀《金史》〉，《御製文二集》，卷35，葉2上－3上。按：在《御製文二集》中，此文歸入〈雜著〉類，文末說："書此以揭重刊《金史》之首。"（葉3下）《實錄》以此文為弘曆為《金史》所作的序（卷987，"乾隆四十年七月壬申"條，冊13，頁177），恐不合弘曆本意。又按：《景印文淵閣四庫全書》本《金史》（〈史部〉48－49，〈正史類〉，冊290－291）收入此文，題為〈御製讀《金史》〉（〈御製文〉，葉1上－2上〔冊290，頁2－3〕），亦不稱它為序。
㊶　弘曆：〈命皇子及軍機大臣訂正《通鑑綱目續編》諭〉，《御製文二集》，卷9，葉6下（冊10，頁643）；又見《實錄》，卷1168，"乾隆四十七年十一月庚子"條，冊15，頁666。按："公道"一詞，《實錄》作"正道"。

奪,要必衷於至當,而無所容心於其間,方協彰癉
之義。"㊷

又提出明確的作史方法,如說:

"事不再三精覈,率據耳食以為實,君子弗為
也;已覺其失,護己短而莫之改易,君子弗為也。
必知斯二者,然後可以秉史筆,以記千載之公是公
非。余以為(史)……,亦豈是而已。"㊸

顯見弘曆希望藉此而證明他的史學淵博、識見卓越,兼
且理論與實踐俱善。

這樣,套用上節所引弘曆的說話,他無疑兼具了
"史材"(或"史筆")與"史識",為司馬遷、班固以來
的史家所不及。然而,弘曆想要建立的形象並不止此。

儘管弘曆意圖把修史壟斷為皇家事業,但他不能一
筆抹殺前人的史學;況且,他也需要借助前人的成就來
印證自己的業績。在這方面,他標舉孔子的《春秋》和朱
熹的《資治通鑑綱目》作為取法的對象。孔子和朱熹是世
人公認的儒家聖人。所謂"《春秋》大義、《綱目》大
法,實萬世不易之準"。㊹亦祇有取法他們,才不致貶低

㊷ 弘曆:〈命廷臣更議歷代帝王廟祀典諭〉,《御製文二集》,卷 9,葉11
上;又見《實錄》,卷1210,"乾隆四十九年七月乙卯"條,冊16,頁
219-220。

㊸ 弘曆:〈御製土爾扈特部紀略〉,見《實錄》卷892,"乾隆三十六年九
月乙巳"條,冊11,頁966。

㊹ 弘曆:〈命館臣錄存楊維楨《正統辨》論〉,《御製文二集》,卷 8,葉4
下-5上。又見《實錄》,卷1142,"乾隆四十六年十月癸未"條,冊
15,頁308。

弘曆的帝王身分。

　　歷來史家都奉《春秋》為聖經，弘曆對此從無異議，就算他要回復天子掌管修史的傳統，也不敢非議孔子這個“大聖人就魯史之舊，用筆削以正褒貶”⑮一事。不但沒有非議，反而極度推崇。如當他做皇子之時，便稱贊《春秋》使“亂臣賊子不畏王法者，讀⋯⋯而知懼”，堪稱“有功於世道人心”。⑯即位以後，更謂“中古之書，莫大於《春秋》”。⑰弘曆闡釋説：

　　　　“《春秋》一字之褒貶，示聖人大公至正之

　　　　心。”⑱

又説：

　　　　“《春秋》大一統之義，尊王黜霸，所以立萬

　　　　世之綱常，使名正言順，出於天命人心之正。”⑲

而他修史就是“繼《春秋》之翼道，於此昭來茲之鑒觀”。⑳其次，所謂“大公至正”及“出於天命人心之正”的態度，亦被弘曆奉為修史的最高表現。

---

⑮　弘曆：〈《御製（春秋直解）》序〉，見《實錄》，卷568，“乾隆二十三年八月丁卯”條，冊8，頁211。

⑯　弘曆：〈朱子《資治通鑑綱目》序〉，見氏著：《樂善堂全集定本》（《清高宗〔乾隆〕御製詩文全集》本），卷7，葉5下（冊1，頁103）。

⑰　同註⑮。

⑱　同註⑩。

⑲　弘曆：〈命館臣錄存楊維楨《正統辨》諭〉，《御製文二集》，卷8，葉3上；又見《實錄》，卷1142，“乾隆四十六年十月癸未”條，冊15，頁308。

⑳　《實錄》，卷178，“乾隆七年十一月丙辰”條，冊3，頁291。

　　〝大公至正〞本是弘曆揭櫫的政治口號。他認為〝大公至正，乃帝王圖治之本〞。[51]當他即位之時，便自稱〝仰法皇考（清世宗胤禛，1678－1735，1722－1735在位）大公至正之心，是是非非，實不敢豫存一好惡之念於胸中〞。[52]晚年回顧，又自誇說：

　　　　〝予臨御六十餘年，毋論用人行政諸大端，必出至誠，即尋常言動，無不由中而發，一秉大公至正之心，絕無虛飾。〞[53]

又說：

　　　　〝朕臨御六十年，辦理庶務，一秉大公至正，於諸臣功過，權衡輕重，賞罰從公，寬嚴悉當，從不稍事苛求。〞[54]

不但內政如此，外交亦然，所以在〝懷柔遠人〞之時，亦〝示以大公至正〞。[55]事實上，在弘曆的詔諭中，〝大公至正〞一詞，數不勝數。此外，相類之詞如〝至公〞、[56]〝大公〞、[57]〝大中至正〞[58]等，亦俯拾皆是。

----

[51]　見《御批歷代通鑑輯覽》，卷79，葉50下（冊308，頁278）。

[52]　《實錄》，卷9，〝雍正十三年十二月壬午〞條，冊1，頁319。

[53]　弘曆：〈嫌偽詩識語〉，見氏著：《御製文餘集》（《清高宗〔乾隆〕御製詩文全集》本）．卷2，葉6上下（冊10，頁1008）。

[54]　《實錄》，卷1468，〝乾隆六十年正月戊子〞條，冊19，頁604。

[55]　同上，卷1168，〝乾隆四十七年十一月辛丑〞條，冊15，頁669。

[56]　例如，弘曆說：〝朕權衡情罪，一秉至公，或重或輕，惟視其人之自取。〞（《實錄》，卷1367，〝乾隆五十五年十一月乙未〞條，冊18，頁333）

[57]　例如，弘曆說：〝朕於軍律，賞罰嚴明，惟秉大公，以期平允。〞（同上．卷939，〝乾隆三十八年七月甲戌〞條，冊12，頁666）

[58]　例如，弘曆說：〝朕用人行政，悉出大中至正，絲毫不存成見。〞（同上．卷342，〝乾隆十四年六月丁亥〞條，冊5，頁737）

　　這種"大公至正"的態度，不但施之於政事，而且
貫徹於修史。茲舉數例如下：

　　　　"朕……（修史）折衷至是，務合乎人情天理
　　　之公也。……朕大中至正，未嘗有一毫私意偏倚其
　　　間。"⑤

　　　　"（朕修史）惟準以大中至正之道，為萬世嚴
　　　褒貶，即以此衡是非。"⑥

　　　　"（朕修史）惟以大公至正為衡，……一褒一
　　　貶，袞鉞昭然，使天下萬世，共知予準情理而公好
　　　惡。"⑥

　　　　"朕彰善癉惡，一秉大公。……天下萬世，知
　　　朕……褒貶悉歸至當。"⑥

弘曆強調凡"出於一己之私見，而不合乎天理人情之
公，不可以作史"。⑥其次，修史比行政更需要有"大公
至正"的態度，因此他下諭史館說：

　　　　"朕權衡庶務，一秉至公，況國史筆削，事關

---

⑤　弘曆：〈命《通鑑輯覽》附明唐、桂二王事蹟諭〉，《御製文二集》，卷
　　7，葉 2 下－4下：又見《實錄》，卷995，"乾隆四十年閏十月己巳"
　　條，冊13，頁300－301。
⑥　《實錄》，卷1042，"乾隆四十二年十月己亥"條，冊13，頁954。
⑥　弘曆：〈命議予明季殉節諸臣諡典諭〉，《御製文二集》，卷 7，葉 6
　　下－7上：又見《實錄》，卷996，"乾隆四十年十一月癸未"條，冊
　　13，頁317－318。
⑥　《實錄》，卷1375，"乾隆五十六年三月甲午"條，冊18，頁461。
⑥　弘曆：〈閱《通鑑輯覽》作〉詩中注，見氏著：《御製詩五集》（《清高宗
　　〔乾隆〕御製詩文全集》本），卷68，葉33上（冊 9，頁412）。

　　　法戒，所繫於綱常名教者至重。比事固當徵實，正
　　　名尤貴持平。特明降諭旨，俾史館諸臣，咸喻朕
　　　意，奉為準繩，用彰大中至正之道。"⑭

於是，在他領導之下，朝廷所修諸史，都能夠"據事直
書，用彰公是"；⑮能夠"昭褒貶之公"，⑯及"昭綱常
名教、大公至正之義"。⑰換言之，弘曆的修史精神，亦
即孔子的修史精神。因此，他所修的史籍，能夠"合於
《春秋》之義"；⑱"符孔子《春秋》之義，……以存是非
曲直之公，以昭天命人心之正"；⑲及"不失《春秋》大
一統之義"。⑳

　　至於朱熹的《資治通鑑綱目》，亦是弘曆未登天子位
以前就推重的史籍。當時，他認為朱熹撰《資治通鑑綱
目》，乃"祖《春秋》之筆削"，"善善惡惡，是是非非，

---

⑭　《實錄》，卷761，"乾隆三十一年五月甲午"條，冊10，頁373。

⑮　同上，卷1051。"乾隆四十三年二月乙卯"條，冊14，頁50。

⑯　同註⑭。

⑰　同註⑮。

⑱　弘曆：〈命國史館以明季貳臣傳分甲乙二編諭〉，《御製文二集》，卷
　　8，葉2上；又見《實錄》，卷1051，"乾隆四十三年二月乙卯"條，冊
　　14，頁51。

⑲　弘曆：〈《通鑑綱目續編》內發明、廣義題辭〉，《御製文二集》，卷
　　18，葉11上。

⑳　弘曆：〈書《通鑑輯覽》明崇禎甲申紀年事〉，同上，卷31，葉11上；
　　又見《御批歷代通鑑輯覽・御製文》，葉2下。（冊335，頁3）。
　　按：弘曆非常重視此文，又刊於《御批歷代通鑑輯覽》內，作為"甲
　　申崇禎十七年"綱的御批（卷116，葉1上－4下〔冊339，頁696－
　　698〕）；此外，又收入《評鑑闡要》，題為〈甲申歲崇禎十七年綱〉
　　（卷12・葉20上－21下，〔頁580〕）。

具於一篇之中而無不備"。"雖不足以盡《春秋》之
義",但"其大略則可謂同揆"。所以書中對"忠姦賢
佞,褒嘉貶斥,凜若袞鉞",使到"人知所懲勸,懼見
誅於後世"。⑦

　　即位以後,弘曆稱道《資治通鑑綱目》尤甚,以為
"纂述相承,莫精於《綱目》"。⑦綜合弘曆的意見,
《資治通鑑綱目》之所以為史學傑作,有兩方面的原因:
第一,就體裁而言,雖然"編年紀事之體,昉自《春
秋》"⑦,但是"編年之善,則自司馬光(1019-1067)
《(資治)通鑑》始。《通鑑》本《春秋》之法,至朱子則
綱仿《春秋》,目仿左氏(《左傳》)"。⑦從這時開始,
編年體才能"與正史紀傳,相為表裏,便於檢閱,洵不
可少之書也"。第二,就書法而言,《資治通鑑綱目》的
"書法謹嚴,得聖人褒貶是非之義"。本來,《資治通
鑑》一書"年經月緯,事實詳明",朱熹不過"因之成
《通鑑綱目》"。⑦然而,弘曆卻認為《資治通鑑綱目》比
《資治通鑑》優勝,更稱譽《資治通鑑綱目》為"編年正

⑦　弘曆:〈朱子《資治通鑑綱目》序〉,《樂善堂全集定本》,卷7,葉6
　　上-7上(冊1,頁103-104)。
⑦　見張廷玉(1672-1755):〈恭進《御撰資治通鑑綱目三編》表〉,見
　　氏著:《澄懷園文存》(台北:文海出版社,1970年),卷2,葉14下
　　(上冊,頁136)。
⑦　《實錄》,卷98,"乾隆四年八月辛巳"條,冊2,頁486。
⑦　弘曆:〈史論問〉,《御製文初集》,卷14,葉4下。
⑦　同註⑦。

軌"。⑦理由是：《資治通鑑》祇係"關於前代治亂興衰之迹"，而"《綱目》祖述麟經，筆削惟嚴，為萬世公道所在"。⑦他説：

> "編年事例自涑水（司馬光），正紀褒貶推紫陽(朱熹)，列眉指掌示法戒，四千餘年治亂彰。"⑧

又説：

> "編年之書，奚啻數十百家，而必以朱子《通鑑綱目》為準。《通鑑綱目》善祖述《春秋》之義，雖取裁於司馬氏之書，而明天統，正人紀，昭監戒，著幾微，得《春秋》大居正之意，雖司馬氏有不能窺其藩籬者，其他蓋不必指數矣。"⑨

誠如前文指出，弘曆認為作史的目的為彰癉垂戒，又肯定"史識"勝於"史材"（或"史筆"）。在這兩個前提之下，朱熹的《資治通鑑綱目》自然被擡舉在司馬光的《資治通鑑》之上。

　　本來，弘曆聲稱懷有孔子那般"大公至正"之心，而《資治通鑑綱目》既"不足以盡《春秋》之義"，他大可以直接繼承《春秋》，毋須效法《資治通鑑綱目》。問題是：《春秋》雖為聖典，但其書過於簡略，不外是歷史的

---

⑯　《實錄》，卷685，"乾隆二十八年四月戊申"條，冊9，頁667。
⑰　弘曆：〈命皇子及軍機大臣訂正《通鑑綱目續編》諭〉，《御製文二集》，卷9，葉5下；又見《實錄》，卷1168，"乾隆四十七年十一月庚子"條，冊15，頁666。
⑱　弘曆：〈讀《通鑑綱目》〉，《御製詩二集》，卷28，葉1下（冊2，頁529）。
⑲　同註㉜。

提綱，不孚後代世變日繁的紀事要求。所以，由儒家後代聖人朱熹所創立而模仿自《春秋》的綱目體，既然在體裁和書法上都能"善祖述《春秋》之義"，成為褒貶史學的新典範，自然被弘曆采用為當代執行"天子之事"所取法的對象。他說：

> "涑水創為開義例，紫陽述訂益精微。直傳一貫天人學，兼揭千秋興廢機。……《三編》惟此遵綱紀，《輯覽》曾無越範圍。……外王內聖斯誠備，勿失服膺永勒幾。"[80]

詩中所謂《三編》，即《御撰資治通鑑綱目三編》。弘曆自注說："嘗命詞臣纂輯明史事為《通鑑綱目三編》，體例一準朱子。朕親為裁定，序而行之。"所謂《輯覽》，即《御批歷代通鑑輯覽》。弘曆又注如下："《通鑑輯覽》一書，……上自唐虞，下迄明末，凡有關政治得失者，鉅細咸載。其中書法大旨，亦仿朱子《綱目》之例，並摘要著論。"[81]

　　這樣，由於弘曆具有"史材"和"史識"，加上師法《春秋》和《資治通鑑綱目》的義例，弘曆的史籍就"存《春秋》、《綱目》之義，見人心天命之攸歸"；[82]及

---

[80]　弘曆：〈題宋版朱子《資治通鑑綱目》〉，《御製詩四集》，（《清高宗〔乾隆〕御製詩文全集》本），卷26，葉19下－20上（冊6，頁672－673）。

[81]　同上。

[82]　弘曆：〈命廷臣更議歷代帝王廟祀典論〉，《御製文二集》，卷9，葉9下：又見《實錄》，卷1210，"乾隆四十九年七月乙卯"條，冊16，頁219。

用"以昭天命人心之正,以存《春秋》、《綱目》之義",⑧
成為上承《春秋》和《資治通鑑綱目》的史學經典。在教
化方面,它們可以"殷鑒歷朝,垂示萬年",⑧ 可以用來
"教萬世之為君者"與"萬世之為臣者"。⑧在史學方
面,它們的"筆削權衡,務求精當,使綱舉目張,體裁
醇備,足為萬世法程"。⑧

(三)

從上文可見,弘曆不斷塑造自己歷史學家的形象,
吹捧自己為孔子和朱熹以後的唯一歷史判官,吹噓他的
史籍為《春秋》與《資治通鑑綱目》以外僅有的經典著
作。可是,乾隆朝的官修史乃係史臣編纂,弘曆雖加以
審訂,到底全書不是出於他的手筆。從這個角度來看,
弘曆本來無法與孔子和朱熹相提並論。弘曆無疑察覺到
他的窘境,因而一方面突出自己在修史過程中的主腦地
位;一方面則低貶史官的能力,說成沒有他的領導,官
修史根本無法修成。透過上述雙管齊下的方法,弘曆便

---

⑧ 弘曆:〈命館臣錄存楊維楨《正統辨》諭〉,《御製文二集》,卷 8,葉 5
下;又見《實錄》,卷1142,"乾隆四十六年十月癸未"條,冊15,頁
308。

⑧ 同註㊷。

⑧ 弘曆:〈《通鑑輯覽》序〉,《御製文二集》,卷16,葉 6 上;又見《御
批歷代通鑑輯覽·御製序》,葉 2 上(冊335,頁 2)。

⑧ 《實錄》,卷1125,"乾隆四十六年二月戊午"條,冊15,頁34。

獨霸官修史的著作權，儼然與孔子和朱熹分庭抗禮。

　　為了獨佔官方修史的功勞，弘曆一方面強調他是史官的總指揮，一切官史的“筆削權衡”、“綱目”和“體裁”，都由他釐定，“編輯諸臣，自不敢輕議”。⑧他以編纂國史列傳為例說：

> 　　“朕於本朝王公、文武大臣，是非功過，一秉大公至正。凡此皆朕所指示該總裁等，令其悉心排纂，至次進呈，候朕親自裁定。庶幾華袞斧鉞，凜然共見筆削之嚴也。……朕每覽前代史冊，褒譏好惡，率無定評。茲國史諸臣列傳，皆經朕親自披覽，是是非非，不少假借。該總裁等務即董飭所司，速為纂辦進呈，候朕鑒定，務臻覈實，垂為信史。”⑧

由是可見，弘曆是官修史的策劃人，亦是它的定稿人，史官不過奉命行事而已。何況，弘曆更誇口說：

> 　　“朕之敕修諸書，固以闡往開來，備乙覽而牖後學，亦使詞館諸臣，得效編摩之職。且於常俸之外，復叨月給餐錢，用示體恤之惠。”⑧

換言之，所有史臣都沒有獨立的地位，他們從事修史，衹不過是弘曆不願他們投閒置散，賜予他們效勞的機會而已。

---

⑧　同上註。
⑧　同註⑭。
⑧　《實錄》，卷778，“乾隆三十二年二月丙申”條，冊10，頁547。

另一方面，弘曆指摘他的史臣辦事不力，庸碌無能。例如，在上引諭後，弘曆責備史臣說：

> "……承辦各員，自當悉心蒐考，無漏無訛，以期完善。所有節次繕進各書，皆經朕詳加釐定。其間字句差訛，及文義錯謬者，即為指示改正，不一而足。諸編纂者，亦當知愧改過，實心校錄矣！"[90]

據弘曆指出，不但一般編纂者才能譾陋，就算總裁官亦敷衍塞責。他說：

> "各館進呈之書，皆經總裁閱定，況國史傳信萬世，便非纂輯詞章之比。乃一經披覽，開卷即有大謬之處。初非文義深奧，難於檢點，亦非朕過為吹求。但使該總裁等稍一留心，何至於此？"[91]

如以纂修《大清會典》為例，弘曆在乾隆十八年（1753）十二月指出，"纂修《會典》，開館已屆七年，而所纂之書，尚不及半"，而且"每次進呈諸帙"，都有很多篇幅須經他"親加改定"。他因而下旨責問：

> "是時既遲延，書復草率，該館總裁官，所司何事耶？著交部察議具奏。定限一年告竣，如屆限不完，必將伊等嚴加議處。"[92]

---

[90] 同上註。

[91] 《實錄》，卷398，"乾隆十六年九月乙亥"條，冊6，頁240。

[92] 同上，卷452，"乾隆十八年十二月甲申"條，冊6，頁887。按：纂修工作始於乾隆十二年（1747）正月（同上，卷282，"乾隆十二年正月丙申"條，冊4，頁679-681）。

然而，編纂工作始終不能如期完畢。據弘曆在乾隆二十一年（1756）六月說：

> "纂修《會典》，已逾數載，復經展限兩次，遲緩已甚。且每次所進書內，屢有序次舛錯，行文紕繆之處，必經朕逐條指示，親加改正，始克成書。"。㊝

弘曆這般侃侃而談論史官的無能，無非欲彰顯自己在官方修史活動中地位和貢獻。在弘曆筆下，他的史官可謂連並不難求的 "史材" 也沒有，遑論是難求的 "史識" 了！由此推論，弘曆不外導人相信，如果官史單獨由這班才識低劣的史官來編修，根本不能成書；即使勉強修成，也難 "免傳疑而襲謬"。㊞現在，在他督導之下，再經過他把稿本增刪改定後，這些官史隨即化腐朽為神奇，不但成為信史以垂教萬世，而且其體製又成為後世史學模範。因此，由弘曆獨享官方修史的功勞，可謂理所當然：弘曆視官史為他的著作，亦是實至名歸。

（四）

弘曆的歷史判官形象，除透過自我吹噓而建立外，亦有賴他的史官推波助瀾而成。誠然，乾隆君臣的言論是相輔相成的，互為呼應的。

㊝　同上註，卷515，"乾隆二十一年六月庚戌" 條，冊 7，頁502。
㊞　同上，卷284，"乾隆十二年二月丙寅" 條，冊 4，頁702。

　　前文説過，弘曆在即位初年已聲稱精通六經諸史，
而史官便贊美他 "遠紹經心，夙精史鑑"。⑮當弘曆宣布
"繼《春秋》之翼道" 及 "仿朱子義例" 而修《明紀綱目》
（亦作《明史綱目》，後易名為《御撰資治通鑑綱目三
編》），⑯史官修畢此書，便稱贊它："揆以考亭之法，
則聖合於賢；登諸闕里之編，則經尊於史。" ⑰可見史官
頗能揣摩弘曆的心意，所以從一開始，弘曆已被推許為
孔子與朱熹的繼承人，他的史籍已被尊稱為經，地位跟
《春秋》相等。

　　不過，史官也不完全因應弘曆的言論而構思。事實
上，有些意念是史官發之在先的，而為弘曆受落，並且
沿用來自我吹噓。例如，帝王充當史家（尤其是歷史判
官）為後世垂教立法的形象，並不見於弘曆早年的言
論。張廷玉在乾隆十一年（1746）進呈《御撰資治通鑑綱
目三編》時，不但標榜弘曆的史學為御製史學的極致，而
且為弘曆樹立了上述形象。他説：

　　　　"昔者《通史》緝於梁后（梁武帝蕭衍，
　　　464－549，502－549在位），徒侈辭華；《晉書》
　　　斷自唐宗（唐太宗李世民，599－649，626－649在
　　　位），無關體要。未有乾心作範，睿式裁模，昭懲

---

⑮　同上註，卷178，"乾隆七年十一月壬戌" 條，冊3，頁290。
⑯　前語見第二節，後語同註⑦；並參註⑱。
⑰　張廷玉：〈恭進《御撰資治通鑑綱目三編》表〉，《澄懷園文存》，卷2，
　　葉15上。

　　惡勸善之方，闡守經達權之教。藻鏡開而天地朗，
　　奉以無私；璇衡正而古今平，歸其有極。信聖人之
　　述作，極盛於茲；蓋天下之文章，莫大乎是。……
　　踵麟經而高步，藻耀六經；俯狐史而旁羅，牢籠百
　　氏。乾坤不朽，精華畢貫於群心；日月齊懸，軌度
　　永垂於後世。"⑱

從上文看來，弘曆日後強調自己以皇帝身分為天下定是
非褒貶及他的史著為"萬世法程"，未嘗不是受到張廷
玉的啟發。

　　到了乾隆中葉，史官對弘曆的推崇，更變本而加
厲。除了標舉弘曆為孔子繼承人及他的史籍盡善盡美，
既為經亦為史以外，他們進一步誇大弘曆的識見和公
道，為良史所不逮。而天子獨操筆削褒貶之權的論調，
亦在這時出現。如《御批歷代通鑑輯覽》的總裁傅恆，就
是這樣美言弘曆在史學上的成就和貢獻。他說：

---

⑱　同上註，葉15上下。按：《通史》，原文誤作 "《通忠》"。又按：張廷
　　玉的進表未注年，但他在乾隆十二年（1747）三月寫的〈遵例自陳第
　　八疏〉說："（乾隆）十一年……閏三月《御讚明史綱目》告成，蒙恩
　　議，敍加二級。"（《澄懷園文存》，卷5，葉28下〔上冊，頁
　　408〕）又在《澄懷主人自訂年譜》說："（乾隆十一年）閏三月《御撰
　　綱目三編》告成，蒙恩議，敍加二級。"（台北：文海出版社，1970
　　年，卷5，葉13上〔頁265〕。按：北京中華書局在一九九二年出版此
　　書點校本，易名為《張廷玉年譜》，但在此條中作 "御撰綱目編告
　　成"，脫去 "三" 字〔頁85〕，不確）《實錄》"乾隆十一年三月丁
　　巳" 條則謂："重修《明通鑑綱目》書成，議敍提調纂修等官，加級紀
　　錄有差。" 後附〈御製《明史綱目》序〉（卷263，冊4，頁407-
　　408）。由此可見，書名雖有不同，但成書的時間則一致。並參註⑤。

> "刊歷代廿二家之史，文訂差訛；紀勝國三百
> 載之書，編治正續。廣修於舊典，取鑑無遺；闡義
> 例於微言，折衷有待。惟作者之謂聖，體則史而義
> 則經，洵煥乎其有文。指以千而言以萬，成編既
> 定，至教斯垂。……承素王而續彝典，說明則道自
> 可行。……昭其經法大旨，備而悉奉指南。……且
> 夫正統偏安之辨，尤屬人心天命所關，即良史未協
> 於大公，欽宸斷衷於至是。……蓋揚王鈇以治萬
> 世，非天子莫操其權；而會民極以執兩端，獨聖人
> 能見其大。……盡善盡美而蔑以加，……舉要舉凡
> 而得其當，……定百家作史之模。"⑨

傅恒這番說話，為日後弘曆重申"《春秋》者，天子之
事"的主張，以及譏評歷代良史欠缺"史識"而"逞其
私意"的指摘，開啟先河。換言之，弘曆之所以成為乾
隆一代唯一的歷史判官，不但是自我肯定，而且是眾望
所歸了。

乾隆後期，弘曆大肆宣傳自己"大公至正"的歷史
判官形象，而史官亦尾隨其後，把弘曆捧為曠古未有的
歷史學家。

如果沿用弘曆本人的"史材"與"史識"觀念，就
"史材"而言，史官說弘曆"聖明天縱，邁古涵今，洞

---

⑨ 傅恒等：〈《御批歷代通鑑輯覽》告成進呈表〉，《御批歷代通鑑輯覽·
表》，葉 1 下 - 7上（冊335，頁 9 - 12 ）。

悉諸國之文，灼見舊編之誤"。所以"特命館臣"，把前代失真的史籍，"詳加釐定，併一一親加指示，務得其真"。⑩ 如果以"不著撰人"的《兩朝綱目備要》為例，史臣指此書"世罕傳本，惟見於《永樂大典》者尚首尾完具"，可惜"卷目已不可考"，於是弘曆命令他們整理此書。但是，他們不敢居功，卻把功勞歸於弘曆。理由如下：

> "今案年編次，釐為十有六卷，其中間有敍述失次，端委相淆者，睿鑒指示，曠若發蒙。謹仰遵聖訓，詳為核正，各加案語以明之，俾首尾秩然。不惟久湮陳笈得以表章，且數百年來未補罅漏，一經御覽，義例益明，尤為是書之幸矣。"⑩

這節文字，不但在表彰弘曆的"史材"，而且承認了弘曆與史官之間的主從關係，為弘曆自命為官方修史活動的首腦，提供佐證。

就"史識"而言，史官指出官修史中的卓識別裁，

---

⑩　《四庫全書總目》，卷46，〈史部・正史類〉2，"《欽定遼、金、元三史國語解》四十六卷"條，上冊，頁415。按：弘曆精通滿、漢、蒙古、藏、維吾爾五種語言文字（參看孫文良、張傑、鄭川水：《乾隆帝》〔長春：吉林文史出版社，1993年〕，頁332 - 335）。至於弘曆學習外語的原因和情況，弘曆在〈滿珠蒙古漢字三合切音清文鑑〉序中說："朕即位初，以為諸外藩歲來朝，不可不通其語，遂習之。不數年而畢能之，至今則曲盡其道矣。侵尋而至於唐古特語，又侵尋而至於回語，亦既習之，亦既能之。既可以為餘暇之消遣，復足以聯中外之性情。"（《御製文二集》，卷17，葉 2 下 - 3上）

⑩　同上，卷47，〈史部・編年類〉，"《兩朝綱目備要》十六卷"條，上冊，頁427。

盡出自弘曆，如就《御批歷代通鑑輯覽》說：

> "（此書）發凡起例，咸稟睿裁。每一卷成，
> 即繕稟進御，指示書法，悉準麟經。又親灑丹毫，
> 詳加評斷。微言大義，燦若日星。凡特筆昭垂，皆
> 天理人情之極則。不獨詞臣載筆，不能窺見高深，
> 即涑水、紫陽亦莫能仰鑽於萬一。"⑩

本來，把弘曆的史籍比擬為《春秋》，乃乾隆君臣的口頭
禪，不足為奇。但說司馬光和朱熹的"史識"不及弘曆
"萬一"，倒是新論。儘管弘曆在乾隆三十九年
（1774）已指《御批歷代通鑑輯覽》"遠軼"《資治通
鑑》，⑩但對朱熹則始終推崇備至。例如，他早年雖有效
法朱熹之志，到底沒有信心，所以當他在乾隆八年
（1743）歌頌朱熹時，流露出不知能否高攀的憂慮。他
說：

> "功繼麟經誰復並，文如遷史尚須刪。獨予鑑
> 古心恒惕，俗慮塵緣未許攀。"⑩

其後弘曆雖漸狂妄自大，但在乾隆四十年（1775）賦
詩，仍說"《三編》惟此遵綱紀，《輯覽》曾無越範圍"，

---

⑩ 同上註，"《御批通鑑輯覽》一百十六卷，附《明唐、桂二王本末》三
卷"條，上冊，頁430。

⑩ 弘曆：〈彙輯《四庫全書》聯句〉，《御製詩四集》，卷17，葉27下（冊
6，頁515）。按：《御製詩》諸集所收詩乃按年編次，本文所注撰年據
此。下同，不一一注明。

⑩ 弘曆：〈讀《資治通鑑綱目》〉，《御製詩初集》（《清高宗〔乾隆〕御製
詩文全集》本），卷14，葉5下（冊1，頁585）。

表示"服膺"朱熹與仿效《資治通鑑綱目》的心志。⑧ 可
是，現在史臣說朱熹的"史識"不及弘曆，無疑是說，
在古今的史家之中，祇有古代聖人—孔子，才足與現代
聖人—弘曆，相提並論：祇有古代的聖經—《春秋》，才
足與現代的聖經—弘曆的史著，互相輝映。

　　雖然，史官所描繪弘曆的聖人形象及弘曆史著的聖
經形象，仍以弘曆本人的言論為藍本，如下引史臣贊美
《御批歷代通鑑輯覽》一節文字，分明係依據第二節所引
弘曆若干言論而發揮的：

> "……予奪進退，悉準至公。……凡向來懷鉛
> 握槧，聚訟不決者，一經燭照，無不得所折衷，用
> 以斥彼偏私，著為明訓。仰見聖人之心體，如鑑空
> 衡平；聖人之制作，如天施地設。惟循自然之理，
> 而千古定案遂無復能低昂高下於其間。誠聖訓所謂
> 此非一時之書，而萬世之書也。"⑧

可是，史臣為了使弘曆的形象更為超脫，為了使弘曆的
史籍更具權威，所以上引贊詞比弘曆夜郎自大的言論尤
為誇張，甚至說出連弘曆本人也不敢說的話來。

　　如是這般，弘曆的地位愈來愈高，不但超越朱熹，
而且被暗示勝過孔子。例如，史臣揄揚弘曆說：

> "聖人大公至正之心，上洞三光，下昭萬禩，

---

⑧　同註⑧。
⑧　同註⑩。

尤自有史籍以來所未嘗聞見者矣。"⑩

所謂"自有史籍以來",豈不包括《春秋》在內嗎?又如
說:

> "聖鑑精詳,無幽不燭。譬諸鼎鑄九金,神姦
> 獻狀,不能少遁錙毫。故論世知人,無不抉微而發
> 隱。所謂斥前代矯誣之行,闢史家誕妄之詞,辨霓
> 舛譌,折衷同異,其義皆古人所未發。而敷言是
> 訓,適協乎人心天理所同然。至乃特筆所昭,嚴於
> 袞鉞。……洵足覺瞶霹聾,垂教萬世。蓋千古之是
> 非繫於史氏之褒貶,史氏之是非則待於聖人之折
> 衷。……不特唐、宋以來偏私曲袒之徒,無所容其
> 喙,即千古帝王致治之大法,實已包括無餘,尊讀
> 史之玉衡,併以闡傳心之寶典矣。"⑩

所謂"其義皆古人所未發",豈不包括孔子在內嗎?總
之,弘曆這個現代"聖人袞鉞之公",既"上超萬
古",除了"非儒生淺見之能窺"以外,⑩恐怕連孔子
這個古代聖人亦有不逮罷。

　　史臣這般為弘曆定位,意思非常明顯。套用他們的
說話,就是"千古之是非繫於史氏之褒貶,史氏之是非
則待於聖人之折衷"。亦即是說,修史為官府的事業,

---

⑩　《四庫全書總目》,卷46,〈史部‧正史類〉2,"《明史》三百三十六
卷"條,上冊,頁416。

⑩　同註㉟。

⑩　《四庫全書總目》,卷168,〈集部‧別集類下〉,"《東維子集》三十
卷、附錄一卷"條,下冊,頁1462。

而皇帝更是這項事業的總指揮。因此，私人不應染指官
府的事業。其次，由於皇帝已清楚顯示官史為"萬世法
程，即後之好為論辨者，亦無從置議"。⑩而"（史）
臣等校錄之餘，既深悅服，亦尤幸萬古史家得奉為指
南"。⑪於是一方面宣揚皇帝的議論，"足以昭垂千古，
為讀史之指南"⑫及"讀史之玉衡"；另一方面提醒世
人，"日月著明，爝火可熄，百家讕言，原可無存"。⑬
朝廷的信息既然如此顯著，私人自然不敢持有相異之見
了。

　　但問題是：弘曆既是聖人，他的睿見又是"千古定
案"，他的史書初成之時亦被譽為"盡善盡美"，何以
到了乾隆後期，不少史書竟要重修？這豈不有損弘曆作
為歷史判官的形象！關於史書需要重修的問題，弘曆一
方面委過於史官，如就《明紀綱目》說：

　　　　"是張廷玉等原辦《綱目》，惟務書法謹嚴，
　　而未暇考覈精當，尚不足以昭傳信。"⑭

---

⑩　同註㊊。
⑪　紀昀等：《評鑑闡要》提要，見《評鑑闡要‧目錄》，葉 3 下（頁
　　419）。參看註㉟。
⑫　《四庫全書總目》，卷88，〈史部‧史評類〉，"《御批通鑑綱目》五十九
　　卷、《通鑑綱目前編》一卷、《外紀》一卷、《舉要》三卷、《通鑑綱目續
　　編》二十七卷"條，上冊，頁756。
⑬　同上，〈史部‧史評類〉序，上冊，頁750。按：史臣既謂"百家讕
　　言，原可無存"，而他們仍保存史評的著述，乃因為"古來著錄，舊
　　有此門"，所以"擇其篤實近理者，酌錄數家，用備體裁云爾"（同
　　上）。
⑭　《實錄》，卷982，"乾隆四十年五月辛酉"條，冊13，頁115－116。

另一方面，也不能不承認這些書"雖曾經披覽，但從前進呈之書，朕覽閱尚不及近時之詳審"。⑮ 史臣固然不能掩飾改書的事實，但為了媚悅弘曆，他們竟說：

> "聖人制事，以至善為期。義有未安，不以已成之局而憚於改作。此亦可仰窺萬一矣。"⑯

這樣，弘曆的史書需要重修，不但無損弘曆的形象，反而增添他的美德了。

還要指出，史臣推崇弘曆的地位在孔子和朱熹之上，諒出於他們對弘曆阿諛奉承，而非受意於弘曆。但是，這些諛詞當為弘曆所樂聞，否則必為弘曆刪去，豈能流傳於後世？

（五）

歷來研究乾嘉史學的學者，不少認為朝廷大興文字獄，導致考據學盛行於其時。⑰ 誠然，文字獄確使乾嘉史家謹慎和畏懼。例如，汪輝祖（1731－1807）訓誨子孫，便有"勿紀錄時事"一則。他說：

---

⑮ 同上註，卷983。"乾隆四十年五月甲子"條，冊13，頁120。
⑯ 《四庫全書總目》，卷47，〈史部‧編年類〉，"《御定通鑑綱目三編》四十卷"條，上冊，頁431。
⑰ 不過，亦有學者否定文字獄是乾嘉考據學的成因。參看周維衍：〈乾嘉學派的產生與文字獄并無因果關係〉，《學術月刊》，1983年 2 期（1983年2月），頁69－72；及王俊義：〈清代的乾嘉學派〉，《文史知識》，1983年 3 期（1983年 3 月）。頁79－83。

　　　“不在其位，不謀其政，聖訓也。位卑言高之

　罪，孟子又剴切示之。唐、宋文人私記間及國事，

　然多與史傳鑿戾。蓋所聞異辭，所傳聞異辭，類非

　確實。昔有不解事人，以耳食筆記謬妄觸忤，禍及

　身家，皆由不遵聖賢彝訓所致。故日記、箚記等

　項，斷不宜摭拾時事。”⑱

這番說話，固然可見汪氏深懼紀錄時事可能招致文字獄
的憂慮；但是，從他所舉的唐、宋文人私記的例子，亦
揭示了他所恐懼的，是私記與官史每不相合，由此而惹
禍。其次，汪氏指出時事有官方加以紀錄，而其內容多
“確實”，自然毋須私人“耳食筆記”了。

　　從政治的角度來說，單靠文字獄來鉗制思想言論並
不是上策。因為文字獄雖能使人民生活在恐懼之中，但
它的統治效能是消極的、破壞性的；如果人民長期生活
在惶恐之中而無所適從，實非長治久安之道。事實上，
文字獄自順治朝（1644－1661）以來屢見不鮮。如以史

---

⑱　汪輝祖：《雙節堂庸訓》（載於氏著：《汪龍莊遺書》〔光緒十五年
　　（1889）江蘇書局撫刻本〕），卷5，〈勿記錄時事〉，葉8上。按：
　　文中所謂“聖訓”，或指清聖祖（愛新覺羅‧玄燁，1654－1722，
　　1661－1722在位）《聖諭》第十條“務本業以定民志”，諭中強調
　　“人……皆有本分當為之事”。世宗闡釋父親的意思，認為“本業實
　　為先務”，人人皆應“務所當務”，“各守乃業”，“各安其志”（見
　　《聖諭廣訓》〔《景印文淵閣四庫全書》本，〈史部〉23，〈儒家類〉，冊
　　717〕，葉23上－24下〔頁603〕）。至於孟子之言，見《孟子‧萬章
　　下》，原文是：“位卑而言高，罪也。”（《孟子注疏》，卷10下，頁
　　80〔下冊，頁2744〕）又按：汪輝祖先引聖訓，後引《孟子》，反映當
　　時士人畏懼皇帝威嚴的心態。

獄而言，明史案後又有《南山集》案，而記載兩案的全祖望（1705－1755）仍勤於搜集明季史料和表彰明季忠臣義士。⑪ 可見文字獄並不足以完全窒息私人修史的活動。理由是，每一起文字獄可說是獨立的。因為朝廷沒有一目了然的指示，使士人知道寫了甚麼就犯禁。而很多時到了案發以後，士人才知道自己犯上彌天大罪，所以同類型的文字獄才不斷重現。

可是，到了乾隆朝，情況便有所不同。簡單來說，就是弘曆有計劃地提供士人適當的指示，不用他們自行摸索。以歷史而言，弘曆大量編纂史籍，從上古至當代（尤其是明代〔1368－1644〕和清代），都提出筆削褒貶，作為"讀史之指南"；又吹噓官修史考覈至為精當，為千秋信史，明示世人不可持有異議。另一方面，弘曆又史無前例般大興文字獄和推行"銷毀書籍"運動，有系統地消滅含"有悖理狂誕"內容的史籍，使它

---

⑪ 全祖望所載莊、戴兩起文字獄，見氏著：〈江浙兩大獄記〉，載於氏著：《鮚埼亭集外編》（《四部叢刊》本），卷22，葉18上－20下。至於全祖望表彰明季忠義的人物和事迹，近人論述甚多，不煩舉例。不過，近年學術界對全祖望表彰上述人和事的動機，頗有爭論。參看高國抗、侯若霞：〈全祖望"素負民族氣節"異議〉，《光明日報‧史學》，279期（1983年1月26日），第3版；方祖猷：〈全祖望民族思想辨〉，《寧波師範學院學報》（社會科學版），1984年3期（1984年9月），頁75－81；徐光仁：〈論全祖望素負民族氣節〉，《社會科學研究》，1986年4期（1986年7月），頁121－124；陳永明：〈全祖望"素負民族氣節"說平議〉，《九州學刊》，5卷1期（1992年7月）：頁41－52；及 Wing-ming Chan, "Cultural Legacy and Historiography: The Case of Quan Zuwang（1705-1755），" *Chinese Culture*, 34.4（December, 1993）. 15-26.

們"不可存留於世,以除邪說而正人心"。⑳ 在上述
"立"與"破"的策略中,那些歷史是"正確"的記
載,那些歷史是"不正確"的傳聞,可謂大白於天下。
私人修史,如仍然觸犯朝廷忌諱,可謂咎由自取了。因
此,私人治史,如仍願修史,祇能在官史的範圍內活
動。㉑ 否則,祇好另闢蹊徑,從事朝廷所不曾壟斷的範

---

⑳　《實錄》,卷1043,"乾隆四十二年十月乙卯"條,冊13,頁970。
㉑　乾隆君臣既以官史作為信史和定論,則凡官方已染指的範圍,私人不
　　宜再有新著。否則,祇能以不違背官史為原則而從事而已。例如,趙
　　翼(1727 - 1814)編撰《皇朝武功紀盛》,就是根據所見《四庫全書》
　　中的四百六十四卷方略撮寫而成。雖然他所根據的是官史,但是仍不
　　能沒有顧忌。所以,他在未將此書付梓以前,乘族孫趙懷玉(1747 -
　　1823)前往京師的機會,托他密呈友刑部侍郎王昶(1725 - 1806)審
　　定。趙翼在信中說:"附上……《皇朝武功紀盛》一本,係從四庫方略
　　內摘敍者,恐或有關碍,故未刷印送人。特先密呈,乞為鑒定。倘或
　　可存,並乞賜序一篇,以近時諸戰,大人俱在戎行,尤覺甘苦備嘗
　　也。如不可示人,則不必賜序矣。耑俟指示到日再定。"(見吳長英
　　〔輯〕:《清代名人手札甲集》〔民國十五年(1926)華南印書社刊本〕,
　　卷2,頁數缺。按:趙翼密函王昶請序事,並參杜維運:《趙翼傳》
　　〔台北:時報文化出版事業有限公司,1983年〕,頁188 - 189及296)。
　　王昶對趙書有何反應,不得而知。至低限度,他沒有為趙書寫序。雖
　　然趙翼注明史料來源,畢竟它們是欽定之作,所以王氏亦不能沒有顧
　　忌罷。至於後來為趙書寫序的是盧文弨(1717 - 1796)。盧氏的序寫
　　於乾隆五十七年。這時他已經致仕。不過,他曾任翰林編修及大學
　　士,當然深知官史不可侵犯。因此,當他讚美趙書之前,便先歌頌官
　　史說:"自來武功告成,咸有方略紀載,而郡國人士多願見而不可得。
　　今皇上頒發《四庫全書》於江浙,許學者得以縱覽,而方略亦在其中。
　　欲知昭代武功之盛,幸於此得見其全,而不致惑於傳聞之誤。"所以,
　　官史是唯一"得見其全"和正確的記載。祇是它們"卷袠浩繁,逾旬
　　朔閱之,猶未偏也",才需要趙翼進行"馭繁以簡"的工作罷了(盧
　　文弨:〈《皇朝武功紀盛》序〉,見氏著:《抱經堂文集》〔北京:中華書局,
　　1990年〕,卷4,頁38 - 39;又見趙翼:《皇朝武功紀盛》〔載於氏著:

圍。⑫ 相信這才是直接導致歷史考據學在乾嘉時期盛行
的原因。

《甌北全集》，光緒三年（1877）滇南唐氏重刊壽考堂藏板本〕，〈序〉，
葉 1 上－3上 ）。這樣，趙翼的修史衹是輔助官史，而不是僭越官
史。

⑫ 關於清代前期官方修史活動對私人治史路向的影響，另可參看牟潤孫
（ 1908－1988 ）：〈論清代史學衰落的原因〉，《明報月刊》，1982年 8
月號（1982年 8 月 ），頁59－62；後收入氏著：《海遺雜著》（香港：
中文大學出版社，1990年 ），頁69－76。不過，這個課題仍需要作更
全面和更深入的探討。

章炳麟與蔣良騏《東華錄》

——歷史名人喜好誇大少年事迹一例

章炳麟（1868－1936）投身革命以後，在著作及演講中多次提到少年時閱讀蔣良騏（1723－1789）《東華錄》的情形，可是，他每一次所記述的時間和內容總是有出入。茲按年月先後排列有關記載如下：

（一）〈致陶亞魂、柳亞廬書〉（1903年 5 月，章氏36歲）

　　“鄙人自十四、五歲，覽蔣氏《東華錄》，已有逐滿之志。”①

（二）〈獄中答新聞報〉（1903年 7 月 6 日，章氏36歲）

　　“自十六、七歲時讀蔣氏《東華錄》、《明季稗

---

① 　見湯志鈞（編）：《章太炎政論選集》（以下簡稱《選集》，北京：中華書局，1977年），上冊，頁191；並參湯志鈞（編）：《章太炎年譜長編》（以下簡稱《長編》，北京：中華書局，1979年），上冊，頁 6 及188。

史》，見揚州、嘉定、戴名世（1653－1713）、曾
靜（1679－1736）之事，仇滿之念固已勃然在
胸。"②

（三）〈東京留學生歡迎會演説辭〉（1906年 7 月15
日，章氏39歲）

"兄弟少小的時候，因讀蔣氏《東華錄》，其
中有戴名世、曾靜、查嗣庭（1664－1727）諸人的
案件，便就胸中發憤，覺得異種亂華，是我們心裏
第一恨事。"③

（四）〈《光復軍志》序〉（1913年，章氏46歲）

"余年十三、四，始讀蔣氏《東華錄》，見呂
留良（1629－1683）、曾靜事，悵然不怡，輒言有
清（1644－1912）代明（1368－1644），寧與張
（獻忠，1605－1647）、李（自成，1606－1645）
也。"④

（五）〈太炎先生自定年譜〉（1928年，章氏61歲）

"九歲，外王父海鹽朱左卿先生諱有虔來課讀
經。……課讀四年，稍知經訓。暇亦時以明、清遺
事及王而農（夫之，1619－1692）、顧寧人（炎

② 《選集》，上冊，頁233；並參《長編》，上冊，頁 6 及188。
③ 《選集》，上冊，頁269；並參《長編》，上冊，頁 6 及238。
④ 《選集》，下冊，頁681；並參《長編》，上冊，頁464。

武，1613－1682）著述大旨相曉，雖未讀其書，聞之啟發。……十三歲，外王父歸海鹽，先君（章濬，1825－1890）躬自督教。架閣有蔣之（良）騏《東華錄》，嘗竊竊窺之，見戴名世、呂留良、曾靜事甚不平，因念《春秋》賤夷狄之旨，先君不知也。"⑤

（六）〈民國光復〉（1933年10月10日，章氏66歲）

"余成童時，嘗聞外祖父朱左卿先生言：'清初王船山嘗云，國之變革不足患，而胡人入主中夏則可恥。'排滿之思想，遂醞釀于胸中。及讀《東華錄》至曾靜案，以為呂留良議論不謬。余遂時發狂論曰：'明亡於滿清，不如亡於李自成，李自成非異族也。'"⑥

（七）1936年 4 月28日向朱希祖（1879－1944）等講述（章氏69歲。按：章氏在同年 6 月14日逝世。）：

"余十一、二歲時，外祖父朱左卿（原注：名有泉〔虔〕，海鹽人。）授余讀經，偶講蔣氏《東華錄》曾靜案，外祖謂'夷夏之防，同于君臣之義'。余問：'前人有談此語否？'外祖曰：'王

---

⑤　章炳麟：〈太炎先生自定年譜〉，《近代史資料》，1957年 1 期（1957年 2 月），頁12，並參《長編》，下冊，頁900。

⑥　《選集》，下冊，頁839；並參《長編》，上冊，頁 6；下冊，頁942。

船山（夫之）、顧亭林（炎武）已言之，尤以王氏
之言為甚，謂歷代亡國，無足輕重，惟南宋之亡，
則衣冠文物，亦與之俱亡。'余曰：'明亡于清，
反不如亡于李闖。'外祖曰：'今不必作此論，若果
李闖得明天下，闖雖不善，其子孫未必皆不善，惟
今不必作此論耳。'余之革命思想伏根于此。"⑦

比對上述七則記載，我們可以歸納出三條層層遞進
的軌迹：

(一)記述的年代愈後，讀《東華錄》的時間被推得愈
早，結果在三十年之間，讀書的時候由十七、
八歲提前到十一、二歲。其次，即使是同一年
的記載，相差不過兩月，說法亦有出入。

(二)由於時間被推前了，閱讀《東華錄》時的老師便
由父親變成外祖父。最後，外祖父更成為介紹
《東華錄》曾靜案的人，而"明亡於滿清，不如
亡於李自成"之說亦由閱讀《東華錄》時提出，
改為聽講《東華錄》時提出。

(三)章氏描述自己閱讀《東華錄》後的反應，好像滾
雪球般增大。就仇滿的程度而言，起初不過是
"仇滿之念固已勃然在胸"或"已有逐滿之
志"，但稍後卻指是"心裏第一恨事"及提出

---

⑦ 朱希祖：〈本師章太炎先生口授少年事迹筆記〉，《制言》，25期（《太炎
先生紀念專號》，1936年9月16日），該文，頁1。

> 寧願李、張亡明的論調。從行為上的表現而
> 言，則是由弱而轉強。因此，從"竊竊窺之，
> ……先君不知"演變為敢與外祖父討論：由
> "悵然不怡，輒言……"演變為"遂時發狂論
> 曰……"。

王汎森就上引〈獄中答新聞報〉指出：

> "他（章炳麟）的回憶可能有些誇大，因為實
> 際上要到光緒廿六（原注：1900）年左右，其倒滿
> 主張才爆發出來。"⑧

如果〈獄中答新聞報〉的記載是"有些誇大"，後來的記
載則不但是非常誇大，而且有騙人的嫌疑。

事實上，即使是〈獄中答新聞報〉所說的"十六、七
歲"仍有疑問，因為根據該文，章炳麟在當時又讀到《明
季稗史》。可是，根據朱希祖〈本師章太炎先生口授少年
事迹筆記〉，章炳麟在：

> "十九、二十歲時，得《明季稗史》十七種，
> 排滿思想始盛。"⑨

所以，〈獄中答新聞報〉的說法實不足信。

從章炳麟一生的事迹來看，他在甚麼時候閱讀《東華
錄》及當時的反應如何，實屬微不足道的事情。他之所以
多次提到這事，不外是希望世人相信他在少年時代已經

---

⑧　王汎森：《章太炎的思想〔1868－1919〕及其對儒學傳統的衝擊》（台
　　北：《時報》文化出版事業有限公司，1985年），頁2。
⑨　同註⑦。

超凡出眾,他的反滿思想很早就成熟起來。然而,他在
甚麼時候閱讀《東華錄》並不影響我們對他一生功過的評
價。偉大的人物不必有偉大的少年時期。

　　人的記憶能力隨著年齡的增長而衰退,我們對少年
事迹的印象愈來愈模糊,如果有關報導的失實出於記憶
上的錯誤,固然值得原諒;可是,如果存心作偽來滿足
個人的虛榮心,則情理難容。況且,這樣去做不但浪費
後世研究者的時間和精神,而且當真相被揭穿後,他們
的欺騙行為更會使人討厭。可惜,歷史上偏偏就有不少
人抱有章炳麟一般的心態,喜愛誇大他們思想的早熟。
例如,跟章炳麟唱反調的康有為(1858－1927)把在光
緒二十八年(1902)以後成書的《大同書》説為光緒十年
(1884)的作品,就苦害了中外學者花費大量工夫,並
且展開激烈的爭辯,才考訂出真正的成書時間。⑩

⑩　有關《大同書》成書年代的爭論,劉思行有詳細的報導,參看氏著:
　　〈康有為《大同書》研究〉(香港大學哲學碩士論文,1988年),頁
　　124－198。

著述篇

從日本靜嘉堂文庫所藏《邵念魯文稿》論邵廷采的文集

　　日本靜嘉堂文庫藏有邵廷采（1648－1711）的《邵念魯文稿》。全書分六冊，共十卷：卷一至三為傳，卷四記，卷五、六序，卷七書啟，卷八論，卷九略，卷十墓碣、墓表、墓誌、行略、雜著。書前附龔翔麟（1658－1733）、陶思焵（1720年舉人）、邵國麟為邵廷采所撰墓誌銘、墓表、傳三篇，書末附邵氏父祖傳、墓志三篇，叔祖得愚書函一篇，范蘭贈序一篇及章大來所作傳一篇。

　　據《靜嘉堂文庫漢籍分類目錄》，此書名為《思復堂前集》，清康熙五十年（1711）刊。①但所云書名與刊年皆有問題。雖然此書的目錄題為〈《思復堂前集》目錄〉，但這目錄不但與書的內容頗有出入（詳下文），而且此書各葉的板心，有刻上《前集》、《初集》、《二集》和

---

① 《靜嘉堂文庫漢籍分類目錄》（東京：靜嘉堂文庫，昭和五年〔1930〕），頁753。按：此目錄並無《邵念魯文稿》一書名。

沒有這些字樣者四種，所以還是依照扉葉，稱此書為《邵
念魯文稿》較妥。

　　全於此書的刊年，扉葉謂"康熙五十年鐫"，顯然
與事實不符。此書之序，為山陰王揆（1655年進士）撰
於康熙五十一年（1712），又書前所附龔翔麟〈文學邵念
魯先生墓誌銘〉亦撰於是年，而陶思鼎〈理學邵念魯先生
墓表〉撰於康熙五十二年（1713）。又此書末附載的章大
來〈邵念魯先生傳後〉，更撰於邵廷采"沒後五年"。②
上述的歧異可能有兩個可能：其一，此書在康熙五十年
始鐫，但成於稍後數年。③其二，此書並非在是年刊行，
而是沿用了"康熙五十年鐫"的《邵念魯文稿》的扉葉而
已。④康熙五十年為邵廷采的卒年，若此書始鐫於是年，
大抵亦在邵氏卒後。⑤

---

② 　龔翔麟、陶思鼎二文，見《邵念魯文稿》編首。至《思復堂文集》
　　（《紹興先正遺書》第 4 集本，光緒十九〔1893〕至二十年〔1894〕刊）
　　所載二文（〈文集末〉，葉 1 上－4下），並不繫年。至章大來文的撰
　　年，見該文小序，載於《邵念魯文稿》編末，又載於氏著：《後甲集》
　　（一名《躍雷館日記》，《式訓堂叢書》本），卷上，葉33上。
③ 　如徐友蘭刻《思復堂文集》十卷，載入《紹興先正遺書》第 4 集中，
　　《思復堂文集》每卷末，均有"光緒十九年徐氏鑄學齋重刊"等字，但
　　徐氏的跋，卻是在"光緒二十年七月"寫的（見《思復堂文集·文集
　　跋》，葉 2 上）。
④ 　例如香港大學馮平山圖書館藏有陸隴其（1630－1693）的《三魚堂
　　集》，據扉葉謂乃康熙四十年（1701）琴川書局刊本，可是書中有關呂
　　留良（1629－1683）的文字，均已刪去。可見該書刊於呂留良與曾靜
　　（1679－1736）案以後，重印者仍沿用原書的扉葉而已。
⑤ 　《邵念魯文稿》扉葉旁注謂"許宗伯、仇之宰兩先生論定"。所謂
　　"論定"，大抵在邵廷采死後罷。

　　無論如何，此書是由幾種刻本拼合而成的。我們可從下列幾點看出來：

　　（一）〈目錄〉所列篇名，與書中篇名往往不同。茲以卷一、二為例，臚列如次：

卷數	〈目錄〉篇名	書　內　篇　名
一	〈明儒王門弟子所知傳〉 〈家侍郎公傳〉	〈王門弟子〉 〈刑部左侍郎梅墩公家傳〉
二	〈倪文正公傳〉 〈施忠介公傳〉 〈祁忠敏公傳〉 〈侍郎格菴章公傳〉 〈侍郎遜東王公傳〉 〈余金二君傳〉 〈山陰劉翼明傳〉	〈明戶部尚書死義倪文正公傳〉 〈明副都御史□施忠介公傳〉 〈明巡撫蘇松副都御史世培祁公傳〉 〈明侍郎格菴章公傳〉 〈明侍郎遜東王公傳〉 〈余金二公傳〉 〈翼明劉先生小傳〉

　　（二）〈目錄〉有篇名，書內實缺。此書的〈目錄〉，在題下注曰“未刻”者有十六篇，若以〈正統論一、二、三、四〉作四篇算，共有十九篇。但有三篇，〈目錄〉題下沒有注曰“未刻”而不見於此書中，即卷三〈王脩竹先生傳〉，卷五〈壽萊州署守□公序〉和〈附載〉的姜垚〈邵念魯宋元明紀事序〉。

　　（三）〈目錄〉雖無篇名，書中卻有之。此書所載邵廷采的著作，較〈目錄〉所列者多出十三篇，另多附載一篇，列如下：

卷四　　〈辛巳移榻始末〉

卷五　　〈贈越椽序〉

　　　　〈壽萊州太守□公序〉（按：〈目錄〉原注
　　　　"未刻"）

卷六　　〈探珠集詩序〉

　　　　〈家訓序〉

　　　　〈師訓序〉

　　　　〈友誼序〉

　　　　〈易數序〉

　　　　〈文藝序〉

卷七　　〈復龔侍御書〉

　　　　〈代歸德胡明府徵文啟〉

　　　　〈復韋明府啟〉

卷十　　〈陶母章孺人墓誌銘〉

附載　　〈得愚□□論文書〉（按：〈目錄〉無此篇名）

此外，〈目錄〉前附龔翔麟、陶思鼎、邵國麟的三篇文
章，〈目錄〉亦無記載。因此，這個〈《思復堂前集》目
錄〉并不是為此書而設。

　　（四）此書除少數文章外，大部份每葉的板心下
闌，分別刻有《前集》、《初集》、《二集》等字；而這幾類
的文章錯綜交雜，并沒有固定排列的次序。現以卷十的
三十三篇文章為例言，屬於《前集》的有五篇（第十六、
十七、十八、十九、二十三篇）；屬於《初集》的亦有五
篇（第三、四、六、七、九篇）；屬於《二集》的有十二

篇（第一、二、五、八、十、十一、十二、十三、十四、二十、二十一、二十二篇）；而只有一篇（即第十五篇）各葉的板心下闌空白，沒有刻上任何字樣。這四類文章大概從不同的刻本抽繹而來，除了字體各有不同之外，而只有屬於《初集》的文章中間有評註。而從四類文章板心題的差異，尤可見他們並非同一次所鑴刻。四者之中，以《初集》各篇的板心題最簡，只是該篇文章的文體稱謂。如卷十第三篇為〈陳執齊先生墓表〉，板心題曰〈表〉，第六篇為〈叔父母合葬壙志〉，板心題曰〈志〉；而在板心題與《初集》二字間，刻有葉數，這些葉數并不是一篇自為終始的，如〈陳執齊先生墓表〉由"七八"至"七九"，〈叔父母合葬壙志〉由"十六"至"十八"。這些葉數可能是這些文章原刻本的次序。《前集》的板心題采篇名最後二字而成，如卷十第十八篇〈姚江書院志略端由〉的板心題為〈端由〉，第十九篇〈擬徵啟禎遺書謝表〉的板心題為〈謝表〉，便是例子；而在板心題下，即繫以數目，而數目自"一"開始；換言之，這些數目是一篇自為終始的。《二集》的板心題與《前集》者恰好相反，係采篇名首二、三字而成，如卷十第一篇〈明保定府通判陳丹冶公墓碣〉的板心題為〈保定〉，第十篇〈書宋陵始末〉的板心題為〈書宋陵〉。至板心題下繫以葉數，又每篇自為起止，則與《前集》相同。至於板心下闌空白的文章，其板心題分為四種：第一種如《初集》的板心題，只為該文的文體名稱，如卷一〈劉門弟子傳序〉的板心題為〈序〉是，但在板心題下面，則沒有葉數；第二種如同《二集》的板心題，取篇名的首二、三字為之，而葉數緊接其下，且一篇自為終始，如卷九〈田賦略〉、〈農政略〉的板心題為〈田賦（一、二……）〉、〈農政（一、二……）〉是；第三種與第二種相同，但并無葉數，如卷十〈讀李文忠公傳〉，其板心題曰〈讀李傳〉；第四種既無板心題，又無葉題，如卷七〈代歸德胡明府徵文啟〉，即其一例。

（五）同一篇文章，亦有由二種刻本合成的。如卷一〈姚江書院傳〉的十葉中，首八葉刻有《初集》，板心題曰〈傳〉，葉數自"三十九"至"四十六"；但後二葉的板心下闌空白，板心題曰〈書院傳九〉、〈書院傳十〉，且字體與前八葉的不同。又如卷九〈錢幣略〉，全文共五葉，板心都刻上《二集》兩字，但這五葉中，葉一、二、三、五的板心題為〈錢幣略（一、二、三、五）〉，而葉四的板心題則是〈錢幣四〉，且在〈錢幣四（下）〉與〈錢幣略五（上）〉葉上下轉接處，竟重複了三十九字。此對二者重複之處，相異如下：

〈錢幣四（下）〉	〈錢幣略五（上）〉
飢	饑
水旱之窆未必不由	水旱之災未必由

由是觀之，雖同刻上《二集》的一篇文章，亦來自兩種底本。

通過上述五點，我們可得到下面的結論：《邵念魯文

稿》是一本很草率的合訂刻本。在裒集之時，不但沒有重
新鐫刻內文，而且連〈目錄〉亦取《思復堂前集》者湊合
而成，以致與內文不符。

　　至於這些原刻本在何時刊刻，無從稽攷。事實上，
邵廷采的著作在生前已開始刊印，而他在其著作中曾提
及三次。如〈《治平略》自序〉謂他因弟子的請求，把
《治平略》十二篇"付梓人"。⑥據萬經（1659－1741）記
載，當時是康熙五十年，⑦即邵廷采去世的一年。其次，
邵廷采在〈復龔侍御書〉中說：

　　　　"〈遺民傳〉尚未刻，新正又續寄六篇歸，皆
　　　　非酬應者。大約後刻先完，而前刻仍須自出資
　　　　耳。"⑧

這篇文章撰於康熙四十六年（1707），⑨其中所謂〈遺民
傳〉，不知是指〈宋遺民所知傳〉或〈明遺民所知傳〉，但
此兩傳與上述十二略均載於《邵念魯文稿》中。〈遺命〉
說：

　　　　"刻《思復堂》一編，誠以師友之傳習在
　　　　是。……此編幸而獲留，亦邵氏一家之事也。……

---

⑥　見《思復堂文集》，卷6，葉13上。
⑦　見萬經：〈理學邵念魯先生傳〉，同上，〈文集末〉，葉11下。
⑧　《邵念魯文稿》，卷7（按：《邵念魯文稿》書內並無卷數，這裏說是卷
　　7，乃根據書前〈《思復堂前集》目錄〉而劃分。又正如正文所說，《邵
　　念魯文稿》中的葉數極為混亂，所以本文徵引時不注葉碼）。又見
　　《思復堂文集》，卷7，葉13上下。
⑨　參看姚名達（1903－1942）：《邵念魯年譜》（上海：商務印書館，
　　1928年），頁127－128。

　　吾子孫……惟幸不毀，固藏此板，便為善養吾志”⑩
是篇著於康熙五十年。從這篇文章，可見在邵廷采生
前，其文集已大致刊成，而邵氏以“思復堂”命名其
集。而不論在其生前或死後，他人亦以“思復堂”稱其
文集。茲以光緒年間徐友蘭重刊《思復堂文集》為斷限，
舉例如下：

　　（一）《思復堂文蘽前集後集》——劉士林⑪

　　（二）《思復堂前集後集》——龔翔麟⑫

　　（三）《思復堂文集》——萬經、邵國麟、彭紹升
（1740－1796）、邵晉涵（1743－1796）、朱筠（1729－
1781）、章學誠（1738－1801）、徐友蘭。⑬

　　（四）《思復堂集》——《國史儒林傳稿》、《餘姚縣
志》、《紹興府志》、《四庫全書總目》、全祖望（1705－

---

⑩　《邵念魯文稿》，卷10；又《思復堂文集》，卷10，葉82上下。
⑪　見同上，前者，〈原序〉1；後者，〈文集序目〉，葉1下。
⑫　龔翔麟：〈文學邵念魯先生墓誌銘〉，見《邵念魯文稿》編首；又《思復
　　堂文集‧文集末》，葉２上。
⑬　萬經：〈文孝邵念魯先生墓誌銘〉，見《思復堂文集‧文集末》，葉24
　　上。邵國麟：〈念魯先生本傳〉，見《邵念魯文稿》編首；又《思復堂文
　　集‧文集末》，葉６下。彭紹升：〈儒行述〉，見氏著：《二林居集》
　　（香港大學馮平山圖書館藏本，出版年地缺），卷19，〈述〉1，葉３
　　下。邵晉涵：〈族祖邵先生廷采行狀〉，見錢儀吉（1783－1850）：《碑
　　傳集》〔光緒十九年江蘇書局刊本〕，卷128，〈理學〉中，葉20上－23
　　下。朱筠：〈邵（念魯）先生墓表〉，見《思復堂文集‧文集末》，葉21
　　上；又《碑傳集》，卷128，〈理學〉中，葉25下。章學誠：〈邵與桐別
　　傳〉，見氏著：《章氏遺書》（吳興劉氏嘉業堂刊本），卷18，〈文集〉
　　1，葉６上。徐友蘭：〈《思復堂文集》跋〉，《思復堂文集‧文集跋》，
　　葉１上。

1755）、章貽選（引章學誠）、阮元（1764－1849）、
李慈銘（1830－1894）。⑭

　　至《邵念魯文稿》一名，筆者在未得讀此書之前，未
之所聞。

　　至邵廷采的文集的各種版本，除《邵念魯文稿》外，
筆者知悉者有下列各種：

　　（一）《思復堂文藁前集後集》。《邵念魯文稿》與
《邵興先正遺書》第四集本之《思復堂文集》（詳下文）均
載有〈原序〉一篇，係“山陰劉士林”撰於“康熙四十四
年（1705）十一月初六日”。文曰：

　　　　“邵子念魯刻其《思復堂文藁前集後集》成，
　　　而未有序。”⑮

---

⑭　《國史儒林傳稿》，見《思復堂文集·文集末》，葉17上。孫德祖、邵
　　友廉等：《餘姚縣志》（光緒二十五年〔1899〕刊本），卷17，〈藝文〉
　　下，葉10上。李亨特等：《紹興府志》（乾隆五十七年〔1792〕刊
　　本），卷53，〈人物志〉13，〈儒林·邵廷采〉，葉63；卷78，〈經籍志〉
　　1，〈集·別集類〉，葉55下。永瑢（1744－1790）等：《四庫全書總目》
　　（北京：中華書局，1965年），卷183，〈集部·別集類存目〉10，下
　　冊，頁1660。全祖望：〈答諸生問《思復堂集》帖〉，見氏著：《鮚埼亭
　　集外編》（《四部叢刊》本），卷47，葉15上。至章貽選引章學誠語，
　　有作《思復堂文集》，有作《思復堂集》，見章學誠〈邵與桐別傳〉後章
　　貽選按語，同上註，葉 6 上及10上－11上。阮元：《兩浙輶軒錄》（光
　　緒十六年〔1890〕浙江書局刊本），卷10，本傳附諸家評語，葉36
　　上。李慈銘：《越縵堂日記》咸豐丙辰（六年，1856）三月初三日、同
　　治乙丑（四年，1865）十月十九日、同治乙丑十一月十八日、十二月
　　二十四日等條，見由雲龍輯：《越縵堂讀書記》（北京：中華書局，
　　1963年），上冊，頁392；下冊，頁733、751。
⑮　同註⑪。

龔翔麟〈文學邵念魯先生墓誌銘〉亦謂邵廷采 "著有《思復堂前後集》" 。⑯至其卷數及內容，劉、龔二氏均未有提及。故二人所言者是否同一本子，無從稽考。

（二）《思復堂前集》十卷，〈附載〉六篇。此即靜嘉堂文庫所藏《邵念魯文稿》的目錄〈《思復堂前集》目錄〉的原刻本。此目錄並非《邵念魯文稿》的目錄，從上文所述目錄與《邵念魯文稿》的差異可知，不再贅述。據〈《思復堂前集》目錄〉，此《思復堂前集》是邵廷采的兒子承明、師濂、繼雲校輯，裒集在邵廷采卒後。⑰其次，此目錄諸篇，多有康熙四十四年以後的作品（如上述撰於康熙四十六年的〈復龔侍御書〉，撰於康熙五十年的〈遺命〉是），故此《思復堂前集》並不是劉士林序的《思復堂文蒪前集後集》的《前集》。至《邵念魯文稿》所刻上《前集》各篇，來自那種《前集》，不得而知。

（三）《思復堂文集》二十卷本。是本刊於邵廷采卒後，年分則不詳。據邵晉涵〈族祖邵先生廷采行狀〉說：

> "先生既卒，門弟子分刻之（按：指邵廷采的著作），取記序雜文合為《思復堂文集》二十卷。" ⑱

---

⑯　同註⑫。

⑰　〈《思復堂前集》目錄〉首葉 "餘姚邵廷采念魯著" 等字下，另注明 "男承明階程、師濂主靜、繼雲二銘校輯" 。由於這目錄〈附載〉項中列有章大來〈邵念魯先生傳後〉一文，而章文在邵廷采死後五年作（同註②），因而知《思復堂前集》刻於邵氏死後。

⑱　《思復堂文集・文集末》，葉22上。

邵晉涵既"熟復先念魯文"又曾"贖(《思復堂文集》)
刻板藏於家",⑲所言理應可信。朱筠據邵晉涵所撰行狀
而成〈邵(念魯)先生墓表〉亦説:

> "門弟子合記序雜文,編之為《思復堂文集》
> 二十卷刻焉。"⑳

《思復堂前集》為邵廷采兒子校輯,而《思復堂文集》二
十卷本則由門人弟子所分刻,則兩者並不是同一本了。

　　(四)《思復堂集》十卷本,即由"浙江巡撫采進"
而見錄於《四庫全書總目》的刻本。《四庫全書總目》説:

> "國朝邵廷采撰,……是集刊於康熙壬辰(五
> 十一年),以龔翔麟所撰墓誌,陶(按:原誤作
> 邵)思崩所撰墓表,萬經所撰小傳,冠諸編首。"㉑

誠如前文指出,陶思崩撰墓表於康熙五十二年,《四庫全
書總目》謂此本刻於康熙五十一年,實令人費解。雖然此
本亦十卷,亦以墓誌銘、墓表冠諸編首,卻非《邵念魯文
稿》本。前者有萬經所作傳,後者缺之;又後者有邵國麟
〈念魯先生本傳〉,而《四庫全書總目》並未言之。近日浙
江古籍出版社刊行《思復堂文集》,該書點校者祝鴻杰
謂:"《思復堂文集》初刊于康熙五十一年,《四庫全書總
目》列入'存目'。光緒二十年會稽徐友蘭重刊,收入
《紹興先正遺書》。徐刊本較康熙本增多文十篇,附錄四

---

⑲　同上註,葉22下。
⑳　同註⑬。
㉑　同註⑭。

篇，并對康熙本文字訛奪有所訂正。"而祝氏曾見"大
興長恩閣傅節子手校康熙本"㉒按：祝氏似不知邵廷采文
集板本問題繁複，又似僅以《四庫全書總目》所言刊年附
會所見"康熙本"。其次，徐友蘭重刊《思復堂文集》
時，根本沒有注明所據何本，祝氏所謂對康熙本訂正云
云，不過據己意推測而已。

（五）《邵念魯集》，道光中吳以聚珍版本。見李慈
銘《越縵堂日記》同治乙丑（四年，1865年）十二月二十
四日，內容不詳。㉓

（六）《思復堂文集》十卷，《紹興先正遺書》第四集
本。光緒十九年，徐友蘭刊《思復堂文集》十卷，另有
〈附錄〉一卷（彙他人為邵廷采父祖而作之傳及墓誌銘三
篇，為廷采而作之序二篇、書一篇），〈文集末〉一卷
（彙他人為邵廷采而作之傳、墓誌銘、墓表、行狀等八
篇）。明年（光緒二十年）徐氏並為作跋，列入《紹興
正遺書》第四集內。此即今日之通行本。㉔徐友蘭重刊
《思復堂文集》，并未説明依據那種板本，但可以肯定不
是《思復堂前集》和《邵念魯文稿》。徐氏所刊的《思復

㉒ 祝鴻杰：〈前言〉，見邵廷采：《思復堂文集》（杭州：浙江古籍出版
　　社，1987年），頁2。
㉓ 見《越縵堂讀書記》，上冊，頁392。此則日記又説："《思復堂集》，
　　丙辰（咸豐六年，1856）之冬曾於倉橋書肆見之，未及買成，……常
　　置懷念，此又別一本也。"可惜李氏沒有提及兩集的異同。
㉔ 台北華世出版社曾於1977年6月影刊《紹興先正遺書》本《思復堂文
　　集》行世。

堂文集》在〈附錄〉的姜垚〈邵念魯宋元明紀事序〉、范蘭
〈送邵念魯先生南行序〉、〈得愚叔祖論文書〉後説:
　　　　"以上書三首,舊附集後,今仍之。"㉕
但《邵念魯文稿》無姜垚之序,而〈《思復堂前集》目錄〉
沒有〈得愚叔祖論文書〉。其次,《思復堂文集》所收邵廷
采的著作多《邵念魯文稿》二十篇,㉖多出《思復堂前集》
三十一篇。㉗又《邵念魯文稿》把邵廷采之傳銘置於書
前,《思復堂文集》則放在書後,稱為〈文集末〉,而且所
收載者較《邵念魯文稿》多出下列四篇:
　　　萬經〈邵念魯先生傳〉
　　　〈國史儒林傳稿〉
　　　朱筠〈邵念魯先生墓表〉
　　　萬經〈文孝邵念魯先生墓誌銘〉
至〈《思復堂前集》目錄〉則並無此等傳、銘、墓表。此

㉕　見《思復堂文集・附錄》,葉9上。
㉖　《思復堂文集》多出《邵念魯文稿》的文章是:〈明左都御史李忠文公
　　傳〉、〈明江陰典史閻應元傳〉(以上卷2)、〈驃騎將軍敬齋周公傳〉、
　　〈何侍御傳〉(以上卷3)、〈劉子敬六十序〉(卷5)、〈治平略〉自
　　序〉(卷6)、〈前上慈谿方明府啟〉、〈後上慈谿方明府啟〉(以上卷
　　7)、〈正統論一・天人〉、〈正統論二・漢唐明秦、隋〉、〈正統論三・
　　晉宋〉、〈正統論四・南北五代〉(以上卷8)、〈擬曾祖母翁太君入
　　《紹興府志・貞節傳》〉、〈擬外母王太孺人入《紹興府志・貞節傳》〉、
　　〈丁母章太孺人傳〉、〈劉雍言配王孺人傳〉、〈後蒙説〉、〈閲史提要〉、
　　〈司馬溫公全史釋例〉、〈二十一史作者姓名〉(以上卷10)。
㉗　〈邵念魯文稿〉較〈《思復堂前集》目錄〉所列邵氏著作多十三篇,但
　　是後者有兩篇為前者所無,卻收入《思復堂文集》中(詳正文),所
　　以《思復堂文集》實多出《思復堂前集》三十一篇文章。

外，《思復堂文集》與《邵念魯文稿》和〈《思復堂前集》目錄〉的篇題均稍有出入，但其中與《邵念魯文稿》的差距較少。茲以卷四相異為例，以見一斑：

《思復堂文集》	《邵念魯文稿》	〈《思復堂前集》目錄〉
〈重修舜江樓記〉	〈重建舜江樓記〉	〈重修舜江樓記〉
〈和平縣重修王文成公祠碑記〉	〈和平縣重修王文成公祠碑記〉	〈和平縣王文成公祠記〉
〈邵氏玉田縣莊記〉	〈邵氏玉田縣莊記〉	〈餘姚邵氏玉田縣莊記〉
〈重建萊州府文昌閣記〉	〈重建萊州府文昌閣記〉	〈重修萊州府文昌閣記〉

再者，《思復堂文集》、《邵念魯文稿》、〈《思復堂前集》目錄〉的篇次每有不同，其中以卷四、卷六及〈附錄〉各篇相差最大。

（七）祝鴻杰點校《思復堂文集》，一九八七年十一月浙江古籍出版社刊本。據祝氏指出："此次整理以徐（友蘭）刊本為底本，校以大興長恩閣傅節子手校康熙本"。但由於祝氏"為避繁瑣，擇要出校"，[28]所以跟徐刊本分別不大。又該書新附全祖望〈答諸生問《思復堂集》〉帖一文，卻不知該文錯漏甚多，對邵廷采的評價極不公允。[29]

---

[28]　同註[22]。

[29]　詳拙文：〈書全祖望《答諸生問思復堂集帖》後〉，見拙書：《明末清初學術思想研究》（台北：台灣學生書局，1991年），頁231－301。

　　筆者於邵廷采的文集（浙江古籍出版社《思復堂文集》本除外），只得讀《邵念魯文稿》和《紹興先正遺書》本的《思復堂文集》。校勘二者，相互補益之處固多，然二者於邵氏父祖的記載，頗有矛盾。本來，無論是《邵念魯文稿》或《思復堂文集》中，〈五世行略〉與所附陳執齋、張五臬所撰邵廷采父祖的墓誌銘已有牴牾，加上兩種本子又有差異，㉚我們仍有待得到其他版本，以資參證。

㉚　本文乃據拙文〈書日本靜嘉堂文庫藏《邵念魯文稿》〉（《大陸雜誌》，60卷 4 期〔1980年 4 月〕，頁28－42）改寫而成，原文附有〈《邵念魯文稿》與《思復堂文集》校記〉，現因篇幅關係刪去。所以，有關二集所載邵氏祖先的異同，參看上述校記。

戴名世佚文
〈《千疊波餘》序〉的發現
——兼述趙吉士《千疊波餘》中的戴名世史料

（一）

　　道光二十一年十二月（1842初），戴鈞衡（1814－
1855）為戴名世（1653－1713）編輯文集時說：

> 　　"通計文二百五十餘首，此外文尚六十餘首，
> 妄為汰去，類皆持議過當，立言太激，行文太率
> 者。"①

到目前為止，從現傳各種戴名世文集合計，名世的文章

---

① 　戴鈞衡編：《潛虛先生全集》（哈佛燕京圖書館藏鈔本），目錄後序
　　（葉數缺）。按：是本序不著撰年，其他板本的戴名世文集或作"道
　　光二十一年冬十二月廿九日"，或作"道光辛丑冬"，或作"道光辛
　　丑十二月"，參看拙著：《戴名世研究》（台北：稻鄉出版社，1988
　　年），頁111，註⑪。

可見的祇有二百八十一篇。②因此，如果以戴鈞衡舉出的
數目為根據，名世的佚文實有不少。

　　一九八八年三月，筆者在美國國會圖書館翻閱清人
文集，發現在趙吉士（1628－1706）的《萬青閣全集》
（以下簡稱《全集》）和《林臥遙集》（以下簡稱《臥
遙》）中，同時載有一篇依據名世手蹟鐫刊的文章——
〈《千疊波餘》序〉（以下簡稱〈波餘序〉）。這篇序文，
是現傳的戴名世文集闕載的，引錄如下：

　　　　"給諫趙恆夫先生以正色直言立於朝堂，緣勘
　　　河與眾不合，投閒去而遁迹於寄園。寄園者，在京
　　　城宣武門之西偏，有泉石竹木之勝。先生日讀書賦
　　　詩其中。

　　　　"辛未，金沙于儀部寄先生詩四章，先生依其
　　　韻答之。嗣後凡有作，皆疊其韻，共得詩千首。既
　　　雕刻之以行世，而先生胸中之思汩汩然來而不可窮
　　　也。復疊其韻又五百餘，合為一集，名之曰《千疊
　　　波餘》，而屬余序之。

　　　　"噫，何其多也！工師之為巨室也，雖能督繩
　　　如離婁，削墨如公輸，而無杞梓楩楠豫章之材，必
　　　不能成千門萬戶之鉅麗。今夫源泉之水既已行而為
　　　江河之大觀矣，而其支之所分，流之所別，疏而為
　　　澗，渟而為池，瀦而為澤。先生前之千律，是江河

_____

②　參看拙著：《戴名世研究》，頁93。

之大觀也；後之（五）百餘，是溪澗池沼之支流
也。崇臺五層，延袤百丈，不煩力而成之於掌上，
斯亦奇矣！

　　「先生於書無所不讀，其取材也富，其植基也
厚。故其為詩取於心而注於手，百思而不竭，愈出
而愈奇。人皆驚其敏，服其工，又嘆羨其富，而不
知先生之詩源遠而流長，非徒手梠腹者所能辦
也。

　　「先生負蓋世之氣，常以奇兵間道破交山百年
之巨寇。其與人交，有至性，四方賓客待以發名成
業者，不可勝數。茲不具論，論其詩如此。康熙丙
子春上巳前三日桐城戴名世拜題。」③

此外，在趙氏的《千疊波餘》（以下簡稱《波餘》）中，記
載了名世在康熙三十四年（1695）至三十六年（1697）
間一些尚未為人所知的活動。

（二）

　　趙吉士，字天羽，一字恆夫，安徽休寧人，寄籍杭
州。順治八年（1651）中舉人，康熙七年（1668）選為
山西交城縣知縣，頗有政績，內遷戶部主事，監揚州鈔

---

③　《萬青閣全集》和《林臥遙集》均不著刊刻年地，前者書目編號為
　　K282/C271，後者為K282/C274。

關。康熙二十五年（1686）擢升戶科給事中，奉命勘
河。有同僚與他意見不合，因而彈劾他和父親兩人各以
不同籍貫出仕。此事經吏部會議，結果他被革職。後來
補國子監學正。康熙四十五年（1706）二月去世，享年
七十九。④《清史稿》和《清史列傳》都把他列入〈循吏
傳〉中。⑤

　　美國國會圖書館藏的《全集》不著刊刻年地，全書共
二十二冊，不分卷。第一、二冊為《萬青閣自訂文集》；
三、四冊為另一種《萬青閣自訂文集》，內容與前集不
同；五、六冊為《萬青閣自訂詩》；七至十冊為《虹青閣
秋集》、《虹青閣勘河詩紀》、《哭臨紀事》、《寄園集字
詩》、《萬青閣歸隱詩》、《丹陽舟次唱和》、《問天旅嘯》、
《臥遙》（按：此本與上述單行本《臥遙》頗有不同，詳下
文）、《萬青閣詩餘》、《燕山秋吟》；十一、十二冊為《萬
青閣制藝》；十三冊為《交山平寇詳文》、《交山平寇書
牘》；十四冊為《交山平寇本末》、《公舉從祀名宦祠》；十
五、十六冊為《晉陽詳案》、《採朮雜咏》；十七冊為《庚辰
匜歲雜感詩》；十九、二十冊為《甲申匜歲雜感疊韻詩》；
二十一、二十二冊即為《波餘》。

---

④　詳參朱彝尊（1629－1709）：〈朝儀大夫戶科給事中降補國子監學正趙
　　君墓誌銘〉，見氏著：《曝書亭集》（《四部叢刊》本），卷77，葉1
　　上－4下。
⑤　見趙爾巽（1844－1927）等：《清史稿》（北京：中華書局，1977
　　年），卷476，〈列傳〉263，〈循吏〉1，冊43，頁12983－12985；《清
　　史列傳》（北京：中華書局，1987年），卷74，〈循吏傳〉1，頁6091－
　　6093。

　　《全集》前有江闓、趙士麟（1629－1699）、姜宸英
（1628－1699）、汪光被等序。江序題康熙二十九年
（1690），姜序題康熙甲戌（三十三年，1694），其餘兩
序不著年月。但是，從第十九、二十冊《甲申匦歲雜感疊
韻詩》這個題目來看，《全集》最早到康熙四十三年
（1704）才刊成。

　　在《全集》中，《臥遙》有二序：即夏駟〈《林臥遙
集》敍〉和煙霞隱者在＂癸酉（康熙三十二年）臘之八日
（1694年1月3日）……拜題於寄園之新又堂＂的序：此
本目錄一行一題；內文不分卷，共有詩題二百五十一，
詩千首；自跋為排字印刷，錯簡在《萬青閣詩餘》後。單
行本《臥遙》則有下列四序：（1）徐秉義（1633－
1711）康熙丙子（三十五年，1696）六月八日序，（2）
汪光被序，（3）趙士麟序（按：序文板心題〈《林臥遙
集》千律序〉），（4）馮雲驢〈讀詩十則〉；其中汪、趙
二序即前述《全集》的汪、趙序文。目錄中的詩題連續排
列，題與題間祇空一格；內文分上、下卷，上卷有詩題
一百二十六，下卷有一百二十五，詩的數目與《全集》本
同；跋則係據手跡稿鐫印。此外，《全集》本板心題《林
臥遙集》，單行本則作《疊韻千律詩》；兩本的題目和詩文
出入亦多。⑥由此可見它們不是同時的刊本。

---

⑥　如《全集》本《臥遙》有〈抃孫南歸，再疊前韻寫意，並懷諸知己，寄
　　兒曹〉，其第一首説：＂谷口松風響石樓，脱身無累猶天游。籠牛甲幸
　　除前鞀，率犢何妨飲上流。藥鼎長尋芎藭去（原注略），酒壚難共阮

　　在《全集》中，《波餘》放在全書之末。前有據戴名世
手跡刻成的序，共載詩五百零五首（詩題一百二十
六）。單行本《臥遙》集末附有《波餘》，序與內文跟
《全集》本出於同一刻板，不同的是它祇載詩一百六十八
首（詩題四十二），亦即是《全集》本的前部份。由於它
的目錄與內文符合，可見它是原本，並無殘缺。

　　《全集》既以《臥遙》和《波餘》分開，為甚麼單行本
《臥遙》附錄《波餘》呢？原來，《波餘》是《臥遙》的續
編。據上節所引戴名世的〈波餘序〉，趙吉士在康熙三十
年按照友人的詩奉韻作答後，以後凡有所作，"皆疊其
韻，共得詩千首"。而當這部詩集雕刻行世以後，趙氏
"復疊其韻，又五百餘，合為一集，名之曰《千疊波
餘》"。所謂 "共得詩千首"，即指《臥遙》。既然《波
餘》為《臥遙》的續編，當後者重刊時附錄前者，作為一
個整體，也是自然而然的事。汪灝（1703年進士）在〈讀
《寄園寄所寄》誌略〉說：

　　　　"主人（趙吉士）好著述吟咏，所作《林臥遙
　　集》詩，疊韻至一千五百律。"⑦

　　稽留（原注略）。故山蟋蟀悲丘壠，我亦心傷白露秋。"（葉 4 上）
　　單行本題目則作〈山中聞抃孫南陽有作〉，第一首詩文如下："烟水時
　　懷舊墅樓，脫身未獲里門遊。籠犢早幸除前豹，牽犢何時飲上流。素
　　緪初乘方汲引，長裾末曳且停留。可堪蟋蟀悲丘壠，爾亦心傷白露
　　秋。"（卷上，葉 6 上）
⑦　見趙吉士：《寄園寄所寄》（美國國會圖書館藏本，出版年地缺），葉
　　1 上下。

當是合《臥遙》和《波餘》為一而言。至於美國國會書館藏單行本《臥遙》為甚麼衹附載《波餘》的前半部，實不可而知。

（三）

現傳戴名世的著作（〈波餘序〉除外）都沒有提到趙吉士，但《波餘》（《全集》本）中和戴名世有關的詩則有下列幾首：

(1)〈寄園雨後同戴田有、汪紫滄、獻其夜坐作〉（四首）⑧

(2)〈園居課讀〉（之四）⑨

(3)〈賦寄子姪秋試并簡諸西席〉（四首）⑩

(4)〈丙子除夕同戴田有、程香升、宋裕菴、謝四普、汪獻其、夏酉山、琬先、金閶客、汪采臣、包瑤昆、汪龍文、蔣鄭賢、劉豈凡、姪九一、男景行、景衢、孫授繼、揆寄園守歲〉（四首）⑪

---

⑧　《全集·波餘》，葉20上下。

⑨　同上，葉24上。其中"譚經虎帳延多士"句下注云："戴田有、汪紫滄、獻其、夏酉山俱設帳寄園訓二小孫。"

⑩　同上，葉29下–30下。該詩有序云："丙子（康熙三十五年）秋……賦此，并寄西席宋豫菴、張昆詒、恂安、簡廷章、子愚、王豹采、白民、戴田有、汪獻其、紫滄、夏酉山、任公魯、閔以寧、家書年、長文。"

⑪　同上，葉49下–50上。

（5）〈由西巖返寄園，喜諸友咸集，酣飲午夜，喜而
　　　有作〉（之三）⑫

（6）〈戴子田有為小孫繼扶師館于寄園者匝歲，忽動
　　　南歸之興，于其西行也，詩以送之〉（四首）⑬

田有是戴名世的別字，⑭上述第二、三、五諸詩都以它稱
呼名世。雖然在上述詩篇中和名世共列的人不少，但祇
有汪紫滄（即汪灝）和汪獻其見錄於名世現傳的作品
中。⑮

---

⑫　同註⑧，葉55下。詩中"他鄉六郡羅師友"注云："桐城戴田有、烏程
　　宋豫庵、夏西山、無錫王宛先、仁和程香升、通州包瑤昆、祁門謝四
　　普、汪獻其。"

⑬　同上，葉62上下。按：戴名世在康熙三十六年春天離開北京，參註
　　⑮。又按：有關戴名世和趙吉士的關係，另參 Pierre - Henri
　　Durand, Lettrés et Pouvoirs: Un Procès Littéraire Dans la Chine
　　Impériale（Paris: Éditions de l'Ecole des hautes études en sciences
　　sociales, 1992），pp.97 - 100, 138, and 369.

⑭　參看戴名世：〈田字説〉，見《南山集偶鈔》（寶翰樓刊本），該文，葉
　　1上 - 2上（按：關於《南山集偶鈔》的刊年，論者多作康熙四十一年
　　（1702），其實并不可靠，參看拙著：〈書北京圖書館藏《南山集偶
　　鈔》後——《憂患集偶鈔》為戴名世初刻文集新證〉，《中華文史論
　　叢》，1988年第 1 輯〔1988年 5 月〕，頁269 - 285）。按：〈《波餘》
　　序〉末有名世三印章，其中一印便是"田有"。

⑮　汪灝曾為戴名世的《子遺錄》作序，見《潛虛先生全集》，卷14（葉數
　　缺）。汪灝亦掛名"《南山集》案"中，參看拙著：《戴名世研究》，
　　頁290 - 292。汪獻其兩見於名世的著作中：第一是〈《北行日紀》
　　序〉："丁丑（康熙三十六年）之春，自燕山反金陵，有南還日記，付
　　祁門汪獻其。已而獻其卒於客舍，其稿無從尋覓。"（《南山集偶
　　鈔》，該文，葉 1 上下）今據《波餘》，知汪氏和名世同於寄園仟西
　　席，所以當名世離開寄園，便把文稿交給汪氏。第二是〈徐詒孫遺稿
　　序〉，名世慨歎"汪獻其文章學問皆卓卓過人而齎志以歿"（《南山集
　　偶鈔》，該文，葉 1 上）。

　　上述諸詩以最後一題四首最為重要，因為汪灝等人評為"田有心事盡為寫出"。⑯迻錄如下：

　　　"參天大樹半遮樓，草草居停逆旅遊。疊石翠來千丈色，高松聲撼遠灘流。疎衾短夢孤棲慣，龕飯殘杯老伴留。曾幾光陰今又別，聲清雪屋客心秋。

　　　"清懷早已厭囂塵，名士風流正自真。羞作江皐投劍客，時來雪夜返舟人。拜趨不苦簪纓累，蹭蹬何曾笑語伸。冰玉一編心賞久，平池漾出穀紋綸。

　　　"重席橫波五十餘，槐松舞影伴幽居。愁深止有頻添酒，病甚依然不厭書。泣玉長將瓊蕊抱，植桑止覺繭絲疎。清明節近寒猶勁，早及家塋薦麥魚。

　　　"牢騷心事不須論，譜輯金蘭好友存。削草龍門傳勝國（原注：時修明史），譚經鱣帳授屛孫。制科逐隊三場屋，督課傳餐五簋樽。出郭甫除遮眼罩，打尖又歇小休墩。"⑰

---

⑯　附錄於趙吉士〈戴子田有為小孫繼抃師館于寄園者匝歲，忽動南歸之興，于其西行也，詩以送之〉後，《全集・波餘》，葉62下。按：詩後所附評語不著撰人，但《全集・臥遙》注 "受業金壇于漢翔章云、白嶽汪灝紫滄較評"。汪灝在〈讀《寄園寄所寄》誌略〉又謂趙氏 "所作《林臥遙集》詩，疊韻至一千五百律（按：此數目包括《波餘》詩而言，詳正文），……紫滄既盡評隲之"（同註⑦）。

⑰　《全集・波餘》，葉62上下。

誠然，這四首詩確把名世冀望出世、不恥拜謁、志切修
明史等心情和意願[18]表達了出來。

《波餘》又提供了名世在康熙三十四年至三十六年間
在北京活動的資料。按：《潛虛先生年譜》所載名世在這
三年間的事蹟甚簡，徵引如下：

> 康熙三十四年："先生四十三歲。是年復入京
> 師"
> 康熙三十五年："先生四十四歲。仍居京師"
> 康熙三十六年："先生四十五歲。是春，自京
> 師返金陵"[19]

現在根據《波餘》，我們知道名世在康熙三十五年春天便
在寄園授課，[20]一直到明年返金陵才結束。

名世在康熙三十六年作〈答趙少宰書〉。文中説，當
名世離開京師時，趙氏親自相送，並告訴名世他的文集
即將刊成，請名世作序。名世南行二十多天便回到金
陵，但因事而沒有作序。兩個月後，名世接到趙氏的書
信，説"序不及待，已使人代為之"。名世感到十分憤

---

[18] 參看拙著：《戴名世研究》，頁26-33。

[19] 見《潛虛先生全集》。按：各種戴名世集附錄的年譜內容繁簡不同，但
關於這三年間活動的紀錄，並無二致。又各集年譜均不著撰人，但原
譜似為戴鈞衡編撰，參看拙著：《戴名世研究》，頁111-112，註[12]。

[20] 戴名世的〈波餘序〉題"康熙丙子春上巳前三日"（詳正文）。趙吉
士説名世"師館於寄園者匝歲"（詳正文及註[16]）：名世又自稱在康
熙三十六年"之春，自燕山反金陵"（詳註[15]）。因此名世當在康熙
三十五年春授課於寄園。

怒，所以要求趙氏刪去“代作之文”。㉑所謂“趙少宰”
即指趙士麟。㉒名世何時認識趙士麟，不可確考。但是，
筆者推測他們可能因為趙吉士的關係而相識。

趙士麟為趙吉士集作序時說：

> “乙亥（康熙三十四年）之秋，吾遊弟恆夫
> （趙吉士）寄園”㉓

相信這不會是唯一一次，而戴名世於次年春天開始在寄
園授課，或因此而結交趙士麟。趙士麟接到名世的信後
有沒有刪去以名世的名義寫的序文，不得而知。不過，
日本京都大學人文科學研究所藏趙士麟的《讀書堂綵衣全
集》，則沒有上述序文。㉔

㉑　《南山集偶鈔》，該文，葉 1 上－2 上。按：徐文駒（1709年進士）在
〈吏部左侍郎趙先生士麟行狀〉中說趙士麟刊刻文集，“越甲戌（康熙
三十三）、乙亥（康熙三十四）、丙子（康熙三十五），全集告成，
題曰《綵衣全集》。”（載於錢儀吉〔1783－1850〕編：《碑集傳》〔光
緒十九年（1893）江蘇書局校刊本〕，卷19，〈康熙朝部院大臣〉下之
上，葉 7 上）與戴名世記載的時間脗合。

㉒　少宰為明清吏部侍郎的俗稱，據《清史稿‧部院大臣年表二上》，趙士
麟於康熙三十年（1691）至康熙三十八年（1699）卒，任吏部漢侍郎
（卷180，〈表〉20，冊22，頁6434－6449）。惟該書〈趙士麟傳〉則謂
趙氏卒於康熙三十七年（1698）（卷275，〈列傳〉62，冊33，頁
10060）。據徐文駒〈吏部左侍郎趙先生士麟行狀〉，趙氏卒於“己卯
（康熙三十八年）五月初八日”（同上註，葉 7 下）。

㉓　見《全集》及單行本《臥遊》，詳註③。

㉔　此為光緒十九年刊本；原書筆者未見，正文資料乃友人古田裕清先生
賜示，謹此致謝。

論清高宗之重修
遼、金、元三史

　　清高宗（愛新覺羅・弘曆1711－1799，1735－1796在位）在位期間，朝廷修史頻仍。其規模之大，數量之多，可說是史無前例。①推究其原因，乃弘曆刻意擔任歷史判官，所以一再重申："《春秋》者，天子之事。"②

---

① 慶桂（1735－1816）等：《國朝宮史續編》（民國二十一年〔1932〕北平故宮博物院圖書館排印本），卷88，〈書籍〉14，〈史學〉1，葉1上。

② 慶桂等：《高宗純皇帝實錄》（以下簡稱《高宗實錄》，《清實錄》〔冊9－27〕本，北京：中華書局，1985－1986年），卷1142，"乾隆四十六年十月癸酉"條，冊15（按：此為《實錄》本身冊數，非《清實錄》全書冊數。下同），頁294。弘曆又說："《春秋》天子之事，是非萬世之公。"（詳本文第四節）。按：弘曆的說法脫胎自《孟子・滕文公下》，引錄如下："世衰道微，邪說暴行有作，臣弒其君者有之，子弒其父者有之。孔子（丘，前551－前479）懼，作《春秋》。《春秋》，天子之事也。"（見《孟子注疏》，載於阮元〔1764－1849〕校刻：《十三經注疏》〔北京：中華書局，1980年〕，卷6下，頁50〔下冊，頁2714〕）孟軻（約前372－前289）認為孔子修《春秋》，以筆法褒貶賢奸，乃僭越天子之權。弘曆重申"《春秋》者，天子之事"，乃據軻說確定褒貶筆削之權，操於天子之手。這是他下令大量修史及堅持諸

作為歷史判官，弘曆不但編撰歷史，還要重修前代的史籍，使它們能"傳信示公"。（詳本文第四節）。就前代史籍來說，遼、金、元三史最為弘曆所關注，重修工作歷時十餘年。而弘曆對重修工作，又賦予政治任務。本文旨在探討弘曆下令重修三史的原委、三史重修的內容和經過，以及與三史重修相關的史學活動。

（一）

弘曆即位初年，雖已批評遼、金、元三史"不及前代，而《元史》成於倉猝，舛謬尤多"，但沒有具體說明三史有甚麼缺失。③直至乾隆十二年（1747）三月，"二十一史刻成"以後，弘曆才陸續提出他的意見。④

史須由他裁定的理論依據。有關弘曆的史學思想，另參喬治忠〈論清高宗的史學思想〉，《中國史研究》，1992年1期（1992年2月），頁154－164（此文後收入氏著：《清朝官方史學研究》〔台北，文津出版社，1994年〕，頁293－295）；葉高樹：〈乾隆時代官修史書的教化功能——兼論乾隆皇帝統御漢人的策略〉，《國立台灣師範大學歷史學報》，22期（1944年6月），頁171－199。

③ 弘曆：〈史論問〉，見氏著：《御製文初集》（乾隆甲申〔二十九年，1764〕自序本，哈佛大學哈佛燕京圖書館藏），卷14，葉4上。按：此文撰年待考，但在卷14中，編於〈乾隆四年三月廷試貢士策問〉（同上，葉5上－6下）之前，所以應是即位初年之作。惟據《高宗實錄》，"策天下貢士"在"乾隆四年己未夏四月"（卷90，冊2，頁385－386）。

④ 二十一史刻成，見《高宗實錄》，卷286，"乾隆十二年三月丙申"條，冊4，頁728。而弘曆具體地提出他對三史的批評，始見於同書，卷295，"乾隆十二年七月丙午"條，冊4，頁863。

　　整體來説，弘曆批評三史的焦點，在於遼（916－1125）、金（1115－1234）、元（1271－1368）三代為邊疆民族所建立，可是，"遼、金、元之史，成於漢人之手，所為如越人視秦人之肥瘠忽然，故曰難"。⑤然而，三史之所以難成"佳史"，⑥實導源於三朝本身沒有完善的條件，可供憑藉。弘曆解釋説：

>　　"夫 遼、 金 之 非 若 唐（618－907）、 宋（960－1127）之興於內地而據之也。又其臣雖有漢人通文墨者，非若唐、宋之始終一心於其主。語言有所不解，風尚有所不合。且遼、金、元皆立國不久，旋即遜出，則所紀載，欲其得中得實，蓋亦難矣。夫遼、金、元之史紀內地，而欲其得中得實，尚且難之，況紀邊關以外荒略之地乎？其不能得中得實，亦益明矣。"⑦

弘曆以金朝為例，指出"金全盛時，索倫、蒙古亦皆所服屬，幅幀遼廣，語音本各不同"。可是，"當時惟以國語為重，於漢義音義，未嘗校正畫一"，以致出現"聲相近而字未恰合"，及"語似是而文有增損"的情況。"至於姓氏，惟當對音，而竟有譯為漢姓者"。⑧本來，

---

⑤　弘曆：〈《熱河志》序〉，見氏著：《御製文二集》（乾隆五十一年〔1786〕自序本，哈佛大學哈佛燕京圖書館藏），卷17，葉 5 上下；又見《高宗實錄》，卷1132，"乾隆四十六年閏五月丙午" 條，冊15，頁130。

⑥　同註③。

⑦　同註⑤。

⑧　《高宗實錄》，卷295，"乾隆十二年七月丙午" 條，冊 4，頁863。

金朝曾〝製女直大小字〞，可資稽查，可惜它們〝未經
流傳中外，而又未經譯以漢字，其後裔式微，遂無以考
證〞。⑨以致後人〝閱漢字《金史》，其用漢字音註國語
者，本音幾不可曉〞。⑩元朝亦沒有合格的翻譯人才，一
方面是〝蒙古人不深明漢文，宜其音韻弗合，名不正而
言不順，以致紀載失實也〞；⑪另一方面，〝漢人不解
（蒙古）語義，錯謬譯出者，不勝屈指數〞，其中多係
〝捉影之談〞，可謂〝怪誕可笑〞。⑫

　　至於漢人不歸心而導致音譯錯誤的問題，弘曆又申
述說：

　　　　〝遼、金、元三國之譯漢文，則出於秦越人視
　　　　肥瘠者之手，性情各別，語言不通，而又有謬寓嗤
　　　　斥之意存焉。〞⑬

---

⑨　　弘曆等：《評鑑闡要》（《景印文淵閣四庫全書》本），台北：台灣商務
　　　印書館，1983年，〈史部〉452，〈史評類〉，冊694），卷 8，〈遼女真
　　　部節度使烏古鼐卒綱〉，葉 5 下－6 上（總頁521－522）：又見傅恒
　　　（ ？－1770 ）等：《御批歷代通鑑輯覽》（《景印文淵閣四庫全書》本，
　　　〈史部〉96，〈編年類〉，冊335－339），卷77，葉65上下（冊338，總
　　　頁210）。

⑩　　《高宗實條》，卷365，〝乾隆十五年五月辛酉〞條，冊 5，頁1028。

⑪　　弘曆：〈讀《宋史·河渠志》〉，《御製文二集》，卷36，葉 5 上。

⑫　　**《評鑑闡要》，卷 9**，〈蒙古令巴圖魯攻城，杜杲募善射者用小箭射其
　　　目目〉，葉15上（總頁541）：又見《御批歷代通鑑輯覽》，卷92，葉40
　　　下（冊338，總頁703）。

⑬　　弘曆：〈改譯遼金元三史序〉，《御製文二集》，卷17，葉 7 下－8 上：
　　　又見《高宗實錄》，卷1154，〝乾隆四十七年四月辛巳〞條，冊15，頁
　　　465。按：此文又戴於《國朝宮史續編》，題為〈聖製改譯遼金元三史
　　　序〉（卷92，〈書籍〉18，〈字學〉，葉 5 上下）：又分別見於托克托
　　　〔1238－1297〕等《遼史》（《景印文淵閣四庫全書》本，〈史部〉47，

三國漢人如何借譯漢文"謬寓嗤斥之意"，弘曆並未說明。但對"宋人記載"中的蒙古音譯，則有下引一段批評：

> "蒙古地廣族繁，部落不一。⋯⋯宋人記載，大約得諸傳聞，音譯既不免沿訛，且以醜字為詆訾，于是萌骨、朦骨、肓骨、蒙兀、蒙骨斯諸名，錯見載籍，音淆字舛，實可鄙笑。"⑭

由此推測，所謂"謬寓嗤斥之意"，應指"以醜字為詆訾"的行徑。

儘管弘曆認為"遼、金、元之譯漢文"為導致三史失實的遠因，但是直接使到三史失實的，還是它們的修撰者。弘曆評論三史修撰者的缺失，亦以音譯問題為焦點。他說：

> "前史所載遼、金、元人、地、官名，率多承譌襲謬，展轉失真。又復詮解附會，支離無當。甚於對音中曲寓褒貶，尤為鄙陋可笑。蓋由章句迂生，既不能深通譯語，兼且逞私智，高下其手，訛以傳訛。"⑮

〈正史類〉，冊289）、《金史》（同上，〈史部〉48－49，〈正史類〉，冊290－291）及宋濂（1310－1381）等《元史》（同上，〈史部〉50－51，〈正史類〉，冊292－293）三書卷首，題為〈御製改譯遼金元三史序〉。

⑭　《評鑑闡要》，卷8，〈蒙古在女真之北，唐為蒙兀部，亦號蒙骨斯目〉，葉24下－25上（總頁531）；又見《御批歷代通鑑輯覽》，卷85，葉43下－44下（冊338，總頁446－447）。

⑮　《高宗實錄》，卷898，"乾隆三十六年十二月戊寅"條，冊11，頁1099；又見《國朝宮史續編》，卷92，〈書籍〉18，〈字學〉，葉4上。

換言之，修史者犯了三方面的錯誤：第一是承襲前人的
訛謬，第二是附會支離，第三是暗寓褒貶。

在承襲前人訛謬方面，弘曆謂"元臣纂錄（《金
史》），又不過沿襲紀載舊文，無暇一一校正，訛以傳
訛，有自來矣"。⑯又以《元史》為例，指出"《元史》
之達魯花赤，以今蒙古音譯之，當為達魯噶齊；不華，
當為補哈"。而錯譯的原因，乃"史氏或以己意為音，
或出於當時承習"。⑰

至於附會支離方面，弘曆以《金史》為例，指出"元
人所著〈金國語解〉一篇，又多臆度失真"。例如，"勃
極烈即今貝勒，為管理眾人之稱，乃解為猶漢云冢宰，
附會無當"。又如"猛安，音近今明安。明安，千也，
與千夫長相協謀克之為百夫長，義實難通，或即今語穆
昆，為族長之轉，猶可比合"。⑱ 又以《元史》為例，認
為"奇渥溫乃卻特之誤，蓋蒙古卻特與奇渥溫字形相
似，當時宋濂輩承修《元史》，既不諳其國語，又不辨其
字文，率憑粗識蒙古字之人，妄為音譯，遂誤以卻特為
奇渥溫，不啻魯魚之舛"。⑲

---

⑯　同註⑧。

⑰　同註⑩。

⑱　同註⑨。

⑲　《評鑑闡要》，卷 9，〈元太祖卻特穆津元年注〉，葉 6 下（總頁
537）；又見《御批歷代通鑑輯覽》，卷90，葉 1 上 - 2下（冊338，總
頁608 - 609）。按：有關宋濂等修《元史》的缺點，弘曆又說："宋濂
諸人修《元史》，秦人肥瘠視如越。世祖（元世祖忽必烈，1215 -

　　至於暗寓褒貶方面，弘曆以《金史》為例，以為"《金史》成於漢人之手，於音譯既未諳習，且復任情毀譽，動輒以醜字肆其詆訾"。例如把"烏珠"書成"兀朮"；把"貝勒"誤為"勃極烈"或"孛堇"，弘曆認為"實可鄙笑"。⑳

　　除上述三項錯誤外，弘曆又指摘修史者淺陋，不諳史法。例如，他認為《金史》中的文法，乃多未有當者"。好像書中，"稱元兵為大兵、大軍，以元臣修《金史》，理固宜然"。可是，史臣"於大兵、大軍等句下，或接稱上，或稱朝廷，則又皆敍金朝事，略無界限分別"。使到"淺學者觀之，幾不能辨其為何代語"。因此，弘曆批評《金史》"文義不佳"。不過，弘曆更不滿的，是修史者"輕貶勝國"的態度。他強調修史者對勝國"痛加詆斥，實為非體"。他說：

　　　　"夫一代之史，期於傳信，若逞弄筆鋒，輕貶勝國，則千秋萬世之史，皆不足信，是則有關於世

1294，1260－1294在位）一帝十三卷，既冗長仍失隱汨，歐陽（歐陽修，1007－1072）逸馬笑繁文，千古史筆鮮精核。"（氏著：〈全韻詩・元世祖〉，見氏著：《御製詩四集》〔《清高宗（乾隆）御製詩文全集》本，北京：中國人民大學出版社，1993年〕，卷49，葉32上〔冊7，頁68〕）。至於詩中所用歐陽修典，詳見詩中注，恕不徵引。

⑳　《評鑑闡要》，卷8，〈遼女真部節度使烏古㢁卒綱〉，葉6下（總頁522）；又見《御批歷代通鑑輯覽》，卷77，葉66下（冊338，總頁211）。按：弘曆在〈增訂清文鑑〉序中，又舉這些例子（見《御製文二集》，卷16，葉8下；又見，《國朝宮史續編》，卷92，〈書籍〉18，〈字學〉，葉2下）。

道人心者甚大。"㉑

　　從上文可見，弘曆對遼、金、元三史的批評，重點
在三史人、官、地名的音譯方面。而在三史中，他最關
注《金史》，《元史》次之，《遼史》則未被他提出具體的
討論。

（二）

　　乾隆朝的重修遼、金、元三史，並不是將三史全部
修改，而是按《同文韻統》之例，重修三史〈國語解〉及
將三史中人、地、官名改正，其方針是"正其字，弗易
其文"。㉒弘曆在事後回顧說：

　　　"前因遼、金、元三史人、地名原名原文，俱
　　係當時國語，而後之修史者不諳文義，率以不善語

㉑　弘曆：〈讀《金史》〉，《御製文二集》，卷35，葉2上下；又見《金
　　史》，題為〈御製讀《金史》〉（〈御製文〉，葉1上－2上〔冊290，總頁
　　2－3〕。按：〈讀金史〉一文屬《御製文二集》中的〈雜著〉類，文末
　　說："書此以揭重刊《金史》之首。"（葉3下）《高宗實錄》以此文
　　為弘曆為《金史》作的序（卷987，"乾隆四十七年七月壬申"條，冊
　　13，頁177），恐不合弘曆本意。
㉒　同上。按：《同文韻統》乃清廷為統一滿洲、蒙古語對譯漢文而編纂。
　　據弘曆說："向來內外各衙門，題奏咨行事件，凡遇滿洲、蒙古人、地
　　名，應譯對漢字者，往往任意書寫，並不合清文、蒙古文本音，因而
　　舛誤鄙俚之字，不一而足。甚至以字義之優劣，強為分別軒輊，尤屬
　　可笑。方今海寓車書大同，《清文鑑》一書，屢經釐定頒示。且曾編輯
　　《同文韻統》，本三合切音，詳加辨訂，合之字音，無銖黍之別。"
　　（《高宗實錄》，卷905，"乾隆三十七年三月甲子"條，冊12，頁
　　99）

言，為之譯寫。是以數年來，特命館臣按照各史，

不改其事，但將語言詳加改正，鋟板重修。"㉓

三史的重修以《金史》最先。當清廷校刻二十一史時，弘曆"因校閱《金史》，見所附〈國語解〉一篇，其中訛舛甚多"，於是在二十一史刻成後，仍"命大學士訥親（？－1749）、張廷玉（1672－1755）、尚書阿克敦（1685－1756）、侍郎舒赫德（1711－1777）用國朝校定切音，詳為辨正，令讀史者咸知金時本音本義，訛謬為之一洗，並註清文，以便考證"。弘曆希望事成後，"用校正之本，易去其舊"，以求達到"考古信今，傳世行遠‧均有裨焉"。不過，弘曆下令改正祇限於官本，"其坊間原本，聽其去留"。㉔這是修訂三史工作的第一項，當時是乾隆十二年七月。

第二項工作是在三十年代展開的，而且不局限於《金史》。當弘曆在批閱《歷代通鑑輯覽》的進稿時，感到"前史所載遼、金、元人、地、官名，率多承訛襲謬，展轉失真，又復詮解附會，支離無當，甚於對音中曲寓褒貶"。因此他"每因摛文評史，推闡及之，並命館臣就遼、金、元史〈國語解〉內，人、地、職官、氏族及一切名物象數，詳晰釐正，每條兼系以國書，證以三合切

㉓　《高宗實錄》，卷1253，"乾隆五十一年四月壬辰"條，冊16，頁838－839。

㉔　同註⑧。

韻，俾一字一音，咸歸脗合，並為分類、箋釋，各從本
來意義，以次進呈，朕為親加裁定"。㉕

　　乾隆三十六年（1771），弘曆下令編撰《遼金元三史
國語解》。㉖同年十二月，其中《金史》部分已經完成。
而弘曆已急不及待，開始重修三史第三項工作。原來弘
曆感到"今金國語解，業已訂正蕆事，而諸史原文，尚
未改定，若俟遼、元國語續成彙訂，未免多需時日"。
於是他下令將"金國語解"交給方略館，"即將《金史》
原本先行校勘"。校勘的原則是："除史中事實久布方

㉕　同註⑮。按：紀昀（1724－1805）等為《御批歷代通鑑輯覽》撰提
　　要，說此書在"乾隆三十二年（1767）奉勅撰"（見《御批歷代通鑑
　　輯覽·目錄》，葉25上〔冊335，總頁29〕；又見永瑢（1744－1790）
　　等：《四庫全書總目》〔北京：中華書局，1965年〕，卷47，〈史部·編
　　年類〉，上冊，頁430），不確。上海古籍出版社出版《歷代通鑑輯覽》
　　一書，亦謂"乾隆三十二年開始編纂"（上海：上海古籍出版社，
　　1990年，〈出版說明〉，頁 1），大概沿襲提要的說法，而沒有考證它
　　在甚麼時候開始編纂。據筆者考證，此書約在乾隆二十四年奉勅編
　　修，參看本書〈清高宗綱目體史籍編纂考〉一文。
㉖　《國朝宮史續編》，卷92，〈書籍〉18，〈字學〉，葉 4 上（按：《國朝宮
　　史續編》所記書名為《欽定遼金元三史語解》）；又《故宮所藏殿板書
　　目》（民國二十二年〔1933〕故宮博物院圖書館排印本），卷 2，〈史
　　部·編年類〉，"《欽定遼金元三史國語解》四十六卷"條，葉 2 上。
　　按：紀昀等為《欽定遼金元三史國語解》撰寫提要，一說"乾隆四十
　　七年（1782）奉著撰"（《欽定遼金元三史國語解》〔《景印文淵閣四庫全
　　書》本，〈史部〉54，〈正史類〉，冊296〕，〈提要〉，葉 1 上〔總頁 1〕；
　　一說"乾隆四十六年（1782）奉勅撰"（《四庫全書總目》，卷46，〈史
　　部·正史類〉2，"《欽定遼金元三史國語解》四十六卷"條，上冊，頁
　　415），均誤。至於《四庫全書》中原纂提要與《四庫全書總目》中提
　　要之間的同異，參看黃愛平：《四庫全書纂修研究》（北京：中國人民
　　大學出版社，1989年），頁327－336。

策，無庸復有增損外，其人、地、職官、氏族等，俱依新定字音，確鑿改正。”至於遼、元二史，則“俟國語解告竣後，亦即視《金史》之例，次第釐訂畫一，仍添派纂修官，分司其事，總裁等綜理考覈，分帙進覽候定。”㉗

關於第三項工作，有兩點必須注意。首先，第三項工作是在乾隆三十六年底開始的，它的任務是按照清朝新編的三史國語解，更正三史原文，而這項工作與第二項工作同時進行。其次，也是較重要的，重修三史在改正人、地、職官、氏族等音譯，而不改動文字。弘曆說：

> “乃改譯漢文，譯其國語之訛誤者。至於其國制度之理亂、君臣之得失，未嘗一字易，蓋史者信也，所以傳萬世、垂法戒。彼其時之史，或已不能保其必信，數百年之後，無庸為之修飾。且改譯者不過正其訛誤之語，而其舊史之布天下者自在也。讀史者執舊簡而證以新書，則可知語之異而事之同。”㉘

因此，儘管弘曆認為三史有多方面的缺點，但清廷的工作衹在更正其中音譯的訛舛而已。

弘曆對編修三史國語解和校正三史的工作，甚為重

㉗　同註⑮。
㉘　弘曆：〈改譯遼金元三史序〉，《御製文二集》，卷17，葉 7 上下；又見《高宗實錄》及《國朝宮史續編》等書，詳註⑬。

視。如在乾隆三十七年（1772）四月殿試策論的題目中，考問及其事。㉙次年十月，獎勵"在方略館效力行走，辦理金、元國語解及校訂遼、金、元三史對音頗能盡心"的宋銑（1760年進士），認為宋銑"在翰林中，學問尚優，著如恩授為編修，充方略館纂修官，以示鼓勵"。㉚可是，兩個月後，弘曆"批覽方略館所進《金史》"，發現"內有圈點訛錯數處，並有誠字訛寫城字"，便將"承辦之編修宋銑，著交部察議"。㉛

乾隆四十年（1775）七月，"重刊《金史》成"。㉜至於遼、元二史國語解在甚麼時候完成，不可考。但在乾隆四十二年（1777）三月軍機大臣等奏"遵查未竣書籍"十六種的名單中，《遼史》和《元史》都榜上有名。如果按照上述重校《金史》的程序，二史語解必已完成，然後二史才進行校勘。無論如何，據軍機大臣指出，在這十六種書籍中，《遼史》和《元史》等十四書未"派有

㉙ 此次試題的有關內容如下："歷代諸史，嚮敕館臣校刊，嘉惠海內。近以遼、金、元三史人、地、官名，多淆於後代儒生之手，或一人而兩傳，或一地而數名，至於釋義對音，動成乖舛。因命重加釐正，各極精詳，其餘臚事繁時，悉仍其舊。顧《金史》多本劉祁（1203－1250）《歸潛志》，《元史》多本虞集（1272－1348）《學古錄》。今以史文相覈，率有矛盾，何耶？"（《高宗實錄》，卷907，"乾隆三十七年四月丙戌"條，冊12，頁133－134）

㉚ 《高宗實錄》，卷944，"乾隆三十八年十月丙戌"條，冊12，頁775－776。

㉛ 同上，卷949，"乾隆三十八年十二月庚戌"條，冊12，頁866。

㉜ 同上，卷987，"乾隆四十年七月壬申"條，冊13，頁177。

專管總裁"。他們便請旨"派專管之員,責成定限速纂"。於是弘曆派遣英廉(1707-1783)和錢汝誠(1722-1779)為二史總裁。㉝

乾隆四十三年(1778)三月,軍機大臣報告各書修纂進度,以《遼史》、《元史》"卷帙較多,請展限趕辦"。得旨:"各處應進之書,止須按卯分進,轉不必立定期限,如屆期遲誤,即奏明參處。"㉞乾隆四十六年十一月,"方略館進呈遼、金、元三史告竣",吏部"請將滿漢纂修各員,照例分議敘"。於是弘曆下旨獎勵。㉟乾隆四十七年四月,"改譯遼、金、元三史告成",弘曆為作序文。㊱乾隆五十年(1785)十二月,《遼金元三史國語解》告成,承辦纂修等官,議敘有差"。㊲

㉝　同註㉚,卷1029,"乾隆四十二年三月乙未"條,冊13,頁800-801。
㉞　同上,卷1052,"乾隆四十三年三月壬戌"條,冊14,頁59。
㉟　同上,卷1144,"乾隆四十六年十一月辛丑"條,冊15,頁333。
㊱　同上,卷1154,"乾隆四十七年四月辛巳"條,冊18,頁465。按:中華書局編輯部謂清廷在"乾隆四十六年,對遼、金、元三史譯名進行了謬誤百出的妄改,挖改了(乾隆四年武英)殿本的木板,重新刷印"(見脫脫〔即托克托〕等:《元史》〔北京:中華書局,1976年〕,〈出版說明〉,頁3),不合《高宗實錄》的紀年。
㊲　《高宗實錄》,卷1245,"乾隆五十年十二月乙未"條,冊18,頁732。按:孫文良、張杰、鄭川水《乾隆帝》說:"《遼金元三史國語解》編成之後,乾隆命以是書為依據,對三史人名地名錯譯之處一體改正,重新刊刻,并親自做序言。"(長春:吉林文史出版社,1993年,頁361)實顛倒了三史重修與《遼金元三史國語解》編成的次序。又按:《故宮所藏殿板書目》載有"《欽定遼金元三史語解》四十六卷"的"(乾隆)四十六年刊本"(卷2,〈史部・編年類〉,葉2上),令人費解。

　　從上述重修三史和編纂《遼金元三史國語解》的經過可見，在三史中，弘曆最重視《金史》。早在乾隆十二年，已將《金史》校正。三、四十年代的兩項工作，又以《金史》為先。這些現象與他批評三史時流露對《金史》特別關注的態度，是互為表裏的。其次，《遼史・國語解》的編修與《遼史》的重訂似乎為乾隆君臣所忽視。如弘曆在〈《增訂清文鑑》序〉說："嚮評《通鑑輯覽》，糾前史譯本失真，則有校正金、元國語解之命。"[38]便沒有提到《遼史・國語解》。而《御批歷代通鑑輯覽》有一則凡例，亦衹提及"金、元二史出自後代儒臣之手，大抵音譯失宜，乖舛滋甚"，"今並遵旨詳加譯改"，[39]同樣遺漏《遼史》。又如乾隆三十七年的殿試策論題目雖指"遼、金、元三史人、地、官名，多淆於後代儒生之手"，但所考問的，僅是金、元二史而已。[40]上述情況，與弘曆評論三史的缺失時甚少單獨提到《遼史》的作風，可謂一致。誠然，女真為滿洲祖先，《金史》最受弘曆關注，自是意料中事。至於遼、元二朝，其後裔雖皆清朝"隸臣僕，供宿衞"，（詳本文第三節）但蒙古族在清朝眾多民族中，實為大宗，索倫族不可與之相提並論。

---

[38]　《御製文二集》，卷16，葉 8 上；又見《國朝宮史續編》，卷92，〈書籍〉18，〈字學〉，葉 2 下。

[39]　《御批歷代通鑑輯覽・凡例》，葉 6 下（冊335，總頁 8 ）。

[40]　同註[29]。

況且弘曆對蒙古"尤善撫綏"，使到滿蒙關係更為密切。[41]

因此，弘曆重視《元史》而忽視《遼史》的態度，亦是可以理解的。

（三）

弘曆既批評前史所載遼、金、元三朝的人、地、官名"訛以傳訛，從未有能正其失者"，[42]那麼清朝具有甚麼條件可以洞悉其失呢？分析弘曆的意見，不外有三：

第一，滿清為邊疆民族，金朝更是他們的祖先，所以較漢人多認識三朝的語言文字。弘曆就金朝說：

> "金源即滿洲也，其官制，其人名，用本朝語
> 譯之，歷歷可見。既灼見其謬，豈可置之不論？"[43]

又就元朝指出，"各國各有其語，各有其字"，但是滿洲與蒙古同為"一字一音，即盡其一字一音之義，從無一

---

[41] 昭槤：（1776－1829）《嘯亭雜錄·善待外藩》說："蒙古生性強悍，世為中國之患。……本朝威德布揚，凡氈裘月窟之士，無不降服，執贄效順，無異世臣。純皇恢廓大度，尤善撫綏，凡其名王部長，皆令在御前行走，結以親誼，托諸心腹，故皆悅服駿奔。"（北京：中華書局，1980年，卷1，頁17）按：關於清朝統治蒙古的政策，參看何輝彰：《滿清治蒙政策之研究》（台北：私立東吳大學中國學術著作獎助委員會，1987年）；又盧明輝：《清代蒙古史》（天津：天津古籍出版社，1990年），頁59－105。

[42] 同註⑮。

[43] 《高宗實錄》，卷295，"乾隆十二年七月丙午"，冊4，頁863。

音而有兩字以至數字"。不過，"漢字則一音有多至數字者"，於是以漢字進行繙譯，"得以意為愛憎，每取惡字以示見貶"。㊽

第二，清朝正"當一統同文之盛"，遼、金、元後裔皆"隸臣僕，供宿衛"。因此，清廷能向他們"親為諮訪，於其言語音聲，俱能一一稽考"，而"無纖微之誤"。㊺弘曆就金朝說：

> "金源肇起東方，與本朝滿洲之地同一疆域。如完顏為金國族，至今隸我旗籍，而今之傅察氏即金蒲察轉音，此其明證也。間考史冊所載，金語與今國語類多脗合。"㊻

又就元朝說：

> "我國家自太祖（愛新覺羅‧努爾哈赤，1559－1626，1616－1626在位）、太宗（愛新覺羅‧皇太極，1592－1643，1626－1643在位）以來，近邊諸蒙古部落，久為世臣。而至今則喀爾喀、青海及準噶爾之四衛拉特前後歸順，蓋無一蒙古之非我臣矣。諸部語言音韻，剛柔雖略殊，而大

㊽　《評鑑闡要》，卷8，〈遠女真部節度使烏古廓卒綱〉，葉6上；又見《御批歷代通鑑輯覽》，卷77，葉65上－66下（冊338，總頁210－211）。

㊺　同註⑮。

㊻　同註⑨。

段則一。即國語雖與蒙古語異，而亦有一二相同
者。⑰

此外，弘曆本人精通滿、漢、蒙、維吾爾、藏五種文
字，⑱正如四庫館臣說：

　　　　"我皇上聖明天縱，邁古涵今。洞悉諸國之
　　　文，灼見舊編（按：指"三史所附〈國語解〉"）
　　　之誤。特命館臣，詳加釐定。併一一親加指示，務
　　　得其真。以索倫語正《遼史》，……以滿洲語正
　　　《金史》，……以蒙古語正《元史》。……各一一著
　　　其名義，詳其字音。字音為漢文所無者，則兩合三
　　　合以取之。……即不諳繙譯之人，繹訓釋之明，悟
　　　語聲之轉，亦覺釐然有當於心，而恍然於舊史之誤
　　　也。"⑲

誠然，乾隆君臣在語言方面所具的條件，是三史編纂者
所不逮的。

---

⑰　弘曆：〈《滿珠蒙古漢字三合切音清文鑑》序〉，《御製文二集》，卷
　　17，葉 2 下－3 上。弘曆又說："我朝中外一家，蒙古諸部久為臣僕，
　　其語言音義，咨識所及，皆可周知。"（《評鑑闡要》，卷 9，〈元太祖
　　卻特穆津元年注〉，葉 6 上〔總頁537〕；又見《御批歷代通鑑輯覽》，
　　卷90，葉 1 上下〔冊338，總頁608〕）
⑱　《乾隆帝》，頁332－335。按：有關弘曆學習外語的情況，弘曆在〈
　　《滿珠蒙古漢字三合切音清文鑑》序〉中說："朕即位初，以為諸外藩
　　歲來朝，不可不通其語，遂習之。不數年而畢能之，至今則曲盡其道
　　矣。侵尋而至於唐古特語，又侵尋而至於回語，亦既習之，亦既能
　　之。既可以為餘暇之消遣，復足以聯中外之性情。"（同上註）
⑲　見紀昀等為《遼金元三史國語解》所撰提要（《欽定遼金元三史國語解·
　　提要》，葉 2 下－4 上〔總頁3－4〕）；又見《四庫全書總目》，卷46，
　　〈史部·正史類〉2，上冊，415。

　　第三，滿清雖為邊疆民族，但是當時漢人臣服已
久；而在大臣當中，不乏既諳清語，又通諸國文字的
人。他們的學識和心態，斷非遼、金、元三朝漢臣所能
比擬。弘曆自豪地說：

　　　　"遼、金雖稱帝，究屬偏安；元雖一統，而主
　　　中華者纔八十年。其時漢人之為臣僕者，心意終未
　　　浹洽。我國家承天庥命，建極垂統，至於今，百四
　　　十年矣，漢人之為臣僕者，自其高曾逮將五世，性
　　　情無所不通，語言無所不曉。且今之纂修諸臣，即
　　　有善通清書，兼習諸國字之人。則茲三史，必當及
　　　此時而改譯其訛誤者，是則吾於遼、金、元三代，
　　　實厚有造而慰焉。"⑩

既然"漢人已數世被覆載生育，其語言風向，薰陶漸
漬"，所以弘曆呼籲世人，對待他的"纂修諸臣"，"不
可以遼、金、元之漢臣例之"。⑪

（四）

　　"傳信示公"是弘曆下令重修遼、金、元三史時揭
櫫的口號，他說：

　　　　"遼、金、元三史人、地名音譯訛舛，鄙陋失

----

⑩　同註⑬。
⑪　同註⑤。

　　　　實者多，因命儒臣，⋯⋯概行更錄。蓋正其字，弗

　　　　易其文，以史者所以傳信示公，不可以意改也。"⑤

然而，弘曆又離析"傳信"和"示公"為二，將它們代

表歷史記載的兩種境界。

　　"信"是歷史應具備的基本條件，"傳信"是歷史記

載首要任務。因此，弘曆說："一代之史，期于傳信。"㊾

由於他認為遼、金、元三史未能履行"傳信"的使命，

所以他負起改正三史"踳駁"的責任，"用昭闡疑傳信之

至意"。⑭他說：

　　　　"昨因評纂《通鑑輯覽》，於金、遼、元人、

　　　　地名之訛謬者悉為改正，復命廷臣重訂金、遼、元

　　　　國語解，將三史內譌誤字樣，另行刊定，以示傳

　　　　信。"⑤

弘曆自誇清廷對三史的修訂，能"使讀史者心目豁然，

不為前人謬妄所惑"，⑯"俾讀史者得免耳食沿譌之

陋"。⑰即是說，三史經過清廷修訂後，才能達到"傳

信"的境界。

－－－－－－－－－－

㉒　同註㉒。
㉓　同註㉑。
㊾　同註⑮。
⑤　《清宗實錄》，卷905，"乾隆三十七年三月甲子"條，冊12，頁99－
　　100。
⑯　《評鑑闡要》，卷8，〈遼女真部節度使烏古廼卒綱〉，葉6下－7上
　　（總頁522）；又見《御批歷代通鑑輯覽》，卷77，葉67上（冊308，總
　　頁211）。
⑰　同註⑲。

　　"公"是歷史應具備的客觀精神，"示公"是歷史記載的聖神使命。弘曆所謂"示公"，是指"秉大公至正"的態度，"以昭褒貶之公"。⑤弘曆認為，"《春秋》一字之褒貶，示聖人大公至正之心"，可是"遼、金、元三國之譯漢文"，每"有謬寓嗤斥之意存焉"，不是"《春秋》一字褒貶之為"。⑤由於弘曆堅持"《春秋》天子之事，是非萬世之公"，而遼、金、元三史的修撰者既非天子，他們所作的褒貶又不得當，所以他希望借修訂三史，"以昭綱常名教、大公至正之義"。⑥他說：

　　　　"前以遼、金、元三史內，人名字義，多未妥
　　協。因命編纂諸臣，……詳加更正。蓋緣金、元入
　　主中國時，其人未盡通曉漢文，以致音同誤用，而
　　後之為史者，既非本國人，更借不雅之字，以寓其
　　詆毀之私，是三史人名不可不亟為釐定，而昭大公
　　之本意也。"⑥

不過，我們必須注意，弘曆不是要藉釐定三史人、地、

---

⑤　《高宗實錄》，卷1142，"乾隆四十六年十月癸酉"條，冊15，頁294。
　　按："大公至正"是弘曆的口頭禪，在他的詔諭中俯拾皆是，不煩舉
　　例。弘曆之所以強調"大公至正"，是因為他認為"大公至正，乃帝
　　王圖治之本"（見《御批歷代通鑑輯覽》，卷79，葉50下〔冊308，總
　　頁278〕）。

⑤　同註⑬。

⑥　弘曆：〈命館臣重訂《契丹國志》論〉，《御製文二集》，卷8，葉7
　　下－9下；又見《高宗實錄》，卷1143，"乾隆四十六年十月乙酉"條，
　　冊15，頁311。

⑥　《高宗實錄》，卷1054，"乾隆四十三年四月乙未"條，冊15，頁83。

官名而進行新的褒貶，所謂"昭褒貶之公"、"昭……
大公至正之義"、"昭大公之本意"，乃揭示三史的音
譯實係"無關褒貶而實形鄙陋"，祇反映漢人狹隘的種
族偏見，不符合"大公至正"的客觀精神。（詳下文）

　　弘曆強調"示公"，實有不可忽視的政治背景。三
史的改訂，除了是一項史學工作之外，還有政治作用。
清廷以邊疆民族入主中原，不但統治漢人，而且降服沿
邊各民族，建立一個疆土遼闊的多民族國家。用弘曆的
說話，就是"一統同文"、"海寓同文"的局面。弘曆
反覆指出，重修三史與這局面息息相關。如說：

> "我國家中外一統，治洽同文，不忍金朝之人
> 名、官族為庸陋者流傳所誤，因命廷臣悉按國語改
> 正。"[62]

又說：

> "因為（《元史》音譯）參稽譯改，以正史鑑
> 之疑，舉數百年之踏謬，悉與辨別闡明，以昭一統
> 同文之盛。"[63]

又說：

> "朕非於此等音譯字面，有所偏袒，蓋各國語
> 音不同，本難意存牽合。即如滿洲、蒙古文，譯為

---

[62]　《評鑑闡要》，卷8，〈遼女真部節度使烏古鼐卒綱〉，葉6下（總頁
522）；又見《御批歷代通鑑輯覽》，卷77，葉66下－67上（冊308，總
頁211）。

[63]　同註⑲。

漢文，此音彼字，兩不相涉。乃見小無識之徒，欲以音義之優劣，強為分別軒輊，實不值一噱。朕每見法司爰書，有以犯名書作惡劣字者，輒令改寫。而前此回部者，每加犬作狪，亦令將犬旁删去。誠以此等無關褒貶而實形鄙陋，實無足取。況當海寓同文之世，又豈可不務為公溥乎？”64

由此可見，弘曆所謂的“公”，有其特定涵義，是指在“一統同文之盛”局面下的“公”，亦即是一種反對“大漢族主義”而標舉的種族平等觀念。換言之，弘曆重修三史的政治目的，就是在“一統同文之盛”的局面下，為從前漢人所修的邊疆民族朝代的歷史進行一次大清洗，使它們能符合清朝當時“大公至正”的要求。

其次，雖然弘曆下諭以“正其字，弗易其文”的原則改訂三史，卻在諭文中不忘針砭三史音譯以外的缺失，而尤不滿於三史修撰者“輕貶勝朝”的態度。弘曆此舉並非無的放矢。簡而言之，就是藉此而彰顯清廷修《明史》及其他史籍時所持的“大公至正”態度。他說：

“……若我朝修《明史》，於當時賢奸善惡，皆據事直書，即各篇論贊，亦皆覈實立言，不輕為軒輊，誠以作史乃千秋萬世之定論，而非一人一時之私言。予向命纂《通鑑輯覽》，於明神宗（朱翊鈞，1563 - 1620，1572 - 1620在位）以後，仍大書

64 《高宗實錄》，卷983，“乾隆四十年五月甲子”條，冊15，頁121。

明代（1368－1644）紀年，而於本朝定鼎燕京之
初，尚存福王（朱由崧，？－1646，1644－1645在
位）年號，此實大公至正，可以垂示天下後世。豈
若元托克托等之修《金史》，妄毀金朝者之狃於私
智小見所可同日語哉？"⑥

總之，三史的重修負有為政治服務的使命，不是一項純
粹的史學活動，而後人對此次重修三史亦毀譽參半。⑥

（五）

　　在重修遼、金、元三史〈國語解〉及更正三史音譯的
同時，弘曆又下令修改清朝前此所編史籍的相關部分。
如乾隆四十年重編《明紀綱目》的其中一個原因，是該書
"所載青海、朵顏等人名對音，沿用鄙字，與今所定《同文
韻統》音字及改正遼·金·元〈國語解〉，未為畫一"。⑥

---

⑥　弘曆：〈讀《金史》〉，《御製文二集》，卷35，葉 3 上下；又見《金
　　史·御製文》，葉 1 下－2 上（冊290，總頁 2－3）；又見《高宗實
　　錄》，卷987，"乾隆四十年七月壬申"條，冊13，頁177。

⑥　例如，有學者認為，此次的重修是"對遼、金、元三史譯名進行了謬
　　誤百出的妄改"（見註㊱）。但是，亦有學者認為，"重新訂定的《金
　　史·國語解》刊刻之後，對研究金史者提供了很大方便"；而《遼金
　　元三史國語解》一書的質量俱佳（《乾隆帝》，頁360－361）。

⑥　《高宗實錄》，卷982，"乾隆四十年五月辛酉"條，冊13，頁115；又
　　見《國朝宮史續編》，卷89，〈書籍〉15，〈史學〉2，葉 8 上。另參《四
　　庫全書總目》，卷47，〈史部·編年類〉，"《御定通鑑綱目三編》四十
　　卷"條，上冊，頁431。按：《明紀綱目》一名《明史綱目》，又名"
　　《御撰資治通鑑綱目三編》"，最後改訂本作《御定通鑑綱目三編》。

本著同一理由，弘曆下令重修《明史》。他說：

> "《明史》內於元時人、地名，對音訛舛，譯
> 字鄙俚，尚沿舊時陋習。如圖作兔之類，既於字義
> 無當，而垂之史冊，殊不雅馴。今遼、金、元史，
> 已命軍機大臣，改正另刊。《明史》乃本朝撰定之
> 書，豈可轉聽其訛謬？現在改辦《明紀綱目》，著
> 將《明史》一併查改，以照（昭）傳信。"⑱

由於弘曆"命館臣照遼、金、元三史例"，將《明史》
"查覈改訂，並就原板扣算字數刊正"，所以"其間增
損成文，不過數字而止，於原書體制，無多更易"。⑲

此外，《宋史》及"四庫之書凡人名、地名、官名、
物名涉及三朝者"，亦援用《遼金元三史國語解》加以改
正，使到各書的音訓劃一起來。⑳例如，李心傳（1166－
1243）《建炎以來繫年要錄》中"所載金國人名、官名、
地名音譯均多舛誤"，四庫館臣便"遵《欽定金史‧國語

---

⑱　《高宗實錄》，卷983，"乾隆四十年五月甲子"條，冊13，頁121；又
　　見《國朝宮史續編》，同上註，葉 8 下。按："以昭傳信"，《高宗實
　　錄》誤作"以照傳信"。

⑲　《高宗實錄》，卷1032，"乾隆四十二年五月丁丑"條，冊13，頁840；
　　又見《國朝宮史續編》卷89，〈書籍〉15，〈史學〉2，葉9上。按：雖然
　　弘曆初時下令不修改《明史》的內容，但是後來讀到史臣新進的《明
　　史‧英宗本紀》，感到當初修《明史》時，"意存簡括，於事蹟要領，
　　不能臚紀精詳，於史法尚未允協"。於是又敕令英廉等大臣將《明史》
　　的本紀"逐一考覈添修，務令首尾詳明，辭義精當，仍以次繕進，候
　　朕親閱鑒定，重刊頒行，用昭傳信"（《高宗實錄》，同上，頁841；
　　《國朝宮史續編》，同上，葉 9 下）。

⑳　同註㊾。

解》，詳加訂正，別為考證，附載各卷之末"。⑦

不過，對前史不多作更易的原則祇局限於正史而已。如乾隆四十七年，弘曆命皇子與軍機大臣訂正商輅（1414－1486）等《通鑑綱目續編》，就嚴斥書內"周禮〈發明〉、張時泰〈廣義〉，於遼、金、元事，多有議論偏謬，及肆行詆毀者"。並下令：

> "所有《通鑑綱目續編》一書，其遼、金、元三朝人名、地名，本應按照新定正史，一體更正。至發明、廣義內三朝時事，不可更易外，其議論詆毀之處，著交諸皇子及軍機大臣，量為刪潤，以符孔子《春秋》體例。仍令黏簽進呈，候朕閱定。"⑫

又如題宋人葉隆禮（1247年進士）著的《契丹國志》，被弘曆指摘"中間體例混淆，書法訛舛"而下令重修。他說：

> "今《契丹國志》，既有成書，紀載當存其舊，惟體例書法訛謬，於《（資治通鑑）綱目》大

⑦ 《四庫全書總目》，卷47，〈史部・編年類〉，"《建炎以來繫年要錄》二百卷"條，上冊，頁426。

⑫ 弘曆：〈命皇子及軍機大臣訂正《通鑑綱目續編》諭〉，《御製文二集》，卷9，葉7上；又見《高宗實錄》，卷1168，"乾隆四十七年十一月庚子"條，冊15，頁666；又見《國朝宮史續編》卷89，〈書籍〉15，〈史學〉2，葉6上。此外，此諭又附載於陳桱《通鑑續編》（《景印文淵閣四庫全書》本，〈史部〉90，〈編年類〉，冊332），〈上諭〉，葉1上－2下（總頁436）；及商輅等：《御批續資治通鑑綱目》（同上本，〈史部〉451，〈史評類〉，冊693），〈上諭〉，葉1上－3上（總頁1－2）。

> 義有乖者，不可不加釐正。著總纂紀昀詳加校勘，
>
> 依例改纂，……候朕親定"⑦

由此可見，弘曆所關注的，不是兩書的史實，而是兩書的議論、書法和體例。因此，姑不論他的"釐正書法"，能否"一秉至公，非於遼、金有所偏向"，⑦這已不再是重修遼、金、元三史時所持的方針了。

然而，不論是遼、金、元三史或其他相關史籍，其重修的內容，應否借音譯進行褒貶、又如何釐定書法義例等問題，最後都由弘曆定奪，可見弘曆刻意扮演歷史判官的角色。他重申"《春秋》者，天子之事"的論調，就是作為他充當歷史判官的理論依據。

---

⑦ 同註⑩。按：有關《契丹國志》的作者為誰，頗有爭議，參看李錫厚：〈葉隆禮和《契丹國志》〉，《史學史研究》，1981年4期（1981年12月），頁64-70；及劉浦江：〈關于《契丹國志》的若干問題〉，同刊，1992年2期（1992年6月），頁59-63及65。

⑦ 《高宗實錄》，卷1034，"乾隆四十二年六月丙午"條，冊13，頁863。

清高宗綱目體史籍編纂考

　　清高宗（愛新覺羅・弘曆1711－1799，1735－1795
在位）即位以後，熱心修史；到了乾隆（1736－1795）
晚期，更高舉"《春秋》者，天子之事"的旗幟，希望官
方能壟斷歷史編纂，再由他控制其中的筆削褒貶。對於
如何進行筆削褒貶，弘曆從一開始便聲稱繼承《春秋》。
但是，《春秋》雖為聖典，祇可以效法它的書法和微言大
義，而不可以仿效它的體裁。因為它的體裁過於簡略，
不外是歷史提綱，不孚後代世變日繁的紀事需求。因
此，由儒家後代聖人朱熹（1130－1200）模仿《春秋》而
創立的綱目體，既然在體裁和書法等方面都能善於祖述
《春秋》的義例，而成為南宋（1127－1279）以後褒貶史
學的新典範，自然受到弘曆垂青，成為他執行"天子之
事"時所取法的對象。①於是弘曆先後下旨編纂明代的綱

---

① 參看本書〈論清高宗自我吹噓的歷史判官形象〉一文。按："《春秋》
　　者，天子之事也"一語，出自《孟子・滕文公篇下》（見《孟子注
　　疏》，載於阮元〔1764－1849〕校刻：《十三經注疏》〔北京：中華書

目與綱目體通史。這些史籍雖由史官修撰，但其中書法
義例，都是弘曆親自製訂；纂修期間，史官必須按時呈
交稿本給弘曆批閱。而書中的“批論”，如不是弘曆執
筆，就是史官按照他的意思撰寫，再經他改訂。所以，
弘曆敕撰的綱目體史籍都冠上“御撰”、“御批”或
“御定”二字。本文的撰著，就是考究這些綱目體史籍
的編纂始末。

<h2 style="text-align:center">（一）</h2>

　　弘曆在未登天子位以前，已推崇朱熹的《資治通鑑綱
目》，認為此書“祖《春秋》之筆削”，“善善惡惡，是是
非非，具於一篇之中而無不備”。“雖不足以盡《春秋》
之義”，但“其大略則可謂同揆”，所以對“忠姦賢
佞，褒嘉貶斥，凜若袞鉞”，使到“人知所懲勸，懼見
誅於後世”。②

局，1980年〕，卷 6 下，頁50〔下冊，頁2714〕）。弘曆下諭修史,曾
謂：“《春秋》者，天子之事。”（慶桂〔1735－1816〕等：《高宗純皇
帝實錄》〔《清實錄》（第 9－27 冊）本，北京：中華書局，1985－
1986年：以下簡稱《實錄》〕，卷1142，“乾隆四十六年十月癸酉”
條，冊15〔按：此為《實錄》本身冊數，非《清實錄》全書冊數。下
同〕，頁294）又說：“朕以《春秋》天子之事。”（同上，卷1143，
“乾隆四十六年十月乙酉”條，冊15，頁311）
②　弘曆：〈朱子《資治通鑑綱目》序〉，見氏著：《樂善堂全集定本》（《清
高宗〔乾隆〕御製詩文全集》本，北京：中國人民大學出版社，1993
年），卷 7，葉 6 上－7上（冊 1，頁103－104）。

　　即位以後，弘曆稱道《資治通鑑綱目》尤力，以為
"纂述相承，莫精於《綱目》"。③綜合弘曆的意見，《資
治通鑑綱目》之所以為史學傑作，有兩方面的原因：首
先，就體裁而言，雖然 "編年紀事之體，昉自《春
秋》"，④但是 "編年之善，則自司馬光（1019－1067）
《（資治）通鑑》始。《通鑑》本《春秋》之法，至朱子則
綱仿《春秋》，目仿左氏（《左傳》）"，⑤而為後人繼
承。從這時開始，編年體才能 "與正史紀傳，相為表
裏，便於檢閱，洵不可少之書也"。其次，就書法而
言，《資治通鑑綱目》的 "書法謹嚴，得聖人褒貶是非之
義"。本來，《資治通鑑》一書 "年經月緯，事實詳
明"，朱熹不過 "因之成《通鑑綱目》"。⑥然而，弘曆
卻認為《資治通鑑綱目》才是 "編年正軌"。⑦理由是：
《資治通鑑》祇係 "關於前代治亂興衰之迹"，而 "《綱
目》祖述麟經，筆削惟嚴，為萬世公道所在"。⑧所以他
說：

---

③　見張廷玉（1672－1755）：〈恭進《御撰資治通鑑綱目三編》表〉，見
　　氏著：《澄懷園文存》（台北：文海出版社，1970年），卷2，葉14下
　　（冊1，頁136）。
④　《實錄》，卷98，"乾隆四年八月辛巳"條，冊2，頁486。
⑤　弘曆：〈史論問〉，見氏著：《御製文初集》（乾隆甲申〔二十九年，
　　1764〕自序本，哈佛大學哈佛燕京圖書館藏），卷14，葉4下。
⑥　同註④。
⑦　《實錄》，卷685，"乾隆二十八年四月戊申"條，冊9，頁667。
⑧　弘曆：〈命皇子及軍機大臣訂正《通鑑綱目續編》諭〉，見氏著：《御製
　　文二集》（乾隆五十一年〔1786〕自序本，哈佛大學哈佛燕京圖書館
　　藏），卷9，葉5下；又見《實錄》，卷1168，"乾隆四十七年十一月
　　庚子"條，冊15，頁666。

　　　"編年之書，奚啻數十百家，而必以朱子《通
　　鑑綱目》為準。《通鑑綱目》善祖述《春秋》之義，
　　雖取裁於司馬氏之書，而明天統，正人紀，昭監
　　戒，著幾微，得《春秋》大居正之意，雖司馬氏有
　　不能窺其藩籬者，其他蓋不必指數矣。"⑨

基於此，弘曆雖然沒有抹剎《資治通鑑》在編年體發展史
上的地位，但始終強調《資治通鑑綱目》在彰善癉惡方面
的示範作用。如説：

　　　"編年事例自涷水（司馬光），正紀褒貶推紫
　　陽（朱熹），列眉指掌示法戒，四千餘年治亂
　　彰。"⑩

又説：

　　　"涷水創為開義例，紫陽述訂益精微。直傳一
　　貫天人學，兼揭千秋興廢機。……外王內聖斯誠
　　備……。"⑪

由於弘曆"書慕文公體例優"，⑫，因此他在修史時，便

---

⑨　弘曆：〈《明史綱目》序〉，《御製文初集》，卷10，葉11下；又見《實
　　錄》，卷263，"乾隆十一年閏三月丁巳"條，冊4，頁408。

⑩　弘曆：〈讀《通鑑綱目》〉，見氏著：《御製詩二集》（《清高宗〔乾隆〕
　　御製詩文全集》本），卷28，葉1下（冊2，頁529）。

⑪　弘曆：〈題宋版朱子《資治通鑑綱目》〉，見氏著：《御製詩四集》（《清
　　高宗〔乾隆〕御製詩文全集》本），卷26，葉19下－20上（冊6，頁
　　672－673）。

⑫　弘曆：〈《明史綱目》書成有述〉，《御製詩初集》，卷31，葉12下（冊
　　1，頁813）。

刻意效法《資治通鑑綱目》。起初，他恐怕力有不逮，因
而對此書流露出"功繼麟經誰復並，文如遷史（司馬遷
〔約前145或前135－？〕《史記》）尚須刪。獨予鑑古心恆
惕，俗慮塵緣未許攀"⑬的贊歎。後來，弘曆雖然日漸狂
妄自大，然而所修史籍，仍"惟此（《資治通鑑綱目》）
遵綱紀"，"曾無越範圍"，並且表示對此書"勿失服膺
永勅幾"。⑭

（二）

　　乾隆四年（1739）八月，武英殿刊刻《明史》還沒有
完成，弘曆已急不及待，下諭"仿朱子（《資治通鑑綱
目》）義例，編纂《明紀綱目》，傳示來茲"，俾與《明
史》"相為表裏"。⑮弘曆說：

> 　　"《明史綱目》（按：即《明紀綱目》，詳下
> 文）之書不可不亟成之，而又不敢率就之。蓋《明
> 史》已出於百年以後，《綱目》若復遲待，咎將誰
> 諉？"⑯

於是，他命令大學士"開列滿漢大臣職名，候朕酌派總
裁官，董率其事"。至於"慎簡儒臣，以任分修，及開

---

⑬　弘曆：〈讀《資治通鑑綱目》〉，見氏著：《御製詩初集》（《清高宗〔乾
　　隆〕御製詩文全集》本），卷14，葉5下（冊1，頁585）。

⑭　同註⑪。

⑮　同註④。

⑯　同註⑫。

館編輯事宜"，亦命"大學士詳議具奏"。⑰

三天之後，"大學士鄂爾泰（1677－1745）等遵旨議奏"，請求弘曆"欽派總裁官、副總裁官"，並且請旨"於翰林內揀派纂修、提調、收掌官員，並需用謄錄、供事人員"。結果，弘曆下旨"以大學士鄂爾泰、張廷玉為總裁官，大學士趙國麟（1673－1751）、戶部尚書陳惪華（1692－1779）、刑部尚書尹繼善（1696－1771）、兵部尚書楊超曾（1693－1742）為副總裁官，餘依議"。⑱

當時總裁官以為，"《明史》已成，是非已定，館中雖有實錄及名人撰述，無庸再為考覈，但當據本紀為綱，志傳為目，掇拾成之足矣"。可是，上述編纂原則，受到編修官員的非議。⑲

---

⑰ 同註④。

⑱ 《實錄》，卷99，"乾隆四年八月甲午"條，冊 2，頁498。

⑲ 楊椿（1676－1753）：〈上《明鑑綱目》館總裁書〉，見氏著：《孟鄰堂文鈔》（壬午〔1943〕仲夏孫氏影印紅梅閣藏板本），卷 2，葉 9 下。按：楊椿在乾隆四年召修《明鑑綱目》（參看齊召南〔1703－1768〕為楊椿所撰墓誌銘，見李桓〔1827－1891〕：《國朝耆獻類徵初編》〔湘陰李氏板〕，卷124，〈詞臣〉1，葉44下），因不滿總裁訂定的修纂原則，先後上書反對，如〈上《明鑑綱目》館總裁書〉說："今奉旨修《明鑑綱目》，鑑之體與史不類，縱不能如往時重立草卷，亦宜將現存之書，參訂《明史》何事為真？何事為偽？闕者補之，譌者正之。若竟如閣下所云，是一刪節補綴之《明史》，何以謂綱目乎？"（同本註，葉10下）〈再上《明鑑綱目》館總裁書〉又說："今卻為明鑑，宜先論《明史》之是非，校《明史》之同異，然後可取材於《明史》。若云《明史》已成，何得尚有紛更，則以譌傳譌。事之有無真偽，何由而明？人之忠佞賢愚，何由而定？豈不重有愧哉？"（同上，葉15上下）不過，楊椿的意見，似乎未被接納。又按：楊椿稱此書為《明鑑綱目》，與官書記載不合。而官書所記書名又先後不同，可見此書初修時沒有定名。

　　到了乾隆六年（1714）三月，弘曆又命“署刑部右
侍郎內閣學士周學健（？－1748）、原任詹事府詹事李
綬（1675－1750）充《明史綱目》館副總裁”。⑳而《明
紀綱目》一名，漸而被《明史綱目》取替。㉑

　　乾隆七年五月，《明史綱目》館“奏稱草本編纂將
竣”。弘曆便下諭該館，“著即陸續進呈”。㉒《明史綱
目》館雖說“草本編纂將竣”，其實存在此書應從何起年
的問題，所以，該館副總裁周學健上奏提出他的意見：

　　　　“明祖（朱元璋，1328－1398，1368－1398在
　　　位）起兵濠梁，定鼎江東，頒定官制，設科取士，
　　　詳考律令諸政，皆在未即位以前，而《續（資治通
　　　鑑）綱目》所修元順帝（妥懽貼睦爾，1320－
　　　1370，1333－1368在位）紀，於明（1368－1644）
　　　興諸事，不覼不白。今《明紀綱目》，既始自洪武
　　　元年（1368），若於分注之下，補敍前事，不特累

---

⑳　《實錄》，卷138，“乾隆六年三月丙寅”條，冊 2，頁984。
㉑　《明史綱目》一名，不知始於甚麼時候。上註所引，則為在《實錄》出
　　現的第一次。張廷玉在乾隆六年三月寫的〈遵例自陳第六疏〉，記述他
　　在乾隆三年（1738）至乾隆六年“三年內事蹟過惡”，其中說：“（乾
　　隆三年）八月，內閣因纂《明史綱目》，具奏派員，奉命充總裁官。”
　　（見氏著：《澄懷園文存》，卷 5，葉21上－22上（冊 1，頁393－
　　395）然而，這不是說《明紀綱目》在這時以後就沒有再用。例如，據
　　《實錄》所載“侍郎《明史綱目》館副總裁周學健”在乾隆七年
　　（1742）的奏中，便有“今《明紀綱目》之語”（《實錄》，卷170，
　　“乾隆七年七月庚申”條，冊 3，頁156）。但是，《明史綱目》在這
　　時顯然成為官方的書名。
㉒　《實錄》，卷167，“乾隆七年五月甲申”條，冊 3，頁120。

幅難盡，且目之所載，與綱不符，於編年之體未
協；若竟略而不敍，則故明開國創垂之制缺然，而
自洪武元年以後，一切治政事蹟，皆突出無根，亦
大非《春秋》先事起例之義。"㉓

《明史綱目》館總裁官鄂爾泰同意就起年一事"亟為
議定，以便纂輯成書"。但是，他不贊同"周學健請以
明太祖洪武元年繼元（1271－1368）至正二十七年
（1367）之議"。理由有三：第一，明太祖在戊申年正月
乙亥即位，當時實為元順帝至正二十八年（1368），而
且"順帝尚在大都"，及至同年閏七月丙寅，"徐達
（1332－1385）師抵通州，順帝始奔沙漠。則戊申歲閏七
月以前，仍宜大書至正二十八年，而明太祖元年，則斷
自是年八月始，此一定不易之義也"。第二，"《宋元綱目》
（按：指《續資治通鑑綱目》）成於成化十二年（1476），
其順帝紀本為元而作"，"故於明祖開國次第，不過略
書一二大端"。第三，"明祖始從郭子興（？－1355），
為鎮撫，為總守，皆子興所命，直至至正二十七年，韓林
兒（？－1367）卒，始稱吳元年。前此皆用林兒年號，
何得分注於至元年號之下乎"？有鑑於周學健的意見不
可取，鄂爾泰等"再三詳酌"，然後提出新的方案。㉔

㉓　同上註，卷170，"乾隆七年七月庚申"條，冊3，頁156－157。
㉔　同上，頁157。按：鄂爾泰等提出的方案乃出自齊召南手筆，見齊召
　　南：〈綱目館議〉，載於氏著：《寶綸堂文鈔》（光緒丁亥）〔十三年，
　　1887〕秋鋟金峨山館藏板本），卷6，葉11下－14上：但由鄂爾泰、張
　　廷玉、陳惠華具名奏上（同上，葉11上）。

　　鄂爾泰等認為，"明太祖元年以前事，不補敍則非義，欲分注則無名"，於是建議援引《左傳》"於（魯）隱公（姬息姑，？－前712，前723－前712在位）之首，先敍惠公（姬弗湟，？－前723，前769－前723在位）"的"先經發傳之例"，及金履祥（1232－1303）《資治通鑑前編》中記載"周威烈王（姬午，？－前402，前425－前402在位）二十二年（前404）以前事"之例，請弘曆"勅下史館，將元至正十五年（1355）明祖起兵以後，迄至正二十八年，元順帝未奔沙漠以前，另為前紀"。前紀"仍以至正編年"至"二十八年閏七月止"，列於《明史綱目》"明太祖洪武元年八月之前"。至於前紀內明太祖的稱謂，"其稱名，稱吳國公，稱吳王"，皆模仿朱熹在《資治通鑑綱目》書漢高祖（劉邦，前256－前195，前206－前195在位）未即位以前之例，"隨時遞書"。鄂爾泰等相信這樣的安排，"則一代開基之事實即詳，千古君臣之名義亦正，似傳世立教之意，更為慎重"。弘曆看過上述方案後，下旨批准鄂爾泰等的奏請。㉕

　　《明史綱目》館接旨後，立即進行編纂，并在同年十一月開始進呈"《明史綱目》稿本"。第一次進呈的稿本包括"明史前紀，自元至正十五年起，迄二十八年閏七月止，凡二卷"；以及"洪武元年八月迄十月止，擬定

㉕　《實錄》，同註㉓，頁157—158；〈綱目館議〉，同上註，葉12上—14上。

綱目凡三卷"。根據大學士等進呈稿本的奏,"明史前
紀"的體例如下:

> "前紀之作,雖為明祖追敍,以著王業所由,
> 實亦與《續綱目》並行,以補元紀之缺。……茲於
> 分書事蹟,一一詳覈,行文用追敍體,總稱明祖。
> 若其始為大元帥,及自立為吳國公,大書皆從僭號
> 之例,以其時元季玉步未改,天王正朔有歸。明雖
> 興王,何逃名分?蓋既別一書,則體例無嫌小變;
> 而不恕其僭號,則褒辭彌見大公。"㉖

至於《明史綱目》正文的編纂宗旨,則稍有不同,所謂:

> "自洪武元年以後綱目正文,事關勝國遺蹤,
> 盛朝殷鑒,凡主德之隆替、國是之善敗、物力之衰
> 旺、民風士習之淳漓,紀載並務詳明,褒貶尤宜矜
> 重。"㉗

其次,雖然這次祇進呈了五卷稿本,但是據大學士等
説,"現在各分修官稿本次第就緒",待他們將分修官的
稿本"遞加點勘"後,便"陸續進呈",而"嗣後每次
進呈,擬以十年,或二十年為率"。㉘

  從一開始,《明史綱目》館的史官就顯出不敢擅作主
張的態度。如前述有關《明史綱目》的起年問題,鄂爾泰
等便先請准弘曆,然後才敢撰述。而大學士等在這次進

㉖ 《實錄》,卷178,"乾隆七年十一月丙辰"條,冊 3,頁290。

㉗ 同上。

㉘ 同上。

呈稿本時，亦在奏末表示，一切唯皇命是從。他們説：

> "臣等雖裁取眾長，虛心檃括，而體追筆削，
> 自信良難。惟我皇上遠紹經心，夙精史鑑，增損予
> 奪，隨宜訓示，俾得以次酌改，統歸至當，用成完
> 書，垂示無極。"㉙

這時弘曆不過三十一歲，大學士等這般贊美他，實為吹
捧過當，但亦反映弘曆對此書的重視和參予。弘曆自己
亦説：

> "（此書）取裁義例，校閱諸臣一一請示，既
> 以自身任其事，則不得徒博欽定名目已也。"㉚

然而，弘曆在當時對上述溢美的贊辭不敢全盤接受，不
像乾隆中葉以後般自負和自信。他在覆旨中説：

> "朕材謝知古，學未通經，當此史筆之公，實
> 恐目光之眩。至明祖前紀體例，諸卿所見，與朕意
> 同。蓋大君臣子，名分不可逃於天地間；僭號興
> 王，予奪嚴乎辭語內。敢曰繼《春秋》之翼道，於
> 此昭來茲之鑒觀，我君臣其共勉之。"㉛

《明史綱目》館在此次進呈稿本後的編修情況，由於
文獻不詳，不能確考。不過，修書的進展似乎不錯。這
方面可從下述兩事推見：第一，弘曆在乾隆九年（1744）
七月下諭，指責各館修書官員進度緩慢。他説："各館所

㉙　同註㉖。

㉚　同註⑫。

㉛　《實錄》，卷178，"乾隆七年十一月丙辰"條，冊3，頁291。

修之書，理宜上緊纂輯，漸次告竣"。可是，"纂修人員，皆怠忽成習"，"借此多得公費以資養贍"，以致"經歷年久，率多未成"。然而，上述指責應與《明史綱目》無關。因為弘曆為了改革各館的修書陋習，規定各館都要接受稽查，於是命令廷臣議定"應如何稽查之處"。而在廷臣所議定諸例中，有一則說："繕寫漢文，請照《明史綱目》館，每員每日一千五百字。"可見《明史綱目》的修書進度是令人滿意的。但是，廷議鑑於各館進呈稿本，"每書一本，多寡不同，總裁閱定期日，亦屬互異，請今各館於每月初五日以前，將前月纂輯繕寫校對各若干，詳細造冊，咨送臣等查核。如有稽延者，即行參奏"。由於弘曆接受了這項建議，㉜《明史綱目》館此後便有更嚴密的修書程序。第二，《明史綱目》的進稿方式，被弘曆定為修書的榜樣。原來，清廷修書，向來"祇先呈樣本，餘俟全帙告竣，一併進呈"。可是，弘曆認為，這種方法"既浩汗而不易披尋，亦已成而難於改作，未得編摩之要領"，並不是"纂輯之良規"。《大清會典》續修時，亦沿用這種方法，弘曆對此表示不滿，下諭"著依《明史綱目》事例，將稿本繕成一二卷，即行陸續呈奏"，待他"勅幾多暇"，"親為討論，冀免傳疑而襲謬，且毋玩日以曠時"。㉝由此可見，弘曆對《明史綱目》的編纂，頗感稱心。

㉜　同上註，卷221，"乾隆九年七月壬寅"條，冊3，頁850-851。
㉝　同上，卷284，"乾隆十二年二月丙寅"條，冊4，頁703。

　　儘管是這樣，《明史綱目》在甚麼時候修成，卻是一個不容易解答的問題。雖然，弘曆撰有〈《明史綱目》序〉一文，㉞載於《實錄》"乾隆十一年閏三月丁巳"，條；㉟其次，他又有〈《明史綱目》書成有述〉之詩，在《御製詩初集》中繫於丙寅（乾隆十一年，1746）夏天，㊱似乎說明成書的時間。然而，在《實錄》載錄上述序文前，卻說：

> 　　"重修《明通鑑綱目》書成，議敍提調纂修等
> 　官，加級紀錄有差。"㊲

弘曆的序和詩稱書為《明史綱目》，但《實錄》則作《明通鑑綱目》，且冠以"重修"二字，給人的感覺是此書初名《明史綱目》，後來經過重修，在乾隆十一年閏三月完成，改名為《明通鑑綱目》。然而，這種推測又不合理。首先，前引弘曆的詩繫時於乾隆十一年夏天，而《實錄》卻指在乾隆十一年閏三月重修書成，如果確有"重修"之事，豈不是初修與重修同時完成？其次，《明史綱目》的總裁官張廷玉在乾隆十二年（1747）三月寫的〈遵例自陳第八疏〉說：

㉞　弘曆：《御製文初集》，卷10，葉11上－12下。
㉟　《實錄》，卷263，冊4，頁407－408。按：《實錄》題該序為〈御製《明史綱目》序〉。
㊱　弘曆：《御製詩初集》，卷31，葉12上－14下（冊1，頁813－814）。按：卷31為"丙寅"年詩。此詩前第六首為〈閏三月二十九日作〉（葉10下－11上〔頁812－813〕），後第六首為〈初夏瀛臺〉（葉16上下〔頁815〕），故此推測此詩亦撰於這年夏天。
㊲　同註㉟。

　　　　"（乾隆）十一年……閏三月，《御譔明史綱
　　目》告成，蒙恩議敍加二級。"㊳

換言之，根據弘曆詩的繫年與張廷玉的疏，在乾隆十一
年成書的是《明史綱目》，而不是所謂"重修"的《明通
鑑綱目》。

　　那麼，《實錄》的説法應怎樣解釋？先説書名的問
題。上述〈《明史綱目》序〉又見於乾隆四十年（1775）
奉敕修撰的《御定通鑑綱目三編》中，題為〈《御定通鑑
綱目三編》原序〉，文末注"乾隆十一年夏四月朔"㊴其
次，張廷玉在乾隆十三年（1748）十二月序的《澄懷主人
自訂年譜》提及此書，分別寫下《明史綱目》和"御撰綱
目三編"，引錄如下：

　　　　"（乾隆四年）八月二十日，內閣以纂修《明
　　史綱目》奏請派員。奉旨著鄂爾泰、張廷玉為總裁
　　官。……"㊵

　　　　"（乾隆十一年）閏三月，御撰綱目三編告
　　成，蒙恩議敍加二級。"㊶

㊳　張廷玉：《澄懷園文存》，卷5，葉27上-28下（冊1，頁405-
　　408）。

㊴　見舒赫德（1710-1777）等：《御定資治通鑑綱目三編》（《景印文淵閣
　　四庫全書》本，台北：台灣商務印書館，1983年，〈史部〉98，〈編年
　　類〉，冊340），〈原序〉，葉1上-2上（頁3）。

㊵　張廷玉：《澄懷主人自訂年譜》（台北：文海出版社，1970年），卷
　　4，葉27上下（頁233-234）。

㊶　同上，卷5，葉13上（頁265）。按：北京中華書局在1992年出版此書
　　校點本，改書名為《張廷玉年譜》。書中此條"御撰綱目三編告成"一
　　句，漏植"三"字（頁85），誤。

綜合張廷玉〈遵例自陳第八疏〉、《澄懷主人自訂年譜》與
《御定通鑑綱目三編》的記載，我們可以推斷所謂《通鑑
綱目三編》即《明史綱目》，所以在張廷玉的《澄懷園文
存》中，亦祇有〈恭進《御撰資治通鑑綱目三編》表〉，⑫
而沒有另外的進《明史綱目》表。此外，在乾隆二十六年
（1761）成書的《國朝宮史》，亦祇有"《御撰通鑑綱目
三編》一部"一目，而別無《明史綱目》之目。同時，編
者附錄〈《明史綱目》序〉於此目後，題為"皇上御製
序"。據編者説：

> "皇上命《明史》館諸臣仿朱子《通鑑綱目》
> 義例，編纂明事為《通鑑綱目三編》，親定成書，
> 凡二十卷，乾隆十一年校刊。"⑬

根據上述資料，《御撰（資治）通鑑綱目三編》與《明史
綱目》，實一書而二名。此書在乾隆十一年閏三月完成，
稱為《明史綱目》。四月，弘曆為此書作序，仍稱《明史
綱目》。後來刊印時改名為《御撰（資治）通鑑綱目三

---

⑫　張廷玉：《澄懷園文存》，卷 2，葉14上－16上（冊 1，頁135－
　　139）。按：表中沒有提及《明史綱目》一名。

⑬　于敏中（1714－1780）等：《國朝宮史》（北京：北京古籍出版社，
　　1987年），卷28，〈書籍〉7，〈史學〉，下冊，頁582。按：《故宮所藏
　　殿板書目》載有"《御撰通鑑綱目三編》二十卷"一目，注謂："清張
　　廷玉等奉敕撰，乾隆十一年刊本，有高宗御製序，四冊。"（民國二
　　十二年〔1933〕故宮博物院圖書館排印本，卷 2，〈史部・編年類〉，
　　葉 2 下）

編》，⑭表示此書是賡續朱熹《資治通鑑綱目》及商輅
（1414－1486）等《續資治通鑑綱目》二書而作。至於
《實錄》所謂"重修《明通鑑綱目》書成"，或者因書名
更改而誤會為"重修"，而所謂"明通鑑綱目"，或是
指此書記載明代的綱目體史著，並不是確實的書名。

　　然而，《明史（紀）綱目》與《御撰（資治）通鑑綱
目三編》是一書抑或二書，到了乾隆後期又出現問題，詳
見本文的第五節。

---

⑭　張廷玉在〈恭進《御撰資治通鑑綱目三編》表〉末説："謹將《御撰資
　　治通鑑綱目三編》釐為二十卷，繕寫清本，裝成兩函。謹奉表恭進以
　　聞。"（《澄懷園文存》，卷 2，葉15下－16上〔冊 1，頁138－
　　139〕）如果單據這篇進表，我們可能相信成書進呈的時候，此書就名
　　為《御撰資治通鑑綱目三編》。但是，當我們參考其他資料時，便會知
　　道進表的説法大有問題。雖然，進表不著撰年，但此書既在乾隆十一
　　年閏三月完成而張廷玉因此而"敍加二級"，換言之，此書已在這時
　　進呈。如果這時的書名為《御撰資治通鑑綱目三編》，弘曆不應該在次
　　月作序，仍題為《明史綱目》；而張廷玉在次年三月上〈遵例自陳第八
　　疏〉，亦不應仍稱此書為《御撰明史綱目》。所以，筆者推測，此書在
　　刊行的時候，才改用《御撰資治通鑑綱目三編》的書名，書中的張廷
　　玉進書表隨之而改用新名。然而，《國朝宮史》和《故宮所藏殿板書
　　目》分別有《御撰通鑑綱目三編》十一年刊本的紀錄（見註⑭及其正
　　文）。此外，在《故宮所藏殿板書目》中，又紀錄了"清乾隆十一年
　　高宗……命刊"的《欽定古香齋袖珍書十種》，其中一種是"《御撰通
　　鑑綱目三編》二十卷"（卷 5，〈古香齋〉，葉 7 下）。那麼，張廷玉
　　在乾隆十二年三月撰的〈遵例自陳第八疏〉中仍用《御撰明史綱目》之
　　名，令人費解。

（三）

　　無論是《明紀綱目》、《明史綱目》或《御撰（資治）通
鑑綱目三編》，都不過為明代而作，明代以前的史事，本
來已有綱目加以記載，包括朱熹的《資治通鑑綱目》、金
履祥的《資治通鑑綱目前編》及商輅等的《續資治通鑑綱
目》就在明朝末年，陳仁錫（1581－1636）。將朱熹、金
履祥和商輅等的三部綱目合刊。後來清聖祖（愛新覺
羅‧玄燁，1654－1722，1661－1722在位）在披閱合刊
本後，著御論百餘首，並在康熙四十七年（1708）命吏
部侍郎宋犖（1634－1713）將御論作為合刊本眉批，校
刊行世。⑮雖然，自上古至明代都有清廷刊行的綱目，但
是，宋犖合刊的三種綱目，儘管加上聖祖的御批，"其書

---

⑮　永瑢（1744－1790）等：《四庫全書總目》（北京：中華書局，
　　1965），卷88，〈史部‧史評類〉，"《御批通鑑綱目》五十九卷、《通鑑
　　綱目前編》一卷、《外紀》一卷、《舉要》三卷、《通鑑綱目續編》二十
　　七卷"條，上冊，頁755。按：《國朝宮史》謂此書"康熙四十六年
　　（1707）校刊"（卷28，〈書籍〉7，〈史學〉，"《御批資治通鑑綱目》
　　一部"條，下冊，頁579），不確。《故宮所藏殿板書目》有此書"康
　　熙四十七年宋犖奉敕校刊本"的紀錄（卷2，〈史部‧史評類〉，葉8
　　上）。又按：《資治通鑑綱目》等合刊本依"四庫編纂之例"，本應歸
　　入〈編年類〉中，但館臣指出："《綱目》經皇祖仁皇帝御批，當以御
　　批為主，已恭錄於〈史評類〉中，故〈編年類〉中不錄《綱目》。"
　　（《四庫全書總目》，卷47，〈史部‧編年類〉，"《綱目續麟》二十卷、
　　〈校刊凡例〉一卷、〈附錄〉一部、〈彙覽〉三卷"條，上冊，頁424－
　　425）

則一仍厥舊，無所筆削"，所以不論是它們的內容或書
法，都不能令弘曆感到滿意。⑯況且三種綱目合刊也不免
卷帙浩繁，所以前人已有歷代綱目簡編的修撰。如在明
朝正德（1506－1521）年間，李東陽（1447－1516）等
便用綱目體裁，模仿司馬光的《通鑑舉要歷》之例，輯成
《歷代通鑑纂要》一書，"上自伏羲，下迄元代，凡九十
有二卷"。⑰弘曆"幾暇披尋"此書，"以其褒貶失宜，
紀載蕪漏，不足以備乙覽"，⑱所以"特勒重加訂正，
并增入明代事迹，釐為一百六十卷"，⑲成為一部上起伏
羲、下迄明代的綱目體通史，⑳名為《御批歷代通鑑輯
覽》（以下簡稱《輯覽》）。

　　《輯覽》在甚麼時候開始編修，不可確考。《四庫全

---

⑯　弘曆：〈《通鑑輯覽》序〉，《御製文二集》，卷16，葉 4 下－5下；又
〈御製《歷代通鑑輯覽》序〉，載於傅恒（ ？－1770）等：《御批歷代通
鑑輯覽》（《景印文淵閣四庫全書》本，〈史部〉96，〈編年類〉，冊
335－339；以下簡稱《輯覽》），〈御製序〉，葉 1 上下（冊335，頁
1 ）。按：後序刪去文中夾注，內容較前序為簡。

⑰　《輯覽·凡例》，葉 1 上（冊335，頁 5 ）。

⑱　見紀昀（1724－1805）等為《輯覽》所撰提要，見《輯覽·目錄》，葉
25下（冊335，頁29）；又見《四庫全書總目》，卷47，〈史部·編年
類〉，"《御批通鑑輯覽》一百十六卷，附《明唐、桂二王本末》三卷"
條，上冊，頁430。按：後者所載書名缺"歷代"兩字。關於《四庫全
書》各書原撰提要與《四庫全書總目》的異同，參看黃愛平：《四庫全
書纂修研究》（北京：中國人民大學出版社，1989年），頁327－359。

⑲　同註⑮。

⑳　紀昀等撰《輯覽》提要，說此書"排輯歷朝事蹟，起自黃帝，訖於明
代"（同註⑱），不確。因為不論此書的〈凡例〉（同註⑰）或正文
（《輯覽》，卷 1，葉 1 上〔冊335，頁30〕），都是以伏羲為開始的。

書》館臣説此書在"乾隆三十二年（1767）奉敕撰"，[51]
絕不可信。事實上，《輯覽》的修撰，最遲在乾隆二十四
年（1759）已經濫觴。據《清史列傳》記載，楊述曾
（1698－1767）在"（乾隆）二十四年，充《通鑑輯覽》
館纂修官"，而"始編《輯覽》時，折衷體例、書法、本
末條件，總裁一委之"。[52]可是，當時的纂修工作，根本
沒有規模可言，這方面可透過乾隆二十五年（1760）正
月弘曆批評"御史吉夢熊（1752年進士）奏經筵事宜一
摺"一事窺見。在吉氏所奏諸事宜中，有一則是："二十
二史、《通鑑綱目》諸書內有關治道者，應俱令其進
講。"可是，弘曆説"此則可以不必"，因為朝廷現正
進行一項修史工作。他説：

> "朕幾餘披覽（史鑑），於古今治亂得失之
> 故，研窮往復，現在自頒發正史之外，於《通鑑》
> 一書，特勅儒臣分條修輯，彙冊陸續進呈。朕精研
> 訂正，凡中有所見，必親加評隲，務期理明事覈，
> 以成善本。若僅於進講時敷衍一二，則以為甄綜史

---

[51]　《輯覽》提要，同註㊺。按：關於此則提要的錯誤，除本文所述外，
另參喬治忠：《清朝官方史學研究》（台北：文津出版社，1994年），
頁305－307。

[52]　《清史列傳》（北京：中華書局，1987年），卷71，〈文苑傳〉2，〈楊
述曾〉，頁5832－5833。按：有關楊述曾纂修《輯覽》情況，另參劉綸
（1711－1773）為楊氏所撰墓誌銘，見《國朝耆獻類徵初編》，卷
124，〈詞臣〉1，葉47上下。惟劉綸祗説楊氏在乾隆二十四年充任編
修，未確言為《輯覽》纂修官。

> 事，無論挂一漏萬，徒為具文，正昔人所謂一部全
> 史從何處說起者也。" ⑤

從上諭所見，這項修史工作尚在初步階段，不但所依據
的材料有限，而且不知其書名與體裁。不過，它的年限
相當長久，包括《資治通鑑》和其後的正史統攝的年代。
此外，有關工作不僅是修輯而已，因為弘曆會對所輯史
事加以評隲。

這項修輯工作的進展情況，亦難確考。然而，弘曆
在乾隆二十八年（1763）的殿試中，曾策問 "天下貢
士" 對修輯的意見，於是留下了蛛絲馬迹，可供探討。
現節錄試題如下，以便說明：

> "……史有二體：紀傳法《尚書》，編年法
> 《春秋》。朱子本司馬光《資治通鑑》之舊，大書分
> 註，約為《綱目》，囊括一千三百餘年史事，為編
> 年正軌，足便覽觀。厥後薛應旂（1500－1573以
> 後）有 '續通鑑'（《宋元資治通鑑》），商輅有
> '宋元續綱目'（《續資治通鑑綱目》），能不失二
> 書初指否？……《（明代）通鑑纂要》本出自官
> 輯，……而隸事詳略。亦未完善。已命館臣，釐次
> 分進，幾暇手批評隲。凡前史義例未安，必往復刊
> 定，勒為 "輯覽" 一編，嘉惠來許。有志三長之學
> 者，夙習發明、書法、考異、集覽諸家之言，能研

---

⑤　《實錄》，卷605，"乾隆二十五年正月乙亥" 條，冊8，頁795－796。

覈折衷而切指其利病否？"⑤

從上引試題可見，此時的修輯工作，已有更明確的目標。首先，此時已確定將來輯成的書名叫"輯覽"；當然，這必是書名的簡稱而已。其次，弘曆稱朱熹的《資治通鑑綱目》為"編年正軌"，而"輯覽"又以綱目體的《歷代通鑑纂要》為底本，所以它必亦是綱目體的通史。其三，"輯覽"的起訖，已較弘曆在乾隆二十五年所說的為長。就起年而言，《歷代通鑑纂要》起自伏羲，不起於《資治通鑑》的周威烈王二十三年（前403）；"輯覽"以它為底本，自然亦起於伏羲。至於訖年，《歷代通鑑纂要》終於元代，而弘曆從一開始便要涵蓋《資治通鑑》以後正史的年代。正史的最後一部是《明史》，換言之，"輯覽"將以明亡作結束（不過，"輯覽"中明亡的年分，與《明史》不同。詳下文）。

然而，從這時起至全書修成為止，有關《輯覽》的記載甚少。所知的計有：第一，弘曆在乾隆二十九年（1764）寫過一首題為〈觀《通鑑輯覽》至褚遂良貶潭州事，嘉其忠悃，輙效其體擬作〉的詩。⑤第二，弘曆在乾隆三十一年（1766）五月諭諸皇子說：

　　"邇來批閱《通鑑輯覽》，於北魏（386-
　　534）、金（1115-1234）、元諸胡，凡政事之守

---

⑤　《實錄》，卷685，"乾隆二十八年四月戊申"條，冊9，頁667。

⑤　弘曆：《御製詩三集》（《清高宗〔乾隆〕御製詩文全集》本），卷36，
　　葉10下（冊4，頁754）。

舊可法，變更宜戒者，無不諄切辨論，以資考證。
將來書成時，亦必頒賜講習，益當仰體朕之思深計
遠矣。"⑤

第三，同月諭國史館，又提到：

"昨批閱《通鑑輯覽》，至宋（960－1279）末
事如元兵既入臨安，帝㬎（宋恭帝趙㬎，
1271－？，1274－1276在位）身為俘虜，宋社既
屋，統系即亡。是（宋端宗趙昰，1268－1278，
1276－1278在位）、昺（趙昺，1271－1279，
1278－1279在位）二王，竄居窮海，殘喘僅存，併
不得比於紹興（1131－1161）偏安之局。乃《續綱
目》尚以景炎（1276－1278）、祥興（1278－
1279）大書紀年，曲徇不公，於史例亦未當。因特
　加釐正，批示大旨，使名分秩然，用垂炯戒。"⑤

透過上述三事，可見此書名為《通鑑輯覽》（當然，這書
名仍可能是簡稱）。其次，此書確是一面修撰，一面進
呈御覽，而由弘曆修改刪定。⑤

　雖然《輯覽》在乾隆三十一年五月尚未完成，但《輯
覽》以那一年作為結束，已經有了決定。因為上引弘曆頒
給國史館的諭中，明確指出：

---

⑤　《實錄》，卷760，"乾隆三十一年五月辛巳"條，冊10，頁367。
⑤　同上，"乾隆三十一年五月甲午"條，冊10，頁373。
⑤　據紀昀等撰《輯覽》提要，《輯覽》"每一卷成，即繕槀進御。指示書
　　法，悉準麟經。又親灑丹毫，詳加評斷"（同註㊽）。

　　　"明至崇禎甲申，其統已亡。然福王（朱由

　　　崧，？－1646，1644－1645在位）之在江寧，尚與

　　　宋南渡相髣髴。即唐（朱聿鍵，1602－1646）、桂

　　　（朱由榔，1623－1662）諸王傳徒閩滇，苟延一

　　　綫，亦與宋帝昰、帝昺之播海嶠無異。"[59]

上文雖然不是就《輯覽》的訖年而言，但弘曆既以唐、桂
諸王與帝昰、帝昺相比擬，而後者"併不得比於紹興偏
安之局"，即是説唐、桂諸王亦不能與紹興偏安同等看
待。換言之，既然福王"尚與宋南渡相髣髴"，《輯覽》
自然以福王作為結束。

　　有關《輯覽》中明亡於何年，弘曆撰有〈書《通鑑輯
覽》明崇禎甲申紀年事〉一文，加以解釋。據弘曆説，"
《通鑑輯覽》將成，司事者舉《通鑑綱目三編》之例，於
甲申歲欲大書順治元年，分注崇禎十七年於下，且凡勝
朝事皆別書明，而於李自成（1606－1645）陷京師，即
繫以明亡"。可是，弘曆不贊同這種處理手法。本來，
《通鑑綱目三編》之例乃效法《續資治通鑑綱目》中記載
元亡明興的書法，弘曆雖然同意這是"臣各私其君之
義"，又指"居今之時，貶亡明而尊本朝，如明之元，
其誰曰不可"；但當時他卻鄙視這種做法。因為他認
為，"天下者，天下之天下，非一家之天下也"；而"
《通鑑輯覽》之書，非一時之書，乃萬世之書"。因此，

---

[59]　同註[57]。

此書"於正統、偏安之繫，必公必平；天命、人心之
嚮，必嚴必謹"。為了避免"於本朝嬗代之際有所偏
向"，以致"有惡於心而貽來世之譏"，弘曆釐定明、
清嬗遞的書法如下：

> "茲於甲申歲仍命大書崇禎十七年，分書順治
> 元年以別之。即李自成陷京師，亦不遽書明亡。而
> 福王弘光元年，亦令分注於下。必俟次年福王於江
> 寧被執，而後書明亡。夫福王設於江南能自立，未
> 嘗不可為南北朝，如宋高宗（趙構，1107－1187，
> 1127－1162在位）之例也。……若夫唐王、桂王，
> 窮竄邊隅，苟延旦夕，此與宋之帝昺、帝㬎同例，
> 不可仍以正統屬之。"⑩

由此可見，弘曆這時對明、清嬗遞的正統問題，有了新
的看法，所以《輯覽》不像《明史》和《御撰（資治）通
鑑綱目三編》，以崇禎十七年為明亡，而仍以弘光朝為正

---

⑩ 弘曆：《御製文二集》，卷31，葉 9 下－11上。按：所謂《資治通鑑綱
目續編》的書法是指："《續編》於元順帝二十七年（即至正二十七
年，1367）即分注'明年，元主北奔'，而繫以元亡，去至正二十八
年（1368）為洪武元年（1368），且自順帝十五年（即至正十五年，
1355）明祖起兵之後，於凡元政即別書元以示異。"（同上，葉 9
下－10上）又按：弘曆對此文隆而重之，除收入《御製文二集》外，
既載於《輯覽》卷首，題為〈御製書《通鑑輯覽》明崇禎甲申紀年事〉
（〈御製文〉，葉 1 上－2下〔冊335，頁3〕）；又刪去篇題，載於《輯
覽》書中"崇禎十七年"綱上，作為御批（卷116，葉 1 下－4下〔冊
339，頁696－698〕）。此外，又收入弘曆等：《評鑑闡要》（《景印文
淵閣四庫全書》本，〈史部〉452，〈史評類〉，冊694），卷12，〈甲申歲
崇禎十七年綱〉，葉20上－21下（頁580）。

統所在。其次，他將南明的歷史劃分為兩截，可能是為了回應自清朝立國以來漢族士人的南明史觀的挑戰。[61]

至於《輯覽》在甚麼時候完成，亦令人困惑。《四庫全書》本《輯覽》載有〈御製《歷代通鑑輯覽》序〉，題"乾隆丁亥（三十二年，1767）秋月御筆"。[62]其次，書中所載傅恒等〈《御撰歷代通鑑輯覽》告成進呈表〉則題"乾隆三十三年（1768）正月初十日"。[63]本來，弘曆在書成之前已撰序文，並不出奇。但問題是，《實錄》卻在"乾隆三十三年六月甲戌"條記載說：

> "《御批歷代通鑑輯覽》告成，議敘纂修、收掌等官有差。"[64]

---

[61] 自清初以來，漢族士人多有以宋末二帝比擬南明諸王，並且力持二帝仍為正統之主，暗示南明亦為正統所在。弘曆將南明劃分為福王及福王以後兩截，無疑是針對漢人的說法而提出。弘曆以弘光朝為正統，未嘗不是對漢人讓步。不過，弘光年祚短促，且偏安一隅，就算給予它正統地位，也無損清朝的基業。弘曆以福王比擬宋高宗，以唐、桂諸王比擬宋末二帝，不無批評漢人引喻失當之意；其次，他力斥二帝不能為正統，就是駁斥漢人借正二帝而正南明的做法。有關清初四帝及官、私史家對南明正統問題的意見，詳見拙著：〈邵廷采思想研究〉（香港大學哲學碩士論文，1978年），下篇，第六章〈正統論下〉，下冊，頁509－568；乾隆朝部分見頁520－535。拙著以後，亦有討論南明正統問題的著作，如趙令揚：〈《明史》之編修與南明正統問題〉（載於《中央研究院國際漢學會議論文集》〔台北：國立中央研究院，1981年〕，頁719－734；及喬治忠：《清朝官方史學研究》（頁207－213）。前者與拙著不無相似，後者則頗有參考價值。

[62] 《輯覽·御製序》，葉 2 下（冊335，頁2）。按：《評鑑闡要》載〈御製《通鑑輯覽》序〉同（葉 2 上〔頁418〕）；《御製文二集》所載〈《通鑑輯覽》序〉則不著撰年（卷16，葉 4 上－6下）。

[63] 《輯覽·表》，葉 7 上（冊335，頁12）。

[64] 《實錄》，卷813，冊11，頁980。

除非我們理解乾隆三十三年六月僅指"議敍纂修、收掌
等官有差"一事，而不兼指《輯覽》的"告成"日期，否
則便與上引進表的時間不能脗合。⑥ 無論如何，《輯覽》
並沒有立即刊行，因為弘曆在七年後提到此書，還是說
"校刊將竣"而已。⑥

（四）

誠如弘曆指出，《輯覽》除了將"自隆古以至本朝四
千五百五十九年事實編為一部"之外，簡端還載有不少
"批論"。在所有"批論"中，弘曆"自述所見，據事
以書者十之三，儒臣擬批者十之七"。然而，在"儒臣
擬批"的部分中，"經（弘曆）筆削塗乙者七之五，即用

---

⑥ 據劉綸為《輯覽》纂修官楊述曾寫的墓誌銘，"丁亥秋,館中進《御批輯
覽》定本一百二十卷，繕彙將脫而君（劉綸）病已劇矣"（同註
⑤），由此推測，《輯覽》在乾隆三十二年秋寫成定本，弘曆隨即撰寫
序文，而史館在明年正月繕稿完畢，上表進呈。到了六月，弘曆才進
行獎賞。

⑥ 同上，卷995，"乾隆四十年閏十月己巳"條，冊13，頁300－301。
按：《故宮所藏殿板書目》有《御批歷代通鑑輯覽》一百十六卷"一
目，說是"乾隆三十二年刊硃墨套印本"（卷2，〈史部‧編年類〉，
葉2下），并無可能。編者大概誤以御序年作為刊年而已。

其（儒臣）語弗點竄者亦七之二"。⑥⑦據史官記載，當時
撰寫"批論"的情況如下：

> "始館臣恭纂《輯覽》時，分卷屬橐，排日進
> 呈。皇上乙夜親披，丹毫評隲，隨條發論。……其
> 有敕館臣撰擬，黏簽同進者，亦皆蒙睿改定，塗乙
> 增損，十存二三。"⑥⑧

由於"批論"不是由弘曆親撰，就是由他"敕館臣撰
擬"，而後者亦經他"塗乙增損"，因此，我們將《輯
覽》中的"批論"視為弘曆個人的"批論"，亦無不可。

雖然上述，"批論"都出自弘曆"獨斷之精心"，但
是，由於數量"幾及數千餘條"，加以"章句較繁，觀
海者或難窺涯涘"，所以大學士劉統勳（1700－1773）
在乾隆三十六年（1771）"復詳加甄輯"，⑥⑨"專錄親御毫
翰所成及館臣撰擬而仰承改定者"，⑦⑩編成《（御製）評
鑑闡要》一書。全書分為十二卷，收錄"御批七百九十八

---

⑥⑦ 弘曆：〈《通鑑輯覽》序〉，《御製文二集》，卷16，葉 6 上下；〈御製
《歷代通鑑輯覽》序〉，《輯覽・御製序》，葉 2 上下（冊335，頁 2）；
〈御製《通鑑輯覽》序〉，《評鑑闡要・通鑑輯覽御製序》，葉 2 上下
（頁418）。

⑥⑧ 《四庫全書總目》，卷88，〈史部・史評類〉，"《御製評鑑闡要》十二
卷"條，上冊，頁756。按：《評鑑闡要》所載紀昀等撰提要甚簡略
（〈目錄〉，葉 2 下－3下〔頁419〕），並無此節。

⑥⑨ 同上。

⑦⑩ 紀昀等撰《評鑑闡要》提要，見《評鑑闡要・目錄》，葉 2 下－3上
〔頁419〕）。按：《四庫全書總目》中提要無此記載。

則：大抵御撰者十之三，改簽者十之七" ⑦

《輯覽》與《評鑑闡要》的修撰，標誌弘曆希望由官
方壟斷歷史編纂，然後由他操縱筆削褒貶的企圖。用弘
曆的說話，就是"《春秋》者，天子之事"。用四庫館臣
的說話，就是"千古之是非，繫於史氏之褒貶；史氏之
是非，則待於聖人（弘曆）之折衷"。無怪《輯覽》尚未
面世，便即編纂《評鑑闡要》。因為弘曆的御批，"即千
古帝王致治之大法，實已包括無餘"，而且又是"讀史
之玉衡"和"傳心之寶典"，⑦所以比《輯覽》的正文更為
重要。

除輯錄《輯覽》中的御批而獨立刊行外，清廷又將
《輯覽》繙譯為滿文。可是，有關詳情，亦不可考。僅知
弘曆在乾隆三十八年（1773）十二月因不滿"繙譯《通鑑

---

⑦ 同註⑱。按：《評鑑闡要》書名前冠上"御製"二字，據此。不過，慶
桂等《國朝宮史續編》則作《御纂評鑑闡要》（民國二十一年〔1932〕
北平故宮博物院圖書館排印本，卷89，〈書籍〉15，〈史學〉2，葉 1
上）。然而，即使《故宮所藏殿板書目》，亦作"《評鑑闡要》十二
卷"，而已。又據《故宮所藏殿板書目》，《評鑑闡要》乃"劉統勳等
奉敕編次，乾隆三十六年刊本，有高宗御製序"（卷2，〈史部‧史評
類〉，葉 8 上）。但是，《四庫全書總目》、《評鑑闡要》兩書中的提
要，及《國朝宮史續編》，都沒有提到該書是"奉敕"而編的。其次，
該書前的序乃係〈御製《通鑑輯覽》序〉。該書中提要亦說"冠以御筆
《通鑑輯覽》原序"（〈目錄〉，葉 2 上〔頁419〕；《四庫全書總目》中
提要無此記載）。而《國朝宮史續編》所載〈聖製《通鑑闡要》序〉
（同本註，葉 1 上下），實即《御製文二集》所載〈《通鑑輯覽》序〉
（見註⑪），祇係篇名不同而已。

⑦ 同註⑱；並參註①。按：《評鑑闡要》中提要祇謂"尤幸萬古史家得奉
（《評鑑闡要》）為指南"（同註⑩）。

輯覽》"中漢字與清字（滿文）的對音，頗有混淆，"著
交繙書房大臣，詳悉妥議具奏。候朕審定，刊刻成書，
用彰同文之盛"。⑦

　　此外，至乾隆四十年（1775）閏十月，弘曆又"命
《通鑑輯覽》附明唐、桂二王事蹟"。弘曆指出，在編纂
《輯覽》之前，以南明福、唐、桂王"事涉本朝開創之
初，凡所紀年號，例從芟削"，所以從前當他"命編纂
《通鑑輯覽》，館臣請不錄福王事實"。但他卻"命於明
崇禎末，附紀福王年號，仍用雙行分注，而提綱則書明
以為別，至蕪湖被執，始大書明亡"。"至於唐王、桂
王，遁跡閩滇，苟延殘喘，不復成其為國"，"是以《輯
覽》內未經載入"。可是，現在他的看法有所改變。首
先，他想到"二王究為明室宗支，與異姓僭竊者不同，
非偽託也。且其始末雖無足道，而奔竄事蹟，亦多有可
攷"。其次，他想到不記載二王的事蹟，可能會出現反
效果，因為"與其聽不知者私相傳述，或致失實無稽。
不若為之約舉大凡，俾知二王窮蹙情形，不過如此，更
可以正傳聞之譌舛"。基於這兩個看法，他一方面命令
"凡事涉二王者，不妨直以彼字稱之，用存偏正之別；
而其臣，則竟書為某王之某官某，槩不必斥之為偽
也"。另一方面，他乘著"《通鑑輯覽》校刊將竣"，而
仍未行世之便，"令《四庫全書》館總裁，詮敍唐、桂二

---

⑦　《實錄》，卷948，"乾隆三十八年十二月癸巳"條，冊12，頁847。

王本末，別為附錄卷尾"。最後更規定，"書成，即以此
諭，同御製《輯覽》原序，並冠卷端，庶將來有所參考，
喻朕意焉"。⑭

由此可見，弘曆之所以附唐、桂二王事蹟於《輯覽》
卷末，實有以官史操持視聽及杜絕私紀傳聞的意圖。他
下令將上諭冠於新書卷端，無疑是借帝王權威擡舉此書
的威信。

《輯覽》續修的進度起初並不理想。據軍機大臣等在
乾隆四十二年（1777）三月奏，原來《輯覽》"未經特
派"官員監修。大臣等認為，"應派專管之員，責成定限
速纂"，並且交給"稽查上諭處稽查"。弘曆聽從大臣
等所議，派梁國治（1723－1787）與和珅（1750－
1799）專責其事。⑮

然而，弘曆在《輯覽》續修期間，對原書亦曾加以改
正。例如，在初修《輯覽》時，弘曆"以石晉（936－
946）父事遼國，而宋徽（宗，趙佶，1082－1135，
1100－1125在位）、欽（宗，趙桓，1100－1156，1126－
1127在位）之於金，亦稱臣稱姪"，但是"舊史於兩國
搆兵，皆書入寇"。弘曆認為這種書法"於義未協，因

<hr />

⑭ 弘曆：〈命《通鑑輯覽》附紀明唐、桂二王事蹟諭〉，《御製文二集》，
卷7，葉2上－4下（冊10，頁626－627）；又見《輯覽‧上諭》，葉
1上－3上（冊335，頁4－5）；又見《實錄》，卷995，"乾隆四十年
閏十月己巳"條，冊13，頁300－301。
⑮ 《實錄》，卷1029，"乾隆四十二年三月乙未"條，冊13，頁800－
801。

命用列國互伐之例書侵，以正其誤"。不過，從前所改正的，"僅自石晉為始，其朱梁（907－923）、後唐（923－936）諸代，尚未一律改正"。乾隆四十二年，"（四庫）館臣校勘刻本"，"將書內應改之處，黏籤進呈"，弘曆"照所請"批准改正。⑯

《輯覽》全書何時完成，不可確考。據軍機大臣等在乾隆四十三年（1778）三月奏，《輯覽》"自上年五月按卯呈進"，"已於限內辦竣"。⑰而弘曆亦僅謂"明唐、桂二王本末"，"能依限完竣，尚為勤勉"，⑱同樣沒有說明成書時間。其次，現時所見《輯覽》，雖已附錄唐、桂二王本末，作為卷一一七至一二〇，但〈凡例〉第一則仍說此書為"一百十六卷"。⑲此外，今本所載進書表仍是題乾隆三十三年上呈的原表，編修職員名單亦為原單，沒有梁國治及和坤紀錄在內，而所附〈命《通鑑輯覽》附明唐、桂二王事蹟諭〉又不著年月日，加上《四庫全書總目》及此書中所載提要均說此書在乾隆三十二年奉勅撰，略言續修之事，所以，如果不細心爬梳史料，根本無法知悉此事續修的經過。另有一點必須注意的是，在唐、桂二王本末的四卷中，弘曆並沒有作御批，但卻有史臣案語。而這些案語是夾敍夾附，不像御批放在簡

⑯　同上註，卷1034，"乾隆四十二年六月丙午"條，冊13，頁863。
⑰　同上，卷1052，"乾隆四十三年三月壬戌"條，冊14，頁58。
⑱　同上，卷1211，"乾隆四十九年七月癸酉"條，冊16，頁236。
⑲　同註㊼。

端。這些案語也沒有選輯附於《評鑑闡要》末。

最後還要指出，《輯覽》在日後仍有增訂。例如，弘曆在乾隆四十七年（1782）十一月"命館臣於《通鑑輯覽》入吳三桂（1612－1678）擒桂王（朱）由榔事"。⑧⑩又如弘曆在乾隆五十九年（1794）七月"披閱《通鑑輯覽》內開元五年（717）九月'令史官隨宰相入侍，群臣對仗奉事'條下"，正文與注均誤"正牙"（按：即"正衙"。）為"正邪"，下諭將"武英殿刊本及《四庫全書》繕本，俱著查明改正外，所有頒行各直省刻本，並盛京、江浙省文溯、文宗、文匯、文瀾四庫存貯繕本，亦著各該督撫、府尹等，一律改正"。⑧①

（五）

乾隆四十年五月十五日，弘曆下諭改纂《明紀綱目》。據他指出，此書雖然"刊行已久"，但由於他近日讀到葉向高（1559－1627）的文集，才發現"《（明紀）綱目》載福王（朱）常洵（1586－1641）之國條"的記

---

⑧⑩　弘曆：〈命館臣入吳三桂擒桂王由榔諭〉，《御製文二集》，卷9，葉4上－5上；又見《實錄》，卷1168，"乾隆四十七年十一月庚子"條，冊15，頁667。另參弘曆：〈書命館臣入吳三桂擒桂王由榔諭卷識語〉，見氏著：《御製文三集》（《清高宗〔乾隆〕御製詩文全集》本），卷10，葉10下－11上（冊10，頁946）。

⑧①　《實錄》，卷1456，"乾隆五十九年七月乙未"條，冊19，頁415－416。

載，"與向高有不合"。其次，書中"所載青海、朵顏等
人名對音，沿用鄙字，與今所定《同文韵統》音字及改正
遼、金、元〈國語解〉，未為畫一"。弘曆因而感到，
"張廷玉等原辦《綱目》，惟務書法謹嚴，而未暇考核精
當，尚不足以昭傳信"。所以，他下令"交軍機大臣即
于方略館將原書改纂，以次進呈"，等候他"親閱鑒
定，其原書著查繳"。⑧於是，舒赫德等奉敕對此書進行
改訂。⑧

　　誠如第二節指出，《明紀綱目》是弘曆敕纂明代綱目
最初的名稱，後來改為《明史綱目》，及至張廷玉上進書
表，又改為《御撰資治通鑑綱目三編》。另一方面，弘曆
在乾隆三十七（1772）下詔編輯《四庫全書》時，提到開
館纂修諸書中，有"《綱目三編》"一種，⑧不用《明紀
（史）綱目》之名。但是在乾隆四十年五月十八日諭中，
弘曆竟將《明紀綱目》與《綱目三編》釐定二書，引錄如
下：

　　　"昨因《明紀綱目》考核未為精當，命軍機大

---

⑧　"乾隆四十年五月十五日"諭，見《御定資治通鑑綱目三編・上諭》
　　該諭，葉1上下（頁1）；又見《實錄》，卷982，"乾隆四十年五月辛
　　酉"條，冊13，頁115 - 116。按：兩書所載上諭文字稍有出入。又
　　按：關於弘曆敕改遼、金、元三史中〈國語解〉及編纂《遼金元三史國
　　語解》一書，參看本書〈論清高宗之重修遼、金、元三史〉一文。
⑧　《國朝宮史續編》，卷89，〈書籍〉15，〈史學〉2，"《御撰通鑑綱目三
　　編》一部"條，葉8上；《故宮所藏殿板書目》，卷2，〈史部・編年
　　類〉，"《御撰通鑑綱目》四十卷"條，葉2下。
⑧　《實錄》，卷900，"乾隆三十七年正月庚子"條，冊12，頁4。

臣將原書另行改輯，候朕鑒定。因思《綱目三編》
雖亦曾經披覽，但從前所進呈之書，朕鑒閱尚不及
近時之詳審。若《通鑑輯覽》一書，其中體例書
法，皆朕親加折衷，一本大公至正，可為法則。此
次改編綱目，自當倣照辦理。又《明史》內，於元
時人地名，對音訛舛，譯字鄙俚，尚沿舊時陋
習。……現在改辦《明紀綱目》，著將《明史》一
併查改，以昭傳信。……原頒《明史》及《綱目三
編》俟改正時，並著查繳。"⑧⑤

可是，此後卻祇有《明紀綱目》的纂修和任命總裁的紀
錄，《綱目三編》不再被提及。大抵因為上引諭頒發以
後，便發覺兩者實為一書，而五月十五日諭專係就改纂
此書而發，所以日後提到此書，仍沿用《明紀綱
目》之名。如乾隆四十二年五月十三日諭謂："前因《明紀綱
目》所載，本末未為賅備，降旨另行改輯。"⑧⑥即為一
例。

《明紀綱目》改纂之初，進度不如理想。乾隆四十二
年三月，軍機大臣等上奏，指出此書並未"派專管總
裁"，因此建議"應派專管之員，責成定限速纂，並統
交稽查上諭處稽查"。結果弘曆委任和珅及彭元瑞

---

⑧⑤　"乾隆四十年五月十八日" 諭，見《御定資治通鑑綱目三編‧上諭》，
　　該諭葉 1 上－2上（頁 2）；又見《實錄》，卷983，"乾隆四十年五月
　　甲子" 條，冊13，頁120－121。按：兩書所載上諭文字稍有出入，"可
　　為法則" 一句，前者原誤為 "為可法則"。

⑧⑥　《實錄》，卷1032，"乾隆四十二年五月丁丑" 條，冊13，頁841。

節）在編纂《輯覽》時，他便對"其中書法"，尤其"有
關大一統之義者"，"親加訂正，頒示天下"。在批閱
《輯覽》期間，弘曆又下令重修遼、金、元三史〈國語
解〉，並著令以此統一清修史書及前人著作中關於三朝
人、地、官名的對音。在這兩項編纂工作的基礎下，弘
曆在乾隆四十七年十一月命令皇子及軍機大臣訂正《續資
治通鑑綱目》一書。根據弘曆的諭，他對此書最不滿的地
方，就是書中所載周禮〈發明〉和張時泰〈廣義〉。因為
兩人對非漢族"肆口嫚罵"，所以行文之際，"於遼、
金、元事，多有議論偏謬及肆行詆毀者"。⑭此外，他在
當時寫了〈《續資治通鑑綱目》內發明、廣義題辭〉，聲
討周禮、張時泰二人所持狹隘的種族思想和偏頗的歷史
觀。⑮

　　有關此書如何修改，弘曆的指示如下：

> "所有《通鑑綱目續編》（即《續資治通鑑綱
> 目》）一書，其遼、金、元三朝人名、地名，本應
> 按照新定正史，一體更正。至〈發明〉、〈廣義〉
> 內，三朝時事，不可更易外；其議論詆毀之處，著

---

⑭　同註⑧。按：此諭又載於商輅等《御批續資治通鑑綱目》中，易名為
　　〈乾隆四十七年十一月命皇子及軍機大臣訂正《續資治通鑑綱目》〉
　　（《景印文淵閣四庫全書》本，〈史部〉451，〈史評類〉，冊693－694，
　　〈上諭〉，葉1上－3上〔冊693，頁1－2〕）。

⑮　《御製文二集》，卷18，葉7下－11上；又見《御批續資治通鑑綱目·
　　題辭》，葉1上－4上（冊693，頁3－4）。按：後者篇名上冠有"乾
　　隆四十七年十一月御製"數字。

> 交諸皇子及軍機大臣量為刪潤,以符孔子(丘,前
> 551 – 前479)《春秋》體例。仍令粘簽進呈,候朕
> 閱定。並將此諭,冠之編首,交武英殿照改本更正
> 後,發交直省督撫各一部,令各照本抽改。將此通
> 諭中外知之。"⑯

可是,他隨即發現,"現在武英殿並未存有是書板片"。
所以詢問軍機大臣等,"是否係宋犖當日刊刻,其板片仍
存伊家",命他們"即檢齊解交武英殿"。⑰然而,經過
調查以後,發覺"伊家並無存留板片"。由於"宋犖曾
任江蘇巡撫",於是弘曆懷疑,"《通鑑綱目續編》一書
或即在蘇州刊刻,存留該處,亦未可知",所以著令軍
機大臣等傳諭江蘇巡撫閔鶚元(1720 – 1797),"即飭屬
查明是書板片解京"。⑱

　　據閔鶚元覆奏,"《通鑑綱目續編》係宋犖在江蘇巡
撫任內校刊,其板片交織造衙門存貯,現在委員解
京"。弘曆卻仍不放心,因為他恐怕當時的江蘇書肆,
可能借用織造衙門板片印刷此書,又憂慮可能有"別種
書板收貯之處",因而著令傳諭有關官員"一併詳晰查
明,開單覆奏"。結果查出"從前書肆,每歲刷印",
另外又找出"前編"和"正編"的板片。弘曆命令將他

---

⑯　同註⑭。
⑰　《實錄》,卷1168,"乾隆四十七年十一月辛丑"條,冊15,頁667 –
　　668。
⑱　同上,卷1174,"乾隆四十八年二月甲子"條,冊15,頁740。

們全部送進。⑨

　　由於弘曆對於改訂《續資治通鑑綱目》有明確的指引，因此皇子及軍機大臣的工作僅是＂存其時事之可稽者，易其論議之偏謬者＂⑩所以不但＂卷數一如前書＂，⑪而且至乾隆四十八年（1783）三月，改訂工作便接近完成。而弘曆亦急不及待，下諭直省督撫，重申抽改刻本一事。他說：

　　　　＂現在（改纂此書）將次辦竣，陸續頒發。各
　　　　該督撫等，務須實力妥辦，總在不動聲色，使外間
　　　　流傳之本，一體更正，不致遺漏，亦不得滋擾。至
　　　　各該省自接奉頒發原書後，遵照抽改共若干部。仍
　　　　著各該督撫，於年前彙奏一次，以憑查覈。＂⑫
除直省督撫外，弘曆從這時起至乾隆四十九年（1784）底又令其他各省督撫進行相同的抽查，務求統一全國刊本的內容。⑬

---

⑨　同註⑰，卷1177，＂乾隆四十八年三月癸丑＂條，冊15，頁779 - 780。
　　按：宋犖是將前編、正編、續編一併刊行的，詳本文第三節。
⑩　紀昀等撰提要語，見《御批續資治通鑑綱目‧目錄》，葉 7 下（冊
　　693，頁10 ）。按：《四庫全書總目》沒有此書的獨立提要，此書衹見
　　錄於宋犖所刊前編、正編、續編合刊本提中（見註㊸）。
⑪　《國朝宮史續編》，卷89，〈書籍〉15，〈史學〉2，＂《欽定訂正通鑑綱
　　目續編》一部＂條，葉 5 上。
⑫　《實錄》，卷1177，＂乾隆四十八年三月乙卯＂條，冊15，頁782。
⑬　同上，卷1185，＂乾隆四十八年七月庚戌＂條，冊15，頁865；卷
　　1194，＂乾隆四十八年十二月丁卯＂條，冊15，頁968；卷1195，＂乾隆
　　四十八年十二月丁丑＂條，冊15，頁975 - 976；卷1218，＂乾隆四十九
　　年十一月乙丑＂條，冊16，頁343。按：有關查禁《續資治通鑑綱目》
　　的情況，另參黃愛平：《四庫全書纂修研究》，頁68 - 70。

　　由此可見，無論改纂《明紀綱目》或訂正《續資治通鑑綱目》，都是使它們符合弘曆新定的史學標準，使到所有相關史書的觀點整齊劃一，作為"讀史之指南"，⑭以收鉗制思想之效。

---

⑭　這是《四庫全書總目》對訂正後的《續資治通鑑綱目》的奉承語，同
　　註㊺。

記朝鮮漢人王德九的
《皇朝遺民錄》

（一）

現時能見到明遺民傳記的專書共有四種，現按它們成書的先後，臚列如下：

（1）黃容《明遺民錄》十卷；

（2）不著撰人《皇明遺民傳》七卷；

（3）王德九《皇朝遺民錄》一卷；

（4）孫靜庵《明遺民錄》四十八卷。

黃容《明遺民錄》自序題康熙癸未（四十二年，1703），日本東洋文庫藏有抄本，①似為現存的孤本。此

---

① 《東洋文庫所藏漢籍分類目錄·史部》稱黃容書為《遺民錄》，原為十卷，該文庫藏本闕卷七，乃"清康熙四十二年吳江黃氏於梧桐書舍自鈔本"（東京：東洋文庫，1986年，第10，〈傳記類〉，頁80）。按：筆者見上述鈔本影印本，自序題作〈《逸民錄》自序〉，但〈凡例〉所列書名為《明遺民錄》，書內則作《遺民錄》。自序係排印，並非手鈔；板心上欄印有"圭庵雜著"四字。序末題"康熙歲次癸未上巳日

書雖不流通，近人已有介紹。②《皇明遺民傳》為朝鮮人
所著，作者姓名不詳，撰寫年期約在乾嘉之間。此書雖
未鐫刊，其鈔本卻曾在中國影刊流傳，並由孟森（1868－
1937）和魏建功撰寫序跋，講述此書的來源與內容大要。③
孫靜菴《明遺民錄》成書於清末，民國元年（1912）出
版，近年又有出版社重新排印，④可說是明遺民傳記最通
行的一種。王德九《皇朝遺民錄》專載東渡朝鮮的明遺民
的傳記，似未受到國人的注意。儘管韓國方面有人提及
此書，可惜他們的記載不盡為事實。

　　韓國漢城大學奎章閣圖書館藏有王德九《皇朝遺民
錄》鈔本。全書一卷一冊二十一張，書葉長二十一點三厘
米，闊十三點五厘米，不注葉碼。書前有王德九自序，
書後有朝鮮人黃基天跋。首葉有三印章，分別有〝帝室
圖書之章〞、〝朝鮮總督府圖書之印〞及〝什을大學圖

吳江圭庵居士黃容題於梧桐書舍〞。〈凡例〉和正文均係手寫，鈔箋板
心上下分別印有〝圭庵雜著〞和〝勝友齋〞等字。但此本是否〝黃氏
於梧桐書舍自鈔〞，實不可知。又按：幾年前，浙江古籍出版社重印
孫靜庵《明遺民錄》（詳註④），說黃容〝撰有《明遺民錄》四卷〞
（〈前言〉，頁1），並不正確。

② 　參看謝正光：〈清初可見〝遺民錄〞之編撰與流傳〉，《新亞學報》，卷
15（《錢穆先生九秩榮慶論文集》，1986年），頁423－427。

③ 　見《皇明遺民傳》（北京大學影印如皋魏氏藏朝鮮人著鈔本，1936
年）；又見《天津益世報‧讀書週刊》，45期（原誤作44期，1936年4
月23日）。孟森序另見其《明清史論著集刊》（北京：中華書局，1959
年），上冊，頁155－157。

④ 　孫靜菴：《明遺民錄》（上海：新中華圖書館，1912年；杭州：浙江古
籍出版社，1985年）。

書"。全書大體完整，衹是序文有三個字脫落，但據它們殘存部分和行文內容，仍可知是"王"、"時"、"遇"三字。

漢城大學圖書館李榮基編《奎章閣圖書中國本綜合目錄》，指王德九為明人，又說書序乃王氏撰於永曆三年（1649）。⑤按：王德九自序末題"永曆三戊寅春上旬，山東濟南後人王德九敬書"。李氏無疑以"永曆三戊寅"為"永曆三年戊寅"。但是這個說法明顯有誤，因為永曆三年為"己丑"，不是"戊寅"。所謂"永曆三戊寅"實指永曆的第三個戊寅，即公元一八一八年（嘉慶二十三年），理由如下：第一，王德九書用永曆年號紀年，不以永曆朝之亡而終止。第二，王德九是書中所載明遺民王以文（1625－1699）的五世孫，他又指出當時是王以文等去世"百載之下"。⑥而王以文卒於己卯（康熙三十八年，1699），年七十五。⑦因此，公元一八一八年成書才符合王德九和王以文的關係。

另一韓國學者吳金成撰〈朝鮮學者之明史研究〉，謂《皇朝遺民錄》"一八一八年刊"；又說此書是"王德九為清朝入關後不肯仕為清朝官，或不服清之薙髮令，並歸化朝鮮之九名明遺民校正其家乘，編輯而成之傳

---

⑤ 李榮基：《奎章閣圖書中國本綜合目錄》（漢城：漢城大學圖書館，1982年），〈史部・傳記類・別傳〉，頁144。

⑥ 王德九：〈《皇朝遺民錄》序〉，見《皇朝遺民錄》。

⑦ 《皇朝遺民錄・王以文》。

記"。⑧二説似皆可商榷。第一，此書為鈔本，不是刊本。第二，王德九自序雖提及九人，但這是因為九人和朝鮮李朝仁祖李倧（1595－1649，1623－1649在位）的次子李淏（孝宗，1619－1659，1649－1659在位）同"抱縶瀋陽"，而當李淏被釋返國，九人跟從他東渡朝鮮。其實書中另載有麻蓬直、文可尚兩人的傳記。第三，上述九人或因抗清失敗，或在戰亂中遇上清兵，而被俘虜到瀋陽，書中不但沒有清廷希望招攬他們的記載，而且提到因不服薙髮令而東渡的，祇有王以文一人。⑨

（二）

皇太極（1592－1643，1626－1643在位）因稱帝改元不為朝鮮承認，乃於崇德元年十二月二日（1636年12月28日）親率大軍往征朝鮮。朝鮮國王李倧逃入南漢山城，被圍困四十六日，最後糧盡援絕，出城投降，並於崇德二年正月二十八日（1637年2月22日）訂立"城下之盟"。⑩該條約共有十七款，其中第二款要李倧"以長

⑧ 吳金成著，何桂玲譯：〈朝鮮學者之明史研究〉，載中華民國韓國研究學會：《中韓關係史國際研討會論文集》（台北：中華民國韓國研究學會，1983年），頁413。

⑨ 同註⑦。

⑩ 參看劉家駒：〈崇德改元與太宗伐朝鮮之役〉，載於《沈剛伯先生八秩榮慶論文集》（台北：聯經出版事業公司，1976年），頁485－518；又見劉家駒：《清初政治發展史論集》（台北：台灣商務印書館，1978年），頁105－173。

子，並再令一子為質"。⑪於是世子李淏（1612-
1645）、次子李淏和他們的家口在同年二月八日（1637年
3月4日）隨多爾袞（1612-1650）西行，入質瀋陽。⑫

　　順治元年十二月十一日（1645年1月8日），多爾
袞因取得北京，不再顧忌朝鮮潛通明朝，傳言釋放世子
李淏返國。⑬明年正月二十六日，又傳出准許李淏東歸的
命令。⑭

　　李淏在二月十八日（3月15日）抵國，⑮隨即在四月
二十六日（5月21日）去世。⑯因此當李淏在五月十四日
（6月7日）歸國後，李淙已有意冊立他為世子。⑰九月
二十七日（11月14日），李淏正式被冊為世子，⑱而當李
淙在順治六年五月八日（1649年6月17日）逝世，他便

---

⑪　圖海等：《太宗文皇帝實錄》，（《清實錄》第 2 冊本，北京：中華書
　　局，1985 年），卷33，"崇德二年正月戊辰" 條，葉33下（總頁
　　430）。

⑫　李敬輿等：《仁祖大王實錄》（《李朝實錄》本，東京：學習院東洋文化
　　研究所，昭和四十二年〔1967〕），卷34，"仁祖十五年丁丑二月戊
　　寅" 條，葉25上下（冊35，頁213）。有關朝鮮世子等人入質瀋陽的經
　　過，參劉家駒：〈清初朝鮮世子等入質瀋陽始末〉，載於《中韓關係史
　　國際研討會論文集》，頁185-203。

⑬　《仁祖大王實錄》，卷45，"仁祖二十二年甲申十二月戊午" 條，葉64
　　下（冊35，頁457）。

⑭　同上，卷46，"仁祖二十三年乙酉正月庚戌" 條，葉 2 上（冊35，頁
　　461）。

⑮　同上，"乙酉二月辛未" 條，葉 4 下（冊35，頁462）。

⑯　同上，"乙酉四月戊寅" 條，葉23上（冊35，頁472）。

⑰　同上，"乙酉五月乙未" 條，葉33上（冊35，頁477）。

⑱　同上，"乙酉九月乙亥" 條，葉72上（冊35，頁496）。

在五日後即位，成為朝鮮李朝的孝宗。⑲

《皇朝遺民錄》中的"鳳林大君"和"宣文王"，都指李淏。前者是他未冊為世子前的封號，後者則是謚稱。⑳據《皇朝遺民錄》所載，李淏在質時，常與被虜在瀋陽的漢人往還。這些漢人因為眷念明室，所以當李淏獲釋時，便跟隨他東渡朝鮮，希望藉著朝鮮的力量來驅除滿清，復興明朝。當他們到達朝鮮後，李淏把他們安置在宮邸朝陽樓外，給予他們衣食，並和他們商討征伐清朝的計劃。可是李淏在順治十六年五月四日（1659年6月4日）死，帶走了他們驅逐滿清，恢復明室的希望。

又據《皇朝遺民錄》，當時在朝鮮京城的漢人，築有"皇朝人村"，如楊福吉（1617－1675）、馮三仕（1607－1671）、鄭先甲（1617－1686）、柳溪山（1627－1658）都是死於皇朝人村的。其次，他們雖為李淏供養，卻不肯出仕朝鮮，如王以文、王美承、黃功（1612－1677）都是例子。柳溪山更因李淏復明之志稍減，而"辭病斂跡，薪水資生，非其力不食"。㉑凡此，都可以反映他們對明朝的貞忠節義。

誠如上文指出，作者王德九是王以文的五世孫，雖

---

⑲ 李景奭等：《孝宗大王實錄》（《李朝實錄》本），卷1，"孝宗即位年己丑五月丙寅"條，葉1上（冊36，頁1）。

⑳ 李淏在丙寅（仁祖四年，即明天啟六年，1626）受封為鳳林大君（同上註）。他死後被謚為"宣文章武神聖顯仁"（同上書，卷21，"孝宗十年五月己巳"條，葉44上〔冊36，頁526〕）。

㉑ 以上各詳《皇朝遺民錄》本傳。

然王家在朝鮮已有五代，但作者仍自稱"山東濟南後人"，又稱明朝為"皇朝"，提及明朝、明朝君主和明朝年號，都空書一格，表示尊崇。此外，全書仍用南明永曆年號紀年，而提到清人，不是稱"虜"，就是稱"賊"，足見王德九仍以明遺民自居，亦可見遺民家風流傳甚遠。

（三）

在王德九編撰《皇朝遺民錄》以前，朝鮮方面已有人為東渡的明遺民寫傳，（詳下文）而現傳的就是第一節列述的無名氏的《皇明遺民傳》。此書絕大部分是中土遺民的傳記，但卷七末附有朝鮮明遺民傳記十七篇，記述康世爵、田好謙、李應仁、麻舜裳、張道士、文可尚、胡克己、王鳳岡（即王以文）、黃功、馮三仕、鄭先甲、裴三生、孔枝秀、王俊業、韓登科（劉太山、金長生附）屈氏、崔回姐的事蹟。換言之，兩書重複的人物有文可尚、王鳳岡、黃功、馮三仕、鄭先甲、裴三生六人。

大致上說：《皇明遺民傳》所載六人的傳記較簡，而且關於諸人東來的事蹟，各傳之間頗有矛盾，如〈王鳳岡傳〉說：

"鳳岡與庠生王文祥、馮三仕、王美承、楊福吉、鄭先甲、大同人劉自成、裴三生、杭州人黃功

　　　　　　等十三人從之（昭顯世子，即李淐）來。"㉒

〈黃功傳〉説：

　　　　　"在瀋陽事我孝宗（李淏），崇禎甲申與王鳳
　　　　　岡等八姓東來。"㉓

〈馮三仕傳〉説：

　　　　　"甲申，與王鳳岡等東來。"㉔

〈鄭先甲傳〉説：

　　　　　"先甲崇禎甲申與王鳳岡東來。"㉕

〈裴三生傳〉説：

　　　　　"時皇朝人被俘者十數姓同居，謂之'明人
　　　　　村'。乙酉，孝宗返自瀋館，贖之東來。"㉖

據上節所述，雖然李淐、李淏兄弟不是同時被釋返國，
但都在順治二年乙酉。上述五傳，祇有第五傳正確。其
次，第一傳指王鳳岡等"十三人"隨李淐往朝鮮，第二
傳説"王鳳岡等八姓"隨李淏東來，第五傳説李淏"贖
之東來"的有"十數姓"，前後矛盾如此。反觀王德九
所作諸傳，記載劃一，年分亦正確，自然較《皇明遺民
傳》為可信。

　　比對《皇朝遺民錄》和《皇明遺民傳》相同六篇傳

㉒　《皇明遺民傳》，卷7，葉173下。
㉓　同上，葉174上。
㉔　同上，葉174下。
㉕　同上。
㉖　同上。

記，矛盾牴牾的地方不少，尤以〈裴三生傳〉為甚。據前
書，裴三生在崇禎末年"集義兵保鄉里"，對抗"流
賊"。後來北京陷落，又"率千人勤王"，最後被清軍
所執，"繫送瀋陽"，與王文祥等人同居，而於順治二年
隨李淏往朝鮮。李淏"賜衣食以處之宮門外"，常與討
論恢復明室計劃。不久，李淏死，"北征之議"便胎死腹
中，裴三生亦在"永曆甲子（康熙二十三年，1684）"
憂憤而死，享年六十四歲。㉗可是，後書所記載截然不
同，因該傳較簡，迻錄如下：

> "裴三生，大同人，父山大，俘於清。……乙
> 酉，孝宗返自瀋館，贖之東來，山大道死，三生以
> 其生於中國，擄於清，歸于朝鮮，名'三生'，時纔
> 三歲，鞠於皇朝宮人崔回姐，居于朝陽樓南。"㉘

由於王德九的《皇朝遺民錄》是"收拾諸家家乘"而編成
的，㉙而且亦能列出裴氏的卒年和歲數，所以比較可信。

然而，《皇明遺民傳》也有可以補充王德九書的地
方。如諸遺民既在瀋陽為俘虜，為甚麼能夠跟隨李淏東
渡，王德九祇説李淏"求華人之可與有為者，脱身於萬
死之中"，㉚沒有明確的交代。上引《皇明遺民傳·裴三
生傳》説李淏"贖之東來"，應可接納。又如王氏指鄭先

㉗　《皇朝遺民錄·裴三生》。
㉘　《皇明遺民傳》，卷 7，〈裴三生〉，葉174下。
㉙　同註⑥。
㉚　《皇朝遺民錄·柳溪山》。

甲在"崇禎中，舉進士"，㉛黃功為"崇禎庚午（三年，1630）進士"，㉜但《明清進士題名碑錄》中沒有兩人名字，有關方志亦沒有兩人中舉的紀錄，而且崇禎三年也沒有進士科。《皇明遺民傳，鄭先甲》沒有提到鄭氏的科第，㉝但〈黃功傳〉則指黃氏為武進士。又該傳雖不如王德九詳述黃功和漂人陳寅觀等的對話，卻指出黃氏"有《木蘭詞》、《黃陳問答錄》傳于世"。㉞王德九所本或即《黃陳問答錄》。㉟

明遺民之東渡日本者，近人已著有專文。㊱可惜朝鮮方面的明遺民，似仍未有人進行研究。無名氏《皇明遺民傳》所附朝鮮明遺民傳記和王德九《皇朝遺民錄》一書，固然不是朝鮮方面有關東渡明遺民的唯一記載，至少，朝鮮人黃基天便指出：

㉛ 同上註，〈鄭先甲〉。

㉜ 同上，〈黃功〉。

㉝ 《皇明遺民傳》，卷 7，葉174下。

㉞ 同上，葉174上。

㉟ 《黃陳問答錄》雖不可見，有關陳寅觀等漂至朝鮮的始末，朝鮮《李朝實錄》顯宗朝的記載較詳，但顯宗朝的實錄修過兩次，第一次名《顯宗實錄》，第二次名《顯宗改修實錄》，兩本內容大致相同，其中關於中國史料，後者較為詳細。但以此事件而言，兩種實錄詳略互見，吳晗（1909 - 1969）在《朝鮮實錄中的中國史料》中，以修改本為主，原修本為輔，記錄此事的經過（北京：中華書局，1980年，下編，卷2，"顯宗八年丁未六月甲午"、"七月壬子"、"甲寅"、"丁巳"、"九月庚午"、"十月壬申"等條，下冊，頁3944 - 3952），可補充《皇朝遺民錄》和《皇明遺民傳》兩〈黃功傳〉的不足。

㊱ 韋祖輝：〈明遺民東渡述略〉，《明史研究論叢》，3 輯（1985年 5月），頁302 - 317。

　　　"余嘗聞我邦（朝鮮）北邊，有荊楚康世爵，

　　間關逃難來居，老死先輩，多作傳記之。"㊲

康氏的著述是否仍存於天壤間，已無從稽考，由此可見
《皇明遺民傳》和《皇朝遺民錄》的珍貴。前書既曾影印
行世，又有名家為它撰寫序跋；後者則存放在奎章閣圖
書館中，國人難以問津。筆者既得該書影印本，於是寫
成本文加以介紹。

㊲　黃基天：〈《皇朝遺民錄》跋〉，見《皇朝遺民錄》。

王哲編刊《南山全集》書後

　　幾年前，筆者撰寫《戴名世研究》時，未能見到王哲（1864年舉人）編刊的《南山全集》（以下簡稱《全集》）；但當時根據文獻的記載，略述《全集》的面貌，並考訂時人對《全集》報導的錯誤。①近日承前輩的幫助，影得北京首都圖書館的藏本，發現《全集》對研究戴名世（1653－1713）文集板本的歷史，頗為重要。

　　《全集》題 "桐城宋潛虛著，合肥王哲鏡堂氏鑒訂，（王）澤潤之、男廷彥碩甫、門人馬潤蒼全校"。②今見影印本無扉葉，書前有朱書（1654－1707）序、方苞（1668－1749）序、尤雲鶚跋、王哲〈重訂《南山集》序〉和王廷彥（王哲的兒子）〈例言〉。目錄和各卷首葉均題《南山全集》，各葉板心則作《南山集》。全書分為十六

---

① 拙著：《戴名世研究》（台北：稻鄉出版社，1988年），頁85－88。
② 見《全集・目錄》（葉1上）及各卷（卷1除外）首葉上。按："宋潛虛"是戴名世死後友人稱呼他的隱名，參看拙著：《戴名世研究》，頁38，註③。

卷，載有戴名世的文章二百四十九篇；另外，卷十六載
有王源〈《孑遺錄》序〉、不著撰人〈《孑遺錄》後序〉③
及〈潛虛先生年譜〉（按：〈目錄〉無年譜目）。

　　《全集》編次，雜辭無章。如卷二收錄雜文和序文；
卷十一收錄墓表、墓誌銘和遊記；卷十三為雜文，但又
載有〈上韓宗伯書〉；卷十四、十五更為混亂，使人難明
編排的準則。

　　目錄篇題，與集內篇題頗有出入，現以卷三、四、
五為例，以見一斑：

卷數	目錄篇題	集內篇題
三	潘木崖先生詩稿	潘木崖先生詩序
四	兒易詩序	兒易序
五	辨紅苗紀略序	辨紅苗紀略序
	慶歷文讀本詩	慶歷文讀本序
	九科大題文總序	九科大題文序
	書震川文集序	書歸震川文集序
	書閣甯前墓後	書閣甯前墓誌後

---

③　　《全集》所謂〈《孑遺錄》後序〉實為戴鈞衡（1814－1855）編的《潛
　　虛先生全集》目錄後所附的序，與《孑遺錄》無關。關於這篇序文，
　　參看拙著：《戴名世研究》，頁10，註③及頁83。

　　一般來說，目錄和集內篇題的歧異，錯誤都在目
錄；以上列篇題為例，其中以〈《兒易》詩序〉和〈慶歷
文讀本詩〉的錯誤最甚，因為《兒易》是倪元璐（1594－
1644）所著"學《易》之書"，④《慶歷文讀本》是戴名
世的友人汪份（1655－1721）所刊"平日所藏隆慶
（1567－1572）、萬歷（1573－1620）兩朝文讀本"，⑤
都與詩無關。

　　《全集》中文章的次序，基本上與目錄所列篇題相
符，祇是卷十五的次序稍有不同。目錄中卷十五的次序
是：〈庚申浙行日紀〉、〈辛巳浙行日記〉、〈丙戌南還日
紀〉、〈金知州傳〉、〈溫滌家傳〉、〈永康縣令沈君募助
說〉、〈《章太占文稿》序〉；可是，集內的〈金知州傳〉
和〈溫滌家傳〉卻在卷末。其次，集內首五篇文章葉數相
連，但是最後兩篇（即〈金知州傳〉和〈溫滌家傳〉）的
葉數自為起訖；又前五文板心題"南山集卷十五"，後
兩文則缺"十五"二字。

　　儘管《全集》的編次失當，但它對我們研究"《南山
集》案"以後戴名世文集板本的歷史，有很大的幫助。首
先，它是"《南山集》案"後戴名世文集的第一次刻本，
按"《南山集》案"後，戴名世的著作被禁燬，直到道光
二十一年十二月（1842年初）才由戴鈞衡依據尤雲鶚刊
的《南山集偶鈔》和其他寫本、手稿等合編為《潛虛先生

<hr>

④　戴名世：〈《兒易》序〉，《全集》，卷4，葉24下。
⑤　戴名世：〈《慶歷文讀本》序〉，同上，卷5，葉9上。

全集》十四卷，但此書一直"輾轉傳抄，未有刊本"。⑥
王哲是此後第一個刊刻戴名世文集的人。他在光緒十六
年（1890）三月寫〈重訂《南山集》序〉時，講述編書的
經過如下：

> "予秉鐸桐邑，於今十餘年矣。……予性本好
> 古，博訪旁搜，綱羅散失，往往購之於書肆，得之
> 於後人。……夫是集（《南山集》）也，不行於世幾
> 百有餘年，……今幸得先生（戴名世）全集，將謀
> 以鋟諸板，因前集係手錄，舛錯互見，致滋閱惧，
> 並代為校訂，不復致別風淮雨之訛。"⑦

根據上序，王哲鐫刻《全集》的底本是"手錄"的本子，
而它很可能就是前述戴鈞衡編本的傳鈔本，但是王廷彥
在《全集·例言》第二、三、四則卻說：

> "一，是集因前刻舛錯互見，致滋閱惧，今詳
> 為讐校，庶免斯弊。一，是集較前板略增若干篇，
> 茲因集隘，年譜、災異概從割愛。一，是集初付梓
> 時，適逢先君（王哲）棄養，不暇校訂。……"⑧

---

⑥　參看拙著：《戴名世研究》，頁82。按："輾轉傳抄，未有刊本"乃張仲
　　沅跋《南山文集》語，同註⑩。關於《南山文集》一書，參看拙著：
　　《戴名世研究》，頁92－93。

⑦　《全集》，該序，葉1上下。按：此文板心誤題為"《南山集》卷
　　一"。又按：此文末題"光緒十六年三月中旬穀旦後學王哲鏡堂氏
　　譔"（該序，葉2上）。

⑧　《全集》，該例言，葉2上。按：此文不著撰年，而板心亦誤作"《南
　　山集》卷一"。

按照王廷彥所説，《全集》所依據的底本不盡是"手錄"，而且有"前刻"、"前板"了。王廷彥所指的"前刻"、"前板"到底是甚麼本子呢？

　　王樹民認為《全集》刊刻過兩次，他在《戴名世集·前言》説：

> "合肥王哲，字鏡堂，於光緒初年校刊戴（鈞衡）編本，所據者為別行之鈔本。……初刊於光緒六年（原注：公元一八八〇年），重刊於光緒十六年，時王氏已卒，由其子廷彥等刊成，題為'《南山全集》'。"⑨

王樹民沒有注明資料來源，但筆者推測他的根據是前引王哲序的注年（即光緒十六年）、王廷彥的〈例言〉和桐城人張仲沅的〈《南山文集》跋〉。張仲沅在光緒二十六年（1900）刊行《南山文集》，並為該集撰跋。跋中説：

> "光緒庚辰（六年），合肥王公鏡堂（王哲）秉鐸於桐，始鐫先生（戴名世）之文以行世，事未葳而王公卒，書作艸艸，間有脱落謬訛。"⑩

可是，上跋實不足以支持王樹民的説法，因為張仲沅説的是王哲在光緒六年任桐城教諭，不是確指王哲在這一年刊書。況且，王哲在光緒十六年序中自述"秉鐸桐邑，於今十餘年"，"今幸得先生全集，將謀以鋟諸

---

⑨　見王樹民（編校）：《戴名世集》（北京：中華書局，1986年），該文，頁9。

⑩　見《南山文集》（光緒二十六年夏月重鐫本），該跋，葉1上。

板"，不但明確指出刊書的時間是在他上任後"十餘
年"，而且在此之前他沒有刊過戴名世的文集。其次，
張仲沅沒有說王哲刊過兩次書，他祇說"事未蕆而王公
卒"；而王廷彥在〈例言〉中亦說"是集初付梓時適逢先
君棄養"。換言之，張仲沅和王廷彥所指的是同一本
子，而不是初刻本和重刻本。因此，《全集》並沒有所謂
光緒六年的初刊本，歷來亦祇有十六年本的記錄。⑪何況
王哲是否在光緒六年到任桐城，尚有異說，如《（光緒）
安徽通志》便說王哲在光緒七年（1881）才任桐城教諭。⑫

　　既然《全集》祇有光緒十六年的刊本，王廷彥所指的
"前刻"及"前板"可能就指《全集》的原刻板，這套刻
板是由王哲"謀以鋟諸板"的，但還未刻成，王哲便生
病，於是由王廷彥等賡續其事。王廷彥等改正了刻板的
舛錯，並增入若干文章，然後梓印《全集》，而《全集》刊
出時，王哲已去世了。另一個可能是所謂"前刻"、
"前板"，根本就是王哲所說的"手錄"，因為前引王
廷彥〈例言〉第二則—"是集因前刻舛錯互見，致滋閱
慎，今詳為讐校，庶免斯弊"—明顯地脫胎自王哲序中
"因前集係手錄，舛錯互見，致滋閱慎，並代為校訂，

---

⑪　參看拙著：《戴名世研究》，頁85-86。
⑫　吳坤修：（1816-1872）等：《安徽通志》（題"光緒三年〔1877〕夏
　　五重刊"本），卷135，〈職官志・表（二三）〉，葉27上。按：此書雖
　　題光緒三年重刊，但最後年月的序文是光緒七年冬安徽布政使盧士杰
　　（1853年進士）的〈《安徽通志》序〉，而書中內容，也有遲至光緒七
　　年的，如上述〈表（二三）〉，便是一例。

不復致別風淮雨之訛" 一段，而上述歧異，可能是因為
王廷彥所謂 "先君棄養，不暇校訂" 所致。

除了 "前刻"、"前板" 兩詞令人困惑之外，〈例
言〉第三則又與《全集》內容牴牾。該則例言說 "因集
隘，年譜、災異概從割愛"，〈目錄〉亦沒有年譜的紀
錄；但《全集》卷十六〈子遺錄〉後仍然附錄〈災異記〉，
卷十六末仍然載有〈潛虛先生年譜〉。

《憂患集偶鈔》是戴名世文集的第一次刻本，《南山
集偶鈔》是第二次刻本；它們都刊於戴名世生前。⑬兩集
所載朱書序，稍有出入。《全集》的朱書序，可說是糅合
兩集的朱書序而成的。現將三者的相關部分，引錄如
下（至於三者個別文字的同異，恕不摘出）：

《憂患集偶鈔‧朱書序》：

"……名之曰《憂患集》，而命予為之序。
……誠如是也，田有（戴名世）宜樂，而其集顧曰
'憂患'，何也？曰：此作《易》之說，蓋吾夫子
之志也。上章執徐之歲陬月宿松朱書譔。"⑭

《南山集偶鈔‧朱書序》：

"……名之曰《南山集》，而命予為之序。

---

⑬　詳參拙著：〈上海圖書館藏《憂患集偶鈔》書後——兼論戴名世初刻文
　　集的名稱和刊年〉，《中華文史論叢》，1987年第1輯（1987年1月），
　　頁297-308；〈書北京圖書館藏《南山集偶鈔》後——《憂患集偶鈔》為
　　戴名世初刻文集新證〉，同刊，1988年第1輯（1988年5月），頁
　　269-285。

⑭　《憂患集偶鈔》（寶翰樓梓行本），該序，葉2上下。

　　……今其集名曰‘南山’者，何也？志歸隱之地
　　也，田有自是殆不復出矣！宿松朱書。”⑮

《全集·朱書序》：

　　“……名之曰《南山集》，而命予為之序。
　　……誠如是也，田有宜樂，而其集顧曰‘憂患’，
　　何也？曰：此作《易》之説，蓋吾大子之志也。上
　　章執徐之歲陬日宿松朱書譔。”⑯

比對上列引文，《全集》的朱書序無疑是《憂患集偶鈔》
和《南山集偶鈔》所載二序的混合體。這個拼合可能是出
於無意，卻亦反映了《憂患集偶鈔》和《南山集偶鈔》的
血緣關係。可是，這並不代表王哲看過《憂患集偶鈔》，
因為書中的文章，有不少未收入《全集》中。⑰王樹民編
校《戴名世集》時雖采用過《全集》，但未能檢出朱書序
的問題，可見他沒有校勘過戴名世文集各種板本的序
跋。⑱

　　《全集》另一珍貴的地方是書中卷十五的〈《章太占
文稿》序〉⑲。按：《全集》載有兩篇戴名世為章大來的文

---

⑮　《南山集偶鈔》（寶翰樓梓行本），該序，葉2上下。
⑯　《全集》，該序，葉2上下。
⑰　《憂患集偶鈔》有而《全集》缺的文章共有十篇：〈崇禎癸未榆林城守
　　紀略〉、〈崇禎甲申保定城守紀略〉、〈弘光乙酉揚州城守紀略〉、〈乙亥
　　北行日記〉、〈贈僧師孔序〉、〈藥身説〉、〈種樹説〉、〈命説示鄭叟〉、
　　〈書全上選事〉、〈讀揚雄傳〉。
⑱　參看拙著：《戴名世研究》，頁348-351。
⑲　《全集》，卷15，葉16上-17上。

集撰寫的序；除上文外，另一篇收入卷四，題為〈《章太
占稿》序〉。⑳這兩篇序文都沒有收入《憂患集偶鈔》和
《南山集偶鈔》，而一般光緒以來刊行的戴名世文集祇有
卷四那一篇；卷十五的一篇，僅見於《全集》中。由於這
篇文章已先後引錄在《戴名世集》和拙著《戴名世研究》
中，㉑所以不再在這裏刊載。

筆者曾經懷疑 "光緒十有九年（1893）歲癸巳仲夏
月印鴻堂重鐫" 的《潛虛先生文集》（以下簡稱《潛集》）
可能根據《全集》重鐫。㉒現在校對兩本，發現沒有這個
可能。第一，兩集文章篇數不同：《全集》載有戴名世的
文章二百四十九篇，《潛集》祇有二百三十四篇；㉓《全
集》有而《潛集》無者十六篇，㉔《潛集》有而《全集》無
者一篇。㉕因此，如果《潛集》根據《全集》重鐫，斷沒
有理由漏刻了十六篇文章。第二，兩集所載文章的次序
雖然大同小異，但是文字之間頗有出入，為節省篇幅起

⑳　同上註，卷 4，葉 7 上 - 8 上。
㉑　《戴名世集》，頁80 - 81：拙著：《戴名世研究》，頁113，註⑱。
㉒　拙著：《戴名世研究》，頁87 - 88。
㉓　這是《潛集》內實收文章的數目，《潛集》的目錄與集內文章並不脗
　　合，詳參拙著：《戴名世研究》，頁94。
㉔　即《全集》卷 2：〈盲者說〉、〈《濤山先生詩》序〉、〈《成卜周詩》
　　序〉、〈《和陶詩》序〉，卷 7：〈張天閒先生八十壽序〉（按：《潛集》有
　　目無文），卷 9：〈朱銘德傳〉、〈程之藩傳〉、〈李月桂家傳〉、〈胡以溫
　　家傳〉（按：《潛集》有目無文）、〈徐節婦傳〉，卷10：〈李節婦傳〉
　　（按：《潛集》有目無文）、〈袁烈婦傳〉，卷11：〈孫宜人墓誌銘〉、
　　〈蓼莊圖記〉，卷13：〈記老農說〉，卷15：〈章太占文稿序〉。
㉕　即《潛集》卷13：〈秋九月乙丑晉趙盾殺其君夷皋〉。

見，現在祇徵引《潛集・朱書序》與前引《全集・朱書序》的相關部分如下，以見一斑：

「……名之曰《南山集》，而命予為之序。……今其集名曰‘南山’者，何也？志歸隱之地也，田有自是殆不欲復出矣！康熙丙戌（四十五年，1706）春三月宿松字錄（綠）朱書譔。」㉖

第三，兩集卷十六雖然都附載了《潛虛先生年譜》，但《潛集》年譜比《全集》年譜較詳，如在順治十年（1653）條中，《潛集》多出「友人余曰：（當作‘曰：余’）少從戴皋亭師遊。皋亭，田有先生元孫也，家藏田有先生年譜，少時見之，戴先生一歲能言。今皋亭之子孫無復存其書，可不復得也」一節。㉗

附帶指出，《（道光）桐城續修縣志・藝文志》提到另一種「戴名世《南山全集》，凡四部，卷數無考」。㉘但它應刊於名世生前，㉙與王哲編刊的《全集》同名而已。

㉖　《潛集》，該序，葉 2 上下。按：該序板心誤題為「《南山集》卷一」。

㉗　《潛集》，卷16，葉 1 上下。按：文中「皐」、「皋」二字不畫一，乃據原文。

㉘　（清）廖大聞（等）：《桐城續修縣志》（道光七年〔1827〕刊本影印本，台北：成文出版社，1975年），卷21，冊 3，頁1030。

㉙　參看拙著：《戴名世研究》，頁69。

明清人物與著述 / 何冠彪著. -- 臺灣初版. --
臺北市：臺灣商務, 1996 [民85]
面 ； 公分
ISBN 957-05-1345-4 (平裝)

1. 中國 - 歷史 - 明 (1368-1644) - 論文, 講
詞等 2. 中國 - 歷史 - 清 (1644-1912) - 論文,
講詞等

626.007 85011312

明清人物與著述

定價新臺幣 300 元

著　作　者	何　冠　彪
策　　　劃	李　家　駒
執　行　編　輯	李　家　駒
發　行　人	張　連　生
出　版　者 印　刷　所	臺灣商務印書館股份有限公司

臺北市重慶南路 1 段 37 號
電話：(02)3116118・3115538
傳眞：(02)3710274
郵政劃撥：0000165－1 號
出版事業 登記證：局版臺業字第 0836 號

・1996 年香港初版
・1996 年 12 月臺灣初版第一次印刷
本書經商務印書館(香港)有限公司授權出版

ISBN　957－05－1345－4（平裝）　　　　b 63827000